충담사 忠談師

신라인의 풍류사상과 한국 차문화 정신

충담사

신라인의 풍류사상과
한국 차문화 정신

여천 김대철 지음

이른아침

책을
펴내며

왜 우리 차문화인가?

우리 차문화의 정신은 무엇인가?

한국의 전통문화와 함께 차문화에 심취하여 꽃피는 아침 달뜨는 저녁에 차를 즐기며 우리 역사와 혼을 찾는 차 인문학 공부와 함께 다도생활을 한 지 50여 년이 되었다.

그동안 차문화 연구와 저술 그리고 문화예술 운동가로 나름대로 활동하면서 1982년 봄에 '한국여천차문화원韓國如泉茶文化院'을 부산에 본부를 두고 대구, 울산, 경주 등지에 설립하여 우리 전통문화를 비롯한 차 인문학 관련 교육과 문화 행사를 펼친 세월도 40여 년이 넘었다. 오늘날엔 예전에 비해 우리 차문화가 많이 발전했고, 차문화를 연구하고 보급하는 차인茶人들과 전공하는 학자들도 많이 배출됐으며, 또 차문화 단체나 차문화학茶文化學을 가르치는 대학들도 여러 곳에 개설되어 금석지감今昔之感이 든다.

하지만 차문화의 안팎이 수레의 두 바퀴처럼 함께 굴러가야 하는데 지나치게 외형을 위주로 한 쪽만 앞서가고 다른 쪽은 그 자리에 머물러 있는 모습이 안타깝기도 하다. 모름지기 모든 세상의 일들은 외양과 내면이 함께 어울리는 문질빈빈文質彬彬의 모습을 찾아야 하리라.

일찍이 공자孔子는 이렇게 말했다.

"바탕이 외양보다 뛰어나면 거칠어 질박하고, 꾸밈이 바탕보다 앞서면 화사하여 사치스럽다. 외양과 바탕이 어울려 조화로운 후에야 군자라 할 수 있다子曰, 質勝文則野 文勝質則史 文質彬彬 然後君子l."

우리가 차생활에서 도를 배우고 인문정신을 찾는 일도 이런 까닭이다.

차생활을 즐기며 그 속에서 인문정신을 찾는 일이 곧 잃어버리고 빼앗긴 우리 혼과 역사를 되찾는 일이라는 신념은 아직도 나의 화두다.

누군가 한국 전통문화의 정체성을 물었을 때, 제대로 설명할 수 있는 사람이 과연 얼마나 될까? 그리고 '우리 차문화의 원형은 어디서부터 비롯되었을까?'란 질문에 나 또한 당당히 설명할 수 있을지 의문이다.

필자의 경우 우리 역사와 민족혼을 찾기 위해 청소년기부터 여행을 다니며 문화유산답사에 심취하다가 운명처럼 만난 것이 경주 남산이었다. 홀로 또는 답사 강의를 위해 수백 번을 오르내렸던 신라의 남산, 금오산金鰲山은 나로 하여금 즐거울 때나 삶이 버거울 때 찾아가 안기면 언제든 어머니 품처럼 반겨주는 곳이다. 정겹고 아늑한 부처의 나라이면서 또 다른 고향이 되어준 곳이다.

'한국여천차문화원'의 창립기념으로 1982년 봄날에 회원들과 함께 본원의 고문인 금당錦堂 선생을 모시고 충담사忠談師의 정신을 이어받아 경주남산 삼화령三花嶺 헌다식獻茶式을 시작한 일은 요즘 유행하는 경주남산 삼화령 차 공양의 시작이었다.

또 경주 분황사芬皇寺 모전석탑模塼石塔 앞에서 다섯 명 춤꾼으로 구성된 다무茶舞를 연출한 것도 오늘날 차문화를 풍성하게 하는 차문화 한마당의 첫걸음이었다. 그다음 해 가을부터 연례적으로 경주에서 '우리 멋·맛·흥 한마당 축제'를 1박 2일의 일정으로 약 18년간 이끌었다. 간혹 여러 나라의 외국인들도 참여하여 우리 전통문화의 매력에 푹 빠지곤 했던 기억이 새롭다. 봄에는 지리산 하동에서 전통문화예술 축제를 열었던 세월도 어느새 20여 년이 되었다.

우리 문화원의 지원支院을 두어 자주 경주에 들르다가 그 인연으로 '경주불교교육원慶州佛敎敎育院'에 다도학茶道學 과정을 개설하여 동국대 교수들과 함께 강의했고, 또 경주지역 청년 불자들에게 차문화 강의를 여러 번 했던 곳도 고도古都 경주였다.

경주남산 답사 중에 인연을 맺었던 종수宗水 스님의 발원으로 기림사祇林寺와 감포 쪽으로 넘어가는 경주 황룡동에 위치한 폐교를 빌려 '충담차문화학교忠談茶文化學校'를 열어서 운영했던 추억도 새롭다. 이 학교는 '새벽문화학교'란 교명도 함께 쓰면서, 경주남산 답사 및 충담 정신 연구, 그리고 국악 등 우리 전통문화를 알리기 위한 체험학교, 우리 차문화 교실 등 다양한 전통문화 운동을 펼치던 학교다. 그렇게 문화패 후배들과 우리나라의 아름다운 문화를 알리며 풍류마당을 이끌었던 추억이 있는 곳이라 고도古都 서라벌은 여전히 생각만 해도 정겹다. '불풍류처야풍류不風流處也風流'를 내세우며 풍류정신과 충담 정신을 늘 가슴에 새기며 이끌던 학교였는데 경영이 어려워 몇 년 후에 문을 닫았다.

그리고 1995년 유네스코 세계문화유산으로 등재된 기념으로 불국사佛國寺, 석굴암石窟庵 불전에 헌공다례를 했던 추억도 새롭다. 불국사의 부탁을 받아 총감독을 맡아서 여법하게 기념 헌공다례를 했었다. 불국사는 세계적으로 보기 드문 독특한 건축미를 지닌 사찰 건축물로, 석굴암은 뛰어난 건축과 종교예술이 복합적으로 어우러져 만들어진 신라 전성기 최고의 걸작으로 인정받는다. 석굴암 본존불을 처음 본 그 분야의 어느 세계적인 석학이 '세계의 불교미술과 건축들을 만나봤지만, 이 부처님 앞에서는 저절로 신앙의 힘을 느꼈다'고 고백했던 신라인의 예술혼이 서려 있는 고찰이다.

1998년에 제1회 '경주세계문화엑스포'가 열렸을 때, 일본의 최대 다도 종가인 '우라센케裏千家'의 15대 센겐시쓰千玄室는 회원들 약 90여명과 함께 한국에 찾아와 불국사에서 헌다를 했다. 이어 경주 현대호텔에서 '한일 다도 교류대회'를 열었는데, 당시 필자는 양국의 다도 시연에 앞서 '한국의 차문화 정신'에 대한 기조 강연을 맡게 되었다. 이때도 그 핵심내용은 '신라인의 풍류와 화랑정신'이었다.

충담사의 정신을 새기며 경주남산 불보살佛菩薩께 헌다를 한 후 오늘날까지도 틈틈이 경주남산 답사와 함께 차를 올리고 있다. 그

후 경주, 대구, 울산을 비롯한 전국 각지의 차문화인들이 삼진날이 되면 '삼화령'이라 일컫는 경주남산 용장곡 연화대좌蓮花臺座 등지에서 나름대로 헌다 의식을 치르는 모습을 볼 수 있는데 참으로 아름다운 이 시대의 헌다문화獻茶文化가 되었다.

우리나라의 전통문화요 민족문화인 미풍양속을 홀대하는 못난 의식을 가진 자들이 아직도 있음을 안다. 이 욕망의 시대를 조절할 수 있는 조화로움을 위한 하나의 방편이 신新풍류인 차문화 운동이다.

이 책에 실린 글들은 일찍이 펴낸『경주남산 삼화령』이란 연구논문을 토대로 신라의 충담사忠談師를 중심으로 우리 차문화의 원형과 그 토대가 된 신라인의 풍류정신 등을 살펴보는 내용으로 구성되어 있다. 신라의 원효元曉 스님과 고려의 백운 이규보李奎報 선생, 그리고 조선 초기의 매월당 김시습金時習 등 우리 민족 대표 인물들의 차 사상을 들여다보며 한국의 차문화 정신과 그 원류를 고찰해보고자 하였다. 학술서지만 딱딱하지 않게 논문 형식을 탈피하여 형식에 얽매이지 않고 역사 에세이처럼 주관적인 생각도 피력한 대중서다.

차를 가까이 두고 생활하면서 깨달은 것 중에 하나가 떠오른다. 인생이란 이름의 바다는 파도가 있거나 없거나, 잔잔하거나 거칠거나, 변화무상의 세상이다. 그 파도를 타면 깨달은 사람이요, 그 파도에 허우적거리면 중생이리라. 파도를 타며 삶을 즐길 것이냐, 이를 거부하며 허우적거릴 것이냐는 순전히 개인의 몫이다. 향기로운 차 한 잔은 인생이란 바다에서 파도타기의 기술을 가르쳐준다. 그 기술은 다도생활에서 얻어지는 지혜로움이다.

어느 날 달 뜨는 정원에서 달빛 차회를 즐기다가 문득 읊은 졸시拙詩가 생각난다. 일찍이 읽은 추사秋史 선생의 '소창다명사아구좌小窓多明使我久坐'를 차용借用하여 '월도소창사아끽차月到小窓使我喫茶'란 구절을 벗에게 문자로 보냈더니 멋진 초서草書로 서예작품을 만들어 보내와 족자로 표구하여 우리 연구소 '청영헌青荣軒' 벽에 걸어두었다. 대강 '달빛이 작은 창에 머무니 나를 차 마시게 하네'란 뜻이다.

차의 정신은 '수진오속守眞忤俗', 곧 참됨을 지키고 속됨을 멀리하는 다짐에 있고, '일기일회一期一會'의 마음가짐이며, '심외무차心外無茶' 곧 차를 마시되 자신의 마음을 다룰 수 있다면 진정한 차인茶人이라 부를 수 있으리라.

아직 서툰 글을 세상에 또 내놓는 일이 한없이 부끄럽지만 누군가가 해야 할 일이라는 생각에 즐거운 마음으로 글을 썼다.

구절초 필 때, 청영헌에서

차례

한국 차문화의 원형과
풍류정신

　한잔의 차에서 배우는 마음 다스림의 지혜는 우리의 삶을 즐겁게 하고 풍요롭게 한다.

　차가 유구한 역사와 함께 우리 인류와 공존할 수 있었던 것은 단순한 건강 음료였기 때문만이 아니다. 오랜 세월 차를 즐기며 그 정신을 지켜온 선인들의 올곧은 인문정신이 있었기 때문이다.

　차를 다루는 일은 오롯한 선법禪法과 같으며, 자성自性을 깨닫게 해주는 마음공부의 한 방편이다. 차를 마시는 일은 모자라지도 넘치지도 않는 중정中正을 깨우치며 덕을 기르는 일이다.

　이처럼 차와 관련하여 형성된 문화가 자연스레 자리 잡거나 세월 따라 흘러온 것을 우리는 차문화茶文化라 부른다. 차가 지니고 있는 신묘한 성분과 차생활에서 얻어지는 그 현묘한 기운은 단순한 마실거리의 차원을 넘어서 동서양의 정신문화를 꽃피웠고 특히 동아시아의 문화원형文化原型에 영향을 끼쳤다.

왜 우리 차문화인가?

우리 차문화의 기원이나 원류를 찾는 일은, 옛 문헌이나 문물 등에서 살펴볼 수는 있지만 명쾌하고 논리적으로 밝혀 확연히 드러내기 어려움은 공지의 사실이다.

언제, 어디서, 어떻게 형성되어 오늘날에 이르렀는가 하는 문제는 그동안 여러 학문적 노력에도 불구하고 보편적으로 인정받는 학설이 아직 정립되지 않은 것이 현실이다. 그렇다고 역사의 뒤안길에 묻혀버렸거나 우리 전통문화 속에 면면히 내포된 차문화의 흔적들에서 유구한 정신문화를 찾아내는 일을 그만둘 수는 없는 노릇이다.

그렇다면 우리 차문화 정신의 원류는 어디서 비롯되었으며 어떻게 형성되었을까?

차는 특정 시대나 민족의 문화와 사상을 품고 있으니, 차문화는 차를 사랑하는 사람들이 꽃피운 정신문화의 한 영역이다.

차문화는 차를 만들고 마시는 행위와 거기에 수반되는 예절과 법도, 그리고 차의 효능에 의한 건강과 찻자리에서 얻어지는 온갖 정신적인 영역을 포함한다. 그래서 차문화는 생활문화이면서 정신문화의 영역이다. 차를 통해 다도茶道와 다례茶禮와 다예茶藝를 추구하는 한중일韓中日 삼국의 차문화에 이런 성격이 잘 구현되어 있거

니와, 각 민족의 차문화와 정신에는 나름대로 개별 민족문화의 원형과 정체성이 담겨 있다.

문화란 크게 보면 자연과 구별되는 인간 행위, 곧 자연 상태에서 벗어나 삶을 더 풍요롭고 편리하며 넉넉하게 만들어 가고자 사람들에 의해 습득, 공유되는 행동 양식의 모든 것이다. 좁게 보면 학문을 비롯한 종교, 예술, 사상, 철학 등의 영역을 뜻한다. 현대사회에서 문화는 주로 정신적인 영역이거나 예술을 통한 산물들을 지칭하는 의미로 사용되기도 한다.

문화라고 할 때의 문文은 도道와 달리 문자나 무늬처럼 드러내어 나타내는 것이다.

온고지신溫故知新이나 법고창신法古創新 등은 온고溫故와 법고法古의 전통을 바탕으로 새롭게 배우고 창조하는 일이며, 한마디로 문화 창달의 길을 말하고 있다.

동아시아 사상의 주요 계통은 유가儒家와 불가佛家와 도가道家이다. 이 사상들은 우리나라를 포함한 동양 차문화의 형성에도 크게 영향을 미쳤다.

차가 생활 속에 녹아있는 불가佛家에서는 차와 선禪을 한 맥락으로 보아 다선일여茶禪一如, 다선일미茶禪一味라고 한다. 차를 마시는 정신에 선이 있고 선정禪定에서 차의 도가 통한다는 뜻이다. 선의 멋과 차의 맛이 함께하는 융합의 세상은 하나이면서 둘이고 둘이면서 하나인 세계다. 차 마시며 도를 닦는 일, 차 마시며 선정에 드는 일은 그런 세계로 들어가는 길이 된다.

우리나라의 차문화사茶文化史와 차정신茶精神을 명쾌하고 논리적으로 고찰하기엔 밝혀진 사료나 유물이 그다지 많지 않다고 한다. 하지만 눈을 크게 뜨고 보면 꼭 그런 것만은 아니다. 우선『삼국사기三國史記』,『삼국유사三國遺事』,『조선왕조실록朝鮮王朝實錄』등 옛 기록들에서 차례문화가 남아 있고,『다부茶賦』,『동다송東茶頌』등에 차를 사랑하고 즐긴 선인들의 글이나 시들도 적지 않다. 마음만 먹는다면 얼마든지 자료를 찾을 수 있고 그 흔적을 엿볼 수 있다.

『삼국사기三國史記』「신라본기新羅本紀」의 '진흥왕眞興王'조에는 최치원崔致遠(857~?)이 쓴 화랑 난랑鸞郎의 비문이 실려 있는데, 그 가운데 이런 구절이 있다.

> 나라에 현묘玄妙한 도道가 있는데 풍류風流라 한다. 가르침의 근원은 선사仙史에 상세하게 갖추어져 있는데, 실로 삼교三教를 포함하고 만물과 접하여 교화한다.
> 들어와 집에서 효도하고 나가서 나라에 충성함은 공자의 가르침이다.
> 무위로 일을 처리하고 말없이 가르침을 행하는 것은 노자의 뜻과 같다.
> 악한 일은 하지 않고 선을 받들어 행하는 것은 부처의 가르침과 같다.
> 國有玄妙之道曰風流 設教之源備詳仙史 實乃包含三教 接化群生.
> 且如入則孝於家 出則忠於國魯司寇之旨也. 處無爲之事 行不言之教 周柱史之宗也. 諸惡莫作 諸善奉行竺乾太子之化也.

최치원은 우리 고유의 도를 풍류도風流道라 하고 이를 현묘지도玄妙之道라고 했다. 신라 당시 현묘玄妙가 곧 풍류인데, 이것은 유불선儒

佛仙 삼교三敎를 포함했다는 것이다.

우리는 근본적으로 유불선의 사상思想을 이미 자체 내에 지니고 있다는 뜻이다. 오랜 옛날부터 자연발생적으로 생성하고 발진되어 온 우리 민족의 근원사상과 융합된 것이 풍류도인 것이다. 곧 현묘 지도인 풍류는 유불선 삼교일체三敎一體의 사상이며 외래사상이 아니라 선천적 고유사상이라는 것이다.

최치원은 그의 '사산비명四山碑銘' 중 가장 먼저 완성된 '진감선사 대공탑비眞鑑禪師大空塔碑'에서도 이르기를, 삼교는 궁극적으로 추구하는 바가 다르지 않다고 했다. 유교 정신으로 인간사회를 다스리고 불교 정신으로 마음을 다스리고 도교 사상으로 자아 발전을 이루되, 결국 이 모두가 조화되고 융합되어 하나로 귀결된다는 것이다.

신라 당시의 풍류란 하늘과 땅 사이에 내재된 신령과의 교류를 위한 고유의 종교 사상이었을 것이다. 이것이 화랑도의 정신으로 이어졌으니, 이는 선비정신이기도 하다.

『도덕경道德經』15장은 도를 잘 따르는 사람, 곧 선비를 이렇게 표현한다.

예부터 도를 체득한 선비는
사물의 이치에 통달하고 미묘하여
그 깊음이 헤아릴 길이 없다.
古之善爲士者 微妙玄通 深不可識.

선비는 문무文武를 두루 겸비한 자로서 널리 인간세계를 이롭게 하는 홍익인간弘益人間을 구현하는 자이다. 또 하늘의 이치를 세상에 펼친다는 재세이화在世理化를 실천하는 사람이다.

신라의 젊은 화랑들은 도를 지향하고 풍류를 즐기며 특히 다도茶道 생활을 통해 수양을 쌓았다. 동서고금을 막론하고 청소년의 교육은 무엇보다 중요한데, 올바른 가치관을 지닌 청소년이야말로 한 시대와 나라의 운명을 결정하기 때문이다. 신라의 경우 풍류의 도로써 청소년을 교육했는데, 이제까지 살펴본 것처럼 이 교육에는 유불선 삼교의 핵심 사상이 모두 포함되어 있었다. 그렇다면 삼교의 핵심 가르침이란 무엇인가.

유교의 핵심은 욕심을 버리고 예禮로 돌아가는 데 있다. 이를 일러 극기복례克己復禮라 한다. 극기克己는 자신의 욕망을 극복하는 것이요, 복례復禮는 사람이 본래 지녀야 할 예의와 법도의 본질로 되돌아감이다. 이른바 인간 본연의 모습을 회복한다는 뜻이다. 안연顔淵(顏回, BC 521~481)이 '극기복례克己復禮'를 자세히 묻자 공자孔子(BC 551~479)는 "예가 아니면 보지 말고, 예가 아니면 듣지 말며, 예가 아니면 말하지 말고, 예가 아니면 나아가지 말라非禮勿視 非禮勿聽 非禮勿言非禮勿動]"고 했다.

불교의 핵심은 아집我執을 버리고 한마음—心으로 돌아가는 데 있다歸一心源]. 대승大乘의 진리를 논한 원효元曉(617~686) 스님은 『금강삼매경론金剛三昧經論』에서 이르기를 "일심의 근원은 유와 무를 떠나 홀로 고요하다"라고 했다. 이러한 일심사상이 인간의 근원적인 마음이니, 삼매란 곧 자신의 본성으로 돌아감을 의미한다. 그 옛날 혼란의 시대에도 흔들리지 않았던 원효 스님이 내세우는 '한마음'

은 우리나라 불교의 주요사상이 되었고, 일상생활 속에서도 한마음을 근본으로 삼을 만큼 보편화 되었으며, 우리 민족문화 정신의 한 뿌리가 되었다. 원효 스님은 출가하기 전 화랑으로 활동하며 무술에 능해 전투에도 참가한 적이 있다. 당시 전쟁에서는 화랑이 장수로서 참전하는 경우가 많았다. 원효 스님이 살던 7세기 신라 사회에는 풍류 정신이 크게 영향을 주었을 것이다. 화랑도는 말할 것도 없고, 승려들 중에도 풍류도를 수행하는 경우가 많을 정도로 풍류 정신은 당시의 시대정신이었다. 불교에서는 처염상정處染常淨의 묘미를 강조하고 있다.

도교의 특성은 대자연의 순리에 거슬리지 않고 순응하는 데 있다. 이를 요약한 것이 무위자연無爲自然이니, 인간 본연의 순수함으로 살아가야 한다는 가르침이다. 이를테면 무위자연을 벗어나는 사람은 자연의 원리에 위배될 뿐만 아니라 작위作爲하기 때문에 인간 본연의 조화를 이룰 수 없다. 그러므로 인간 삶의 질을 높이기 위해서는 무위자연의 사상으로 소통해야 한다는 것이다. 유가 사상이 현실적이라면 도가 사상은 초현실적이라 볼 수 있다. 인간 본연의 회복과 추구로 자연스럽게 살아가자는 생각이다.

고대로부터 우리 조상들은 하늘에 제천의식인 천제天祭를 지내고 노래와 춤으로 제의祭儀를 즐기며 온 마음과 몸으로 그것을 표현했다. 천지인天地人이 하나로 융합하는 천지인합일天地人合一의 정신 세계를 추구했던 것인데, 이를 풍류도라 이름 지을 수 있을 것이다.

『후한서後漢書』「동이전東夷傳」과 『삼국지三國志』「위서동이전魏書東夷傳」에 우리나라의 종교의식에 관한 기록들이 나온다. 부여夫餘의 영고迎鼓, 고구려高句麗의 동맹東盟, 동예東濊의 무천舞天, 삼한三韓의 시월제十月祭 등이 바로 그것이다. 우리 민족의 제천의식은 고조선부터 오늘날까지 우리의 민족정신에 녹아있는 정수精髓이며 민족문화를 지탱하는 주춧돌의 성격을 지니고 있다.

요컨대 풍류도의 본질은 하늘과 하나 되고 온갖 사람들과 대동단결大同團結하는 데 있다. 이러한 풍류도를 일찍이 실천한 집단이 신라 화랑도라 할 수 있을 것이다.

화랑 집단의 교육과목을 살펴보면, 도의道義로써 서로 심신을 수련하고[相磨道義], 노래와 춤으로써 서로 즐기며[相悅歌樂], 명산대천을 찾아 노니는 일[遊娛山水]이 핵심이다.

도의로써 심신을 닦는 것은 뭇 생명을 교화하기 위한 것이요, 노래와 풍악風樂으로 서로 즐기는 것은 풍류를 터득하는 길이요, 명산대천을 찾아 아무리 멀어도 이르지 않는 곳이 없는 것[遊娛山水 無遠不至]은 대자연과의 교감을 통한 정신수양의 방편이라 할 수 있다.

『시경詩經』에 '록명鹿鳴' 곧 '사슴 울음소리'란 말이 나온다. 먹이를 발견한 사슴이 다른 배고픈 사슴들을 부르기 위해 내는 울음소리다. 홀로 사는 게 아니라 함께 어울려 살자는 뜻일 것이다. 남을 배려하는 일은 남이 결국 내가 될 수 있고 우리가 된다는 것이다. 약육강식이 아니라 상부상조하는 사회가 오래 살아남는다는 것을 말하고 있다. 우리는 화랑도들이 어울려 산천유오山川遊娛 하였듯이, 함께 사는 세상을 위하여 사슴처럼, 새처럼, 바람처럼 우아하게 울 줄 아는 민족이다.

풍류는 우리 전통문화의 뿌리이고 이러한 풍류도를 재현한 풍류인의 전형을 신라의 화랑들에서 찾을 수 있다. 신라 삼국통일의 주역이었던 그들의 정신 속에 풍류의 도가 있었기에 그 일이 가능했다고 본다. 그리고 풍류정신이 담겨있는 바람결 같은 풍류 중의 하나가 다도 수련이었을 터.

풍류란 과연 어디에서 유래된 것일까?

언젠가 향토사학자 정영도 씨와 고사故事를 주고받다가 '풍류'의 유래를 엉뚱하게도 태호 복희씨와 연관을 지어 말한 적이 있는데, 복희씨의 성씨가 '풍風' 씨라는 것에서 시발점이 되었다. 태호복희씨太皞伏羲氏 혹은 포희씨庖犧氏는 중국 삼황三皇 중 한 사람이다. 복희씨는 인류에게 닥친 대홍수 시절에 표주박 속에 들어가 있었던 덕분에 되살아날 수 있었다고 하는데 다시 살아났다는 의미로 복희伏羲라고 했다고 전한다. 사마천의 『사기史記』에는 동이족東夷族이라고 서술되어 있다. 『주역周易』의 사상적 기초가 된 팔괘八卦를 창제했던 인물이다. 복희씨는 기원전 2800년 무렵에 살았다고 전하는데, 사람의 머리에 뱀 또는 용의 몸을 하고 있다고 했다. 복희씨는 뱀 모양의 여와女媧와 함께 서로 꼬리를 틀고 있는 모습이 화상석畵像石 등에 새겨져 전해온다.

『중국시사문화사전』 등에 따르면 삼황오제三皇五帝의 이름은 기록에 따라 조금씩 차이가 있다. 전한시대의 역사가인 사마천司馬遷의 『사기史記』에는 삼황三皇을 천황天皇, 지황地皇, 태황泰皇 또는 인황人皇으로 지칭하고 있으며, 한漢나라 학자인 응소應邵의 『풍속통의風俗通義』에는 삼황을 복희伏羲, 신농神農, 여와女媧로 구분하고 있다. 삼황오제의 오제五帝에 관해서는 『사기』에 황제헌원黃帝軒轅, 전욱고양顓頊高陽, 제곡고신帝嚳高辛, 제요방훈帝堯放勳(陶唐氏), 제순중화帝舜重華(有虞氏)라 하였다. 다른 기록에서는 황제 대신 소호금천씨少昊金天氏를 오제 자리에 넣기도 한다.

보통 덕 높은 성군聖君을 칭송할 때 쓰이는 '태평성대太平聖代 요순시절'이라 함은 '제요와 제순' 두 임금이 다스리던 시절을 말한다.

삼황오제는 중국 고대사의 대표적인 인물들이며 이들은 모두 동이족東夷族이었다는 사료史料들이 존재하고 있다. 『삼국사기』에서는 신라인과 가야인의 조상이 소호금천씨라 했다.

고려 인종仁宗(1109~1146) 때의 문신인 곽동순郭東珣의 「팔관회선랑하표八關會仙郞賀表」라는 글을 보면 고려시대 팔관회에도 풍류사상이 깊숙이 뿌리내려져 있었음을 짐작할 수 있다. 「팔관회선랑하표」는 고운 최치원 선생의 「난랑비서문鸞郞碑序文」과 함께 풍류와 화랑도의 원류를 밝힌 문헌이다.

「팔관회八關會 선랑仙郞 하표賀表」의 내용을 살펴보자.

복희씨伏羲氏가 천하의 왕이 된 후로부터 최고는 우리 태조太祖의 삼한三韓이요 막고야산藐姑射山에 산다는 신인神人은 바로 우리 월성月城(신라 서울)의 사자四子(신라의 대표적인 네 화랑)인가 합니다. 풍류風流가 역대에 전해 왔고 제작制作이 본조本朝에 와서 경신更新되었으니, 조상들이 즐겼고 상하가 화목하였습니다. 중하中賀 신이 듣건대, 저 신라新羅의 고읍古邑은 적수積水의 동쪽 구석에 있어, 태고太古의 풍도가 있었고 군자국君子國의 이름을 얻었습니다.

자주색 알[紫卵]이 하늘에서 내려오고 신룡神龍이 우물에서 나와 1천 년 하수河水가 맑은 동안 성골聖骨, 진골眞骨이 왕통王統을 이었고, 오백년 간에 화랑花郞들이 배출되니 원랑原郞, 난랑鸞郞 같은 적선謫仙들이 명승지를 두루 찾아 소요逍遙하여 노닐었고…….

역사에 있어서 사관史觀은 매우 중요하다. 역사적인 어떤 사실을 어떤 가치관으로 읽느냐에 따라 해석의 방향이 달라지기 때문이다. 우리 역사관의 문제는 흔히 지적되는 것처럼 주체성을 상실하고 있다는 점이다. 우리 민족사를 중화 사대주의나 일제의 식민사관 또는 미국을 중심으로 하는 서양 사대주의 등 왜곡된 역사관으로 이해하는 경우가 허다하다.

어떤 강대국들은 없는 역사도 만들거나 아전인수 격으로 역사를 왜곡하고 있는데, 우리 조상들이 남긴 『환단고기桓檀古記』 등을 위서僞書라 칭하면서 역사적으로 중요한 기록들을 스스로 훼손하고 있는 것이 현실이다. 어쩌면 잃어버리고 빼앗긴 우리 역사를 찾는 역사 독립운동을 전개해야 할지도 모르겠다.

신라인 특히 화랑들은 일정한 형식에 구애받지 않고 일상생활에서 차를 좋아했음을 알 수 있는데, 특히 차는 정신을 맑게 할 뿐만 아니라 산천을 찾아다니며 행하는 명상과 수련에 도움을 주기에 화랑과 낭도의 음다 풍습이 성행했음을 짐작할 수 있다.

그렇다면 풍류성風流性을 가진 신라의 대표적인 인물은 누구일까? 굳이 한 사람만 꼽는다면 신라 제35대 경덕왕景德王(재위 742~765)

때 활동했던 충담사忠談師를 내세울 수 있을 것이다.

화랑 곁에서 학식이 높은 승려들이 화랑과 낭도들이 학문을 비롯하여 교양적으로 성숙해질 수 있게 지도하는 역할을 했을 것이다. 화랑 집단의 승려는 크게 보면 화랑도의 일원이라 보지만 정식 구성원은 아니었을 것이고, 충담사 역시 이름 그대로 젊은 화랑과 낭도를 대상으로 교육을 하는 교육자였으리라. 그의 향가 내용을 살펴보면 유불선儒佛仙을 통달한 인물이었음을 짐작할 수 있다. 충담사는 신라가 삼국을 통일하고 약 100년이 지난 시대에 활동하던 인물이다.

고금을 막론하고 모든 국가에는 흥망성쇠興亡盛衰가 있는 법이니, 신라의 역사도 성장기와 융성기와 쇠퇴기로 나눌 수 있다. 통일 후 백여 년이 지난 경덕왕의 치세 시기는 신라 문화예술의 최고 전성기라 할 수 있는데, 달이 차면 기울듯이 전환의 시대로 접어들던 때이기도 하였다. 국왕과 귀족 세력 간의 분열이 나타나고, 오랫동안 지켜왔던 우리 민족 고유의 정체성이나 신라인 고유의 정신문화에도 혼란의 징후들이 생겨났다. 잦은 천재지변으로 백성의 삶은 도탄에 빠졌는데, 임금은 정작 백성의 구휼에는 매진하지 않고 다른 일들에 국력을 소진시켰다고 역사는 기록하고 있다. 불교 문화예술은 크게 꽃을 피웠지만, 정치적으로는 매우 암담한 시련의 시대였던 것이다.

삼국통일 이후 신라는 우리 민족의 고유성과 독창성을 이어가지 못하고 당나라 문물 등의 무비판적 수용을 통해 정신과 문화의 혼란상을 스스로 자초하였다. 외래문화가 신라 고유의 정신문화를 잠

경주남산 삼화령 헌다의식(한국여천차문화원, 1982)

식하는 이런 풍조를 가장 크게 걱정하고 염려하던 이가 바로 충담
사였다. 신라의 정체성을 고민하던 당대 지성인 충담사의 모습은
『삼국유사』의 기록을 통해 여러 측면에서 명백히 확인할 수 있다.
주체성을 잃고 정신적 혼란에 빠진 신라의 현실은 그에게 불안한
미래를 암시했을 것이고, 이에 충담사는 신라 고유의 풍류도와 화
랑정신으로 돌아가야 한다는 가르침을 전파할 필요성을 느끼게 되
었을 것이다. 그래서 지은 노래가 〈찬기파랑가讚耆婆郞歌〉요 〈안민가
安民歌〉였다.

　〈찬기파랑가〉를 통해 충담사는 풍류도로 무장한 화랑의 기상을
회복할 것을 말하고 있고, 〈안민가〉를 통해 바른 정치와 대동단결
의 요체를 설명하고 있다. 특히 〈안민가〉를 지을 때는 임금과 직접

마주 앉아 차를 나누며 시국을 논했고, '임금은 임금다워야 한다'며 쓴소리도 마다하지 않았다. 이에 관한 내용은 뒤에서 다시 자세히 고찰하되, 여기서는 우선 충담사가 화랑의 정신이자 우리 민족 고유의 정신인 풍류도의 부활을 강조한 풍류 차인이었다는 점만 지적해두기로 한다. 다른 한편으로 그는 매년 삼짇날과 중양절에 휴대용 차도구 함인 앵통櫻筒을 짊어지고 경주남산[金鰲山] 삼화령三花嶺에 올라 미륵불전에 헌다獻茶를 하던 신라 최고의 다도인茶道人이기도 하였다.

02

한국인은
'차례'를 지내는 민족이다

우리 민족은 예부터 아름다운 풍속인 '차례'를 지내는 민족이다. '다례茶禮'가 아니라 순수한 우리말로 '차례'라 부른다. '차茶'는 중국어로도 '차chá'라고 발음하고 일본어로도 '차cha'라고 발음한다. 한중일의 발음이 차이가 나지 않는 게 의미심장하지 않은가.

동양 삼국 중 우리를 제외한 어느 나라에서도 찾을 수 없는 미풍양속이 '차례'다. 정월 초하루 설날이나 팔월 한가위 추석 명절 때, 잊지 않고 제천祭天 의식을 이어받아 예를 행하며 조상을 섬기는 민족이 우리 한민족인 것이다. 언제부터인가 차례 대신 술로 제례祭禮를 지내지만, '차례'라는 명칭만은 여전히 이어지고 있다.

이처럼 '차례'는 우리 고유의 전승 문화요 미풍양속이다. 이것은 반만년을 이어온 전통문화요 기층문화인 것이다. 사전에서는 차례를 '명절날이나 조상의 생일 또는 매달 음력 초하루와 보름날 따위를 맞아 낮에 지내는 약식 제사'라 하고, 『한국민족문화대백과사전』에서는 '일반적으로 절사節祀라고 한다. 『가례』에 나타나는 제례 중에서 참례參禮와 천신례薦新禮가 관행의 차례에 해당한다. 우리나라의 명절 중에서 차례를 가장 많이 지내는 명절은 설과 추석이다'라고 설명한다.

이렇게 반만년을 우리 민족과 함께해온 '차례'는 오랜 세월이 흐르면서 비록 그 주인공인 '차'가 대체로 그 자리를 지키지는 못했지만, 그 풍습만은 끊임없이 이어졌다. 신라 때는 헌다獻茶 의식으로, 고려 때는 진다進茶 의식으로, 그리고 조선시대에는 다례茶禮로 그 형식이 이어져 차례 문화를 형성에 왔다. 오늘날 아무리 힘들고 어려워도 설날과 한가위에 '차례'를 지내는 민족이 우리 한민족이다. 그 역사엔 향기로운 인문정신과 풍류정신이 깃들어있는 것이다. 최초의 할아버지와 직계 조상들께 올리던 차례 문화가 세월이 흘러 그 법도와 방식이 달라졌지만, 그 이름만은 계속 우리 민족의 혼으로 이어져 오고 있는 셈이다.

그렇다면 차례의 핵심 제물인 차는 언제 어떻게 시작된 것일까? 세계 최초의 다서茶書라 할 수 있는 육우陸羽(733~804)의 『다경茶經』가운데 '육지음六之飮'에는 이런 내용이 나온다.

"차를 마시게 된 것은 신농씨로부터 비롯되었고, 노나라의 주공에 의해 널리 알려졌다茶之爲飮, 發乎神農氏, 聞於魯周公]."

이처럼 염제炎帝 신농씨神農氏는 인류 최초로 차를 발견하고 마신 사람이다.

"동해의 안, 북해의 모퉁이에 나라가 있어 이름을 조선朝鮮이라 하는데 하늘이 길러내며 그 사람들은 물가에 살고 서로 아끼고 사랑한다東海之內 北海之隅 有國名曰朝鮮 天毒 其人水居 偎人愛之]."

이는 중국 최고最古의 인문지리서인 『산해경山海經』의 「해내경海內經」 머리글에 나오는 구절이다. 여기 나오는 '외인애지偎人愛之', 곧 사람을 아끼고 사랑하는 애민정신愛民精神으로 신농씨는 정치에서 물러나 만백성의 양생養生을 위하여 약초를 연구하기 시작했다. 중국인들은 신농씨를 동이족東夷族의 수장首長이라 했으니, 알고 보면 역사에 기록된 우리 한민족 최초의 할아버지다. 신농씨는 농업의 신, 의약의 신으로 오늘날에도 동아시아에서 받들어지고 있다.

염제 신농씨는 상고시대上古時代 삼황三皇 중의 한 임금으로 중국 산동성山東省 곡부曲阜에 도읍하였으며 큰 덕을 쌓아 화덕火德을 지녀 염제炎帝라 불렀다. 염제 신농씨는 백성들을 공평하게 다스리니 백성들은 소박하고 성실해서 다투지 않았다. 법은 번잡하지 않았고 그 덕화德化가 신神과 같아서 그가 다스리는 사방의 백성들 가운데 복종하지 않는 자가 없었다. 이처럼 큰 덕으로 세상을 다스리던 그는 죽어서 중국 호남성湖南省 장사長沙 땅에 묻혔다.

신농씨는 사람들에게 쟁기질과 파종법 등 농사짓는 법을 가르쳤으며, 각종의 약초를 스스로 씹어서 약성과 그 효과로 약초를 조합하여 365종의 약을 만들어 400가지 이상의 병을 치료할 수 있는 동양 의약의 기틀을 만들었다. 신농씨는 강수姜水(陝西省 岐山縣) 부근에

염제炎帝 신농씨神農氏

서 성장했기 때문에 성씨를 '강姜'이라 했다.

　송宋의 나필羅泌(1165~1172)은 『노사路史』에서 염제를 두고 '붕어한 뒤 장사長沙(湖南省)의 끄트머리에 묻었고, 능묘를 차릉이라 불렀다崩葬長沙之尾, 是曰茶陵]"고 기록했다. 이처럼 그의 능묘를 '차릉茶陵(湖南省茶陵縣)'이라 일컬은 것도 그가 차나무를 처음으로 찾아내고, 해독을 위해 그 잎을 우려 마셨다는 고사와 무관치 않다.

『회남자淮南子』는 전한前漢의 회남왕淮南王 유안劉安이 편찬한 일종의 백과사전으로, 전21권으로 편찬되었다. 이 책의「수무편修務篇」에 따르면 염제 신농씨는 자편赭鞭이라는 신령스러운 채찍을 가지고 각종 약초를 내리쳐 약초에 독성이 있는지, 효능은 어떤지, 그리고 약초의 따뜻하고 찬 성분 등을 알아냈다고 한다. 이를 바탕으로 신농씨는 유용한 약초를 가려내 사람들의 병을 치료해 주었다.

1996년 4월에 한국문자학회의 일원으로 한국인으로는 최초로 중국 호남성 차릉현에 위치한 염제릉炎帝陵 곧 '차릉'을 찾아 신농할아버지께 차를 직접 우려 올렸던 추억이 새롭다.

법당法堂을 닮은 전각殿閣에 신농상神農像을 모셨고, 그 전각 위쪽

염제 신농씨 차릉茶陵(중국 호남성湖南省 염제릉炎帝陵)

에 '염제신농씨묘炎帝神農氏墓' 비석이 세워져 있는 차릉이 있다.

본래 중국인들은 '황제지손黃帝之孫'이라 하여 황제헌원씨黃帝軒轅氏를 자신들의 조상으로 섬겼다. 그런데 필자가 방문했을 당시 차릉 전각 앞에는 장쩌민江澤民 주석이 쓴 큰 글씨가 걸려 있었는데, 그 내용은 '염황지손炎黃之孫'이었다.

그때 우리가 본 것은 염제 신농과 황제 헌원의 동시 자손이라는 이웃 나라의 역사 왜곡 현장이었다. 우리가 우리 조상을 잃어버리고 있을 때 그들은 우리 할아버지를 자기들의 조상으로 삼아버렸던 것이다. 차茶의 신神인 염제 신농의 차릉 앞에서, 다시 한번 우리 역사를 깊이 새기게 된 날이었다.

03

우리나라
차 전래에 관한 문헌

서기 1145년경에 김부식 등이 고려 인종仁宗(재위 1122~1146)의 명
을 받아 편찬한 삼국시대 역사서인 『삼국사기』의 「신라본기」에 한
국의 차 시배始培에 관한 글이 나온다. 이에 따르면 신라 흥덕왕興德
王(재위 826~836) 3년(828)에 대륙[中國]에서 차가 들어왔다고 한다.

견당사로 갔던 대렴이 당나라에서 돌아오며 차 씨앗을 가지고 오자 왕
이 지리산에 심게 했다. 차는 선덕왕善德王(재위 632~647) 때부터 있었지만
이때에 이르러 성행했다.

入唐廻使大廉持茶種子來, 王使植地理山. 茶自善德王時有之, 至於此盛焉.

한편, 역사학자 상현尚玄 이능화李能和(1869~1943)는 『조선불교통사朝鮮佛敎通史』에서 흥덕왕 3년에 차 종자를 가져왔다는 이 기록을 언급하면서 다음과 같은 주석註釋을 달았다.

상현尚玄이 말한다. 조선의 장백산에 나는 차를 백산차白山茶라 하는데 건륭 때 청나라 사람들이 공물로 채취해 궁궐에서 사용하는 차다. 그리고 김해 백월산에 죽로차가 있는데 세상에서 전하는 말에, 수로왕비 허씨가 인도로부터 갖고 온 차 씨앗이라 한다[金海白月山有竹露茶 世傳首露王妃許氏 自印度持來之茶種云]. 제주도에서 나는 귤화차橘花茶는 맛과 향이 감미롭다. 이 세 종류 차는 명산귀품名産貴品에 속하나 아는 사람이 드물다.

이 기록에서는 흥덕왕 때보다 더 일찍 차가 한반도에 들어왔다는 이야기를 하고 있는데, 그 주인공이 수로왕비 허씨다. 일연一然(1206~1289) 스님의 『삼국유사』 「가락국기駕洛國記」에 의하면 수로왕비는 아유타국의 공주 허황옥許黃玉이며, 가락국에 도착한 때가 서기 48년이다. 허황옥이 실제로 차 종자를 가져왔다면 한반도의 차 전래 시기는 흥덕왕 3년(828)보다 780년이 앞당겨지게 된다. 허황옥이 5월에 배를 타고 약 3개월간의 항해 끝에 가락국으로 온 것이 서기 48년 7월 27일이었다고 했다. 우리가 기억해야 할, 잃어버린 2천 년의 가야사 속에 피어난 가야차의 흔적이다.

필자는 2005년에 최초로 '가야 차문화 한마당 축제'를 기획한 바 있다. '차의 향기로 가야 혼을 깨운다'는 슬로건을 내세우고 김해 장군차와 김해 찻사발을 주제로 한 한중일 학술세미나 등 차문화

잔치를 이끌었고, 2007년 제3회 축제 때는 '가야 차문화 한마당 축제 추진위원회' 이름으로 '한국차인연합회'와 공동으로 허황옥을 '대한민국 제1호 차인'으로 명명하는 선포식을 가지기도 했다.

우리가 주목해야 할 또 하나의 사실은, 사신 대렴大廉이 중국에서 차 종자를 가져오기 63년 전인 서기 765년 봄 삼월 삼짇날에 이미 '충담사와 경덕왕의 차 이야기'가 있었다는 사실이다.

또 선덕여왕 때부터 차나무를 재배했다면 왕경[慶州] 인근이 아니라 차나무 생장 적지인 지리산 일대였을 것이고, 대렴이 가져온 차 씨앗을 지리산 자락에 심게 한 것도 이미 그곳에 차나무가 자라고 있었기 때문일 것이다.

지리산 쌍계사雙磎寺는 신라 제33대 성덕왕聖德王(재위 702~737) 23년(724)에 대비大悲, 삼법三法 두 화상께서 선종禪宗의 육조六祖인 혜능慧能(638~713) 스님의 정상頂相, 곧 두개골을 모시고 귀국하여 봉안한 절이다. '눈 쌓인 계곡에 칡꽃이 피어있는 곳[雪裏葛花處]'에 봉안하라는 꿈의 계시를 받고 호랑이의 인도로 터를 잡아 지은 절이 쌍계사라고 한다. 원래는 옥천사玉泉寺였으니 쌍계사의 전신이 옥천사다.

옛 기록은 물론이요 현재 지리산 자락의 차나무밭을 생각해보더라도 충분히 수긍할 수 있지 않은가. 서기 828년 흥덕왕 때 지리산에 차나무를 심었다고 하니 분명 그보다 약 100여 년 전에도 사찰 주위에 차나무가 자라고 있었을 것이다.

지금의 하동군 화개면 호동마을 계곡 옆 산야에는 야생 차나무들이 그 뿌리를 깊게 내리고 척박한 땅에서도 잘 자라고 있다. 오늘날 하동 화개지역의 오래된 차밭을 생각한다면 그 당시 지리산 자락 따뜻한 곳에서는 허황옥 왕비가 전래한 차나무가 자라고 있었으리라고 추측할 수 있다.

지리산 일대의 차나무는 그곳에 자리 잡은 칠불사七佛寺, 쌍계사雙磎寺, 화엄사華嚴寺 등 사찰 주변에 오래된 차나무가 자라고 있기에 자생설이든 전래설이든 그 개연성이 있다고 본다.

지리산은 오랜 기간 가락국駕洛國의 영역이었고 가락국의 시조 수로왕(재위 42~199)이 만년을 보낸 곳이요, 훗날 가락국 제10대 구형왕仇衡王(재위 521~532)이 은거한 곳이다. 관련 기록이 '가락국태조릉숭선전비駕洛國太祖陵崇善殿碑'에 남아 있다.

오래된 고찰들을 답사할 때면 사찰 주위를 자연스레 둘려보게 되는데 그 까닭은 혹여 오래된 차나무가 있지 않을까 해서이다. 실제로 간혹 고찰 주위에서 오래된 차나무를 발견하게 되는데, 분명 차를 좋아하는 사람들이 심었거나 어디선가 그 씨앗을 물고 날아가 퍼뜨린 새들이 있었기 때문일 것이다. 예컨대 경주남산을 자주 찾다가 그 당시 삼불사三佛寺 주지이던 종수宗水 스님과 함께 배동의 삼존석불三尊石佛 부근에 1980년대 중반부터 차나무를 심었기 때문에 오늘날 남산에서도 차나무를 볼 수 있는 것이다.

지리산에 머물렀던 옛 선인들의 발자취를 떠올린다면 『조선불교통사』의 기록처럼 우리나라의 차 시원을 서기 48년으로 올릴 수도 있다는 얘기다. 가야의 불교 수용과 함께 가야차를 언급한다면 허황옥 왕비의 도래로부터일 것이다.

한편, 『삼국유사』「가락국기」의 '법민왕法敏王(文武王)'조에는 서기 661년 급간級干 갱세賡世가 수로왕 제사에 차를 제수祭羞로 올렸다는 기록이 있는데, 이는 차의 용례用例로서는 매우 오래된 것이다.

수로왕 17손 급간 갱세가 조정의 뜻을 받들어 해마다 명절이면 술과 단술을 비롯하여 떡과 밥 그리고 차(茶)와 과자 등 여러 제수를 갖추기를 해마다 빠뜨리지 않았다. 그 제삿날은 거등왕이 정한 연중 다섯 번을 잃지 않으니 효성의 향기가 그윽한 정성 어린 제사는 이제 나에게 맡겨졌다. 王之十七代孫賡世級干祇稟朝旨 主掌厥田 每歲時釀醪醴 設以餠飯茶菓 羞等奠 年年不墜 其祭日不失居登王之所定年內五日也 芬苾孝祀 於是乎在於我.

서기 661년에 급간 갱세가 간혹 끊겼던 수로왕릉 제례를 법민왕의 배려로 다시 지내게 되었다는 내용인데, 그 제삿날의 기준은 제2대 거등왕居登王(재위 199~259)이 서기 199년에 정한 연중 5회였고, 이후 이를 지켰다는 것이다. 그러므로 제수 또한 거등왕이 갖추던 것을 그대로 지켰다고 볼 수 있다. 이는 최소한 서기 199년부터 제사상에 차를 올렸다는 의미다.

이상의 이야기를 종합하면, 가야국의 시조인 김수로왕의 왕비 허황옥이 아유타국에서 시집올 때 차 씨앗을 가져왔고, 또 신라가 삼국을 통일하고 문무왕이 가야의 시조인 수로왕이 자신의 외가 조상이니 가야국의 종묘제례를 신라의 종묘제례와 함께 지낼 것을 명하였는데, 그때 제수로 차를 올렸다는 이야기가 된다.

신라 제30대 임금 문무왕文武王(재위 661~681)은 제29대 태종무열왕太宗武烈王(재위 654~661)의 큰아들이며, 어머니는 김유신의 여동생이던 문명왕후文明王后다. 문무왕의 이름이 법민法敏으로, 태종무열왕의 왕위를 이어받아 재위 기간 백제 저항군 진압, 고구려 정벌, 당나라 군대 축출 등 삼국통일의 위업을 완성시킨 왕이다. 『삼국사기』 기록에는 왕의 외모가 영특하게 생겼으며 총명하고 지략이 많았다고 한다. 신라의 두 번째 여왕인 진덕여왕眞德王(재위 647~654) 4년(650)에 당나라 사신으로 파견되기도 했으며 부친 태종무열왕의 치세기에 파진찬波珍飡으로 병부령兵部令이 된 뒤 곧 태자로 봉해졌다.

여기서 우리가 주목해야 할 주요 유물이 하나 있는데, 바로 '문무대왕릉비文武大王陵碑'이다. 이 비문에 신라 문무왕의 치적과 문무왕의 오랜 선조들의 계보가 기록되어 있다. 단편적이지만 비문을 통해 신라 왕족의 조상을 삼황오제三皇五帝에 연관시키는 것을 비롯해 문무왕이 56세로 죽은 사실 등을 알 수 있어 중요한 사료적 가치를 지닌다.

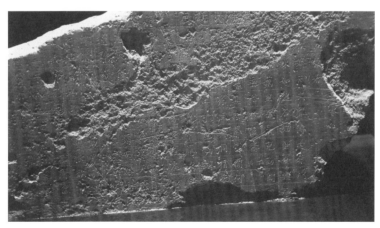

문무대왕비편(국립경주박물관 소장)

이 비문에 새겨진 '화관지후火官之后'나 '성한왕星漢王' 등은 당시 신라인들은 알고 있었지만 오늘날에는 해석이 어려운 내용이라 아직 학계에서도 비문의 내용을 모두 해석하지는 못하고 있다.

재야에서는 금문학金文學을 통해 해석이 시도되고 있는데, 이에 따르면 '화관지후'는 기원전 2300년경의 관직 이름이자 삼황오제 시대 순舜임금(재위 BC 2320~2312)을 가리키는 말이라고 한다. 또 '성한왕星漢王'은 다른 사람이 아니라 신라 경주김씨의 시조인 김알지金閼智(65~?)의 또 다른 이름일 것으로 추측된다. 문무왕릉 비문에는 신라 김씨 왕조의 시조가 성한왕이라고 되어 있다. 성한왕은『삼국사기』나『삼국유사』에는 등장하지 않는 인물인데, 문무왕의 동생인 김인문金仁問(629~684)의 묘비墓碑 역시 신라의 시조는 성한왕이라고 기록하고 있다.

비문은 살아있는 유물이라 한다. 오래 전 재야의 금문학자 김재섭金載燮 선생에게서 금문학金文學을 배울 때, 이 비문의 내용을 알게 되었다. 앞으로 학계에서 계속 연구할 과제지만 이 비문이야말로 잃어버리고 빼앗겼던 우리 고대사를 다시 찾아줄 중요한 유물이라 생각한다.

1796년 조선 제22대 정조正祖(재위 1777~1800) 20년에 이 빗돌[文武大王陵碑]을 경주에서 밭 갈던 농부가 발견하였고 당시 경주부윤慶州府尹을 지내던 홍양호洪良浩(1724~1802)에 의해 세상에 알려졌다. 심하게 마모된 이 비문의 탁본이 청나라 금석학자 유희해劉喜海(793~1853)에게 전해져 그가 쓴『해동금석원海東金石苑』에 내용이 실렸는데, 이로써 그나마 전체적인 흐름을 읽을 수 있게 되었다. 다행히도 그 탁본이 지금까지 남아 있는 것이다. 『해동금석원』에 실린 제1편과 제2편은 비의 상단 전면과 후면, 제3편과 제4편은 하단 전면과 후면임이 밝혀졌다.

이 비석은 그 후 사라졌다가 1961년에 이 비석의 아랫부분이 경주 동부동에서 재발견돼 지금은 경주박물관에 소장되어 있다. 자료 가치가 있는 이런 유물이 발견되었을 때의 상황을 보면 문화유산을 대하는 우리의 자세가 부끄러울 뿐이다.

이 비석은 682년 경주 사천왕사四天王寺에 세워졌던 것으로 보는 견해가 유력하다.

희한하게도 이 비석에 관심을 갖고 있을 때인 2009년 2월에 역시 동부동의 주택 수돗가에서 그동안 행방이 묘연했던 이 비석 윗부분이 우연히 발견되었다. 이 비석 상단부가 오랜 세월 마모된 채로 다시 우리 앞에 나타난 것이다.

현재 전하는 비편을 근거로 추정한 결과에 따르면 적어도 4조각 이상으로 깨어졌던 것으로 보고 있다. 현재 발견된 비편의 조각들을 맞춰볼 때 비문은 각 행 52자 정도이며 글자는 높이 3.2cm 정도의 방안方眼에 구양순체歐陽詢體로 새겨져 있다. 비문은 당시 국학소경國學少卿으로 있던 인물이 지었고, 글씨는 통일신라 명필인 대사大舍 한눌유韓訥儒가 쓴 것으로 확인됐다.

이 비문뿐만 아니라 우리는 우리 고대사와 역사를 알려줄 수많은 유물과 유적을 소홀히 취급했음을 반성해야 하리라. 신라 왕들의 비석은 여러 왕조를 거치며 수난을 겪었다. 일례로 경주박물관에 소장된 태종무열왕릉비太宗武烈王陵碑 편片은 손바닥보다 작은 크

제1회 가야차문화 한마당 축제 장면(김해 수릉원)

기로 조각나 있고, 흥덕왕릉비興德王陵碑 역시 왕릉 주변에서 수십 조각으로 깨진 채 발견되기도 했다.

우리가 우리의 전통문화를 낡았다고 외면할 때 선진 외국인들은 우리 전통문화를 동양 정신문화의 뿌리로 인식하고 세계문화유산이라 칭송하고 있다. 지금이라도 온 국민과 정부는 우리의 자랑스러운 문화유산을 아끼고 지켜야만 당당히 인류문화유산으로 자리매김할 수 있으리라 본다.

잃어버렸다가 다시 발견된 '문무대왕릉비'처럼 분명 경주남산 삼화령 미륵불의 실체를 알려줄 유물이 언젠가 우리 앞에 나타날 것이다. 흘러간 과거는 지나간 오늘이다. 그래서 문화유산은 낡은 옛날이 아니라 생생히 살아있는 오늘이라 부르고 싶다.

이 글의 시각이 때론 주관적이고 관념적으로 흐를 수도 있겠지만, 주관이 없으면 객관성도 결여된다고 본다면 결국 주관에 의해 객관성이 확립된다고 생각한다. 확고한 주체성을 바탕으로 한 접근이 객관적 정체성을 쌓는 길이리라.

04

신라 화랑과
미륵 신앙

미륵 신앙과 화랑의 관계는 옛 문헌에서 찾아볼 수 있다. 대성 大聖이라 일컫는 미륵불이 화랑으로 화생하는 설화가 있는가 하면, 신라 성덕왕聖德王(재위 702~737) 때 염불승으로 달달박박怛怛朴朴과 함께 출가하여 백월산白月山에서 수행하다가 여인으로 변장한 관세음보살의 도움으로 미륵불이 된 노힐부득努肹夫得 이야기도 있으니, 모두 현실에 정토사상淨土思想을 표현한 것이리라. 이는 서방정토西方淨土 왕생往生이 아니라 신라 땅에서 아미타불로 현신現身 성불成佛한 이들의 설화이다.

미륵불이 인간 세상으로 내려와 화랑으로 화생하는 설화를 『삼국유사』의 '미륵선화彌勒仙花 미시랑未尸郎 진자사眞慈師'조가 한 편의 드라마로 만들어놓았다.

　신라 진지왕眞智王(재위 576~579) 때 흥륜사興輪寺 승려인 진자眞慈가 법당의 미륵불상 앞에 나아가 간절한 기도를 올렸다.

　"미륵부처님이시여, 부디 화랑의 몸으로 이 세상에 화생하셔서 늘 얼굴을 뵙고 따르게 해주십시오."

　간절한 기원이 날로 두터워지니 어느 날 밤 꿈에 어떤 스님이 나타나 "네가 웅천熊川(공주) 수원사水源寺에 가면 미륵선화彌勒仙花를 볼 수 있을 것이다" 하였다. 그 길로 지극한 마음으로 찾아가 미시랑未尸郎을 만나 왕에게 주청하여 국선國仙으로 삼았다는 이야기다. 『삼국유사』 권3에 실린 '미륵선화 미시랑 진자사'조를 조금 더 자세히 살펴보자.

　진지왕 때 흥륜사의 승려 진자가 언제나 법당의 주인인 미륵상彌勒像 앞에 나아가 발원하고 맹세했다.

　"우리 대성께서는 화랑으로 화현化現해 이 세상에 나타나 내가 항상 미륵불의 얼굴을 가까이 뵙고 받들 수 있도록 하옵소서."

　그 간절한 기원이 날로 더욱 두터워지니 어느 날 밤 꿈속에 한 승려가 나타나 말했다.

　"네가 웅천 수원사에 가면 미륵선화를 볼 수 있을 것이다." 진자는 꿈에서 깨자 기뻐하며 그 절을 찾아가는데 열흘 동안 발자국마다 절을 하며 그 사찰에 이르렀다.

　문밖에서 복스럽고 곱게 생긴 한 아름다운 소년이 맞이하여 작은 문으로 데리고 들어가 객실로 안내했다. 진자는 올라가면서도 읍하며 말했다.

"그대는 나를 모르는데도 어찌하여 나를 대접함이 이렇듯 다정한가?"

"나도 또한 경주 도성 사람입니다. 스님이 먼 곳에서 오심을 보고 위로했을 따름입니다."

잠시 후 소년은 문밖으로 나가더니 그 간 곳을 알 수 없었다. 진자는 속으로 우연한 일이라고만 생각하고는 별로 이상히 여기지 않았다. 다만 사찰의 승려들에게 자기가 이곳에 온 뜻과 전날의 꿈 이야기를 하고는 말했다.

"잠시 저 아랫자리에서 미륵선화를 기다리려고 하는데 어떻겠소?"

사찰의 승려들은 그의 마음이 흔들리고 있음을 알았지만, 그의 근실한 모습을 보고 말했다.

"여기서 남쪽으로 가면 천산이 있는데 예로부터 현인과 철인이 살고 있으므로 정성이 신령과 통할 수 있으니 그곳으로 가보는 게 좋을 것이오."

그 말을 듣고 진자가 산 아래에 이르니 산신령이 노인으로 변하여 나와서 맞으며 말했다.

"여기에 무엇 하러 왔는가?"

"미륵선화를 보고자 합니다."

진자가 답하자 노인이 또 말했다.

"전번에 수원사 문밖에서 이미 미륵선화를 보았으면서 다시 무엇을 구하는 것인가?"

진자는 이 말을 듣고 놀라 깨달아 이내 달려서 본사로 돌아왔다. 그 후 한 달이 지나 진지왕이 이 말을 듣고는 진자를 불러 말했다.

"그 소년이 자신을 경주 도성 사람이라고 했다면, 성인이 거짓을 입에 담지는 않으실 것인데, 어찌 도성 안을 찾아보지 않는가?"

진자가 왕의 뜻을 받들어 무리들을 모아 온 마을을 뒤지며 찾았더니 한 소년을 발견하게 되었다. 약간 화장을 한 수려한 얼굴의 소년이 영묘사靈妙寺 동북쪽 길가 나무 아래를 오가며 놀고 있었다. 진자가 그를 만나보더니 놀라며, '이 분이 바로 미륵선화로구나'라고 생각하며 물었다.

"그대의 집은 어디고, 성씨는 어떻게 되시오?"

그 소년이 대답하였다.

"내 이름은 미시未尸지만, 어렸을 때 부모를 모두 여의어 성은 모릅니다."

진자는 그 소년을 가마에 태워 궁으로 들어가 왕께 뵙게 했다. 왕은 그를 존경하고 사랑하여 국선을 삼았다.

그는 화랑도들을 서로 화목하게 하였으며, 예의와 풍습을 잘 교화시켜 보통사람과 달랐다. 그는 풍류를 세상에 빛내더니 7년이 되자 갑자기 어디로 갔는지 알 수 없었다. 진자는 몹시 슬퍼하며 그리워했다. 그러나 미시랑의 자비스러운 은혜를 많이 입었고, 맑은 덕화를 입어 스스로 뉘우치고 정성을 다해 도를 닦았는데 만년에 진자 또한 어디서 세상을 마쳤는지 알 수가 없다.

미未와 미彌는 음이 서로 같고 시尸는 력力과 글자 모양이 서로 비슷하기 때문에 그 가까운 것을 택해서 바꾸어 부르기도 한다. 대성인이 유독 진자의 정성에 감동되었을 뿐만 아니라 이 땅에 인연이 있었으므로 가끔 나타났던 것이다.

지금까지도 나라 사람들이 신선神仙을 가리켜 미륵선화彌勒仙花라 하고, 중매하는 사람을 미시라 하는 것은 모두 진자의 유풍이다. 노방수路傍樹를 지금까지도 견랑見郞이라 하고 또 우리말로는 사여수似如樹라고 한다. 찬하여 읊노라.

선화 찾는 걸음걸음 그 모습 우러러보니

이르는 곳마다 한결같은 공이여.

홀연히 봄은 가고 찾을 곳 없으니

뉘라서 알리오 상림원이 잠시 꽃 붉은 줄을.

『三國遺事』塔像 第四, 彌勒仙花 未尸郎 眞慈師

及眞智王代 有興輪寺僧眞慈(一作貞慈也) 每就堂主彌勒像前 發原(願)誓言
願我大聖化作花郎 出現於世 我常親近晬容 奉以周旋 其誠懇至禱之情
日益彌篤 一夕夢有僧 謂曰 汝往熊川(今公州) 水源寺 得見彌勒仙花也 慈
覺而驚喜 尋其寺 行十日程 一步一禮 及到其寺 門外有一郎 濃纖不爽 盼
倩而迎 引入小門 邀致賓軒 慈且升且揖曰 郎君素昧平昔 何見待慇懃如
此 郎曰 我亦京師人也 見師高蹈遠屆 勞來之爾 俄而出門 不知所在 慈謂
偶爾 不甚異之 但與寺僧叙曩昔之夢興(與)來之意 且曰 暫寓下榻 欲待
彌勒仙花何如 寺僧欺其情蕩然 而見其懃恪 乃曰 此去南隣有千山 自古
賢哲寓止 多有冥感 盍歸彼居 慈從之 至於山下 山靈變老人出迎曰 到此
奚爲 答曰 願見彌勒仙花爾 老人曰 向於水源寺之門外 已見彌勒仙花 更
來何求 慈聞即驚汗驟還本寺 居月餘 眞智王聞之 徵詔問其由 曰 郎既自
稱京師人 聖不虛言 盍覓城中乎 慈奉宸旨 會徒衆 遍於閭閻間 物色求之
有一小郎子 斷紅齊具 眉彩秀麗 靈妙寺之東北路傍樹下 婆娑而遊 慈迓
之驚曰 此彌勒仙花也 乃就而問曰 郎家何在 願聞芳氏 郎答曰 我名未尸
兒孩時爺孃俱歿 未知何姓 於時肩輿而入見於王 王敬愛之 奉爲國仙 其
和睦子弟 禮義風敎 不類於常 風流耀世 幾七年 忽亡所在 慈哀懷殆甚 然
飲沐慈澤 昵承淸化 能自悔改 精修爲道 晚年亦不知所終 說者曰 未與彌
聲相近 尸與力形相類 乃託其近似而相謎也 大聖不獨感慈之誠款也 抑

有緣于玆土 故比比示現焉 至今國人稱神仙曰彌勒仙花 凡有媒係於人者
曰未尸 皆慈氏之遺風也 路傍樹至今名見郎 又俚言似如樹(一作印如樹)讚
曰 尋芳一步一瞻風 到處栽培一樣功 羃地春歸無覓處 誰知此頃刻上林紅.

이 설화는 미륵에 관한 우리나라 최초의 기록으로서 신라 미륵 사상의 독특한 면모를 보여주고 있다. 미륵이 화랑으로 화현한다는 생각은 화랑이 곧 미륵이라는 의식을 밑에 깔고 있다. 신라의 미륵 사상이 화랑정신과 습합習合되었음을 짐작할 수 있다. 당시 최고의 지식인인 승려들이 새 시대를 열어갈 청소년 집단인 화랑도에게 심어준 사상이 곧 '미륵의 화신'이란 의식이었다.

삼국시대부터 현재에 이르기까지 우리나라의 미륵 신앙은 면면히 이어져 왔고 사람들에게 영향을 끼치고 있다. 지명이나 사찰 이름 등에 미륵彌勒, 용화龍華, 도솔兜率 등이 쓰인 것이나 상당수의 미륵불상이 전해지고 있는 것을 봐도 모두 오랜 미륵 신앙의 영향이었음을 알 수 있다.

미륵 신앙의 기틀을 다진 인물을 꼽는다면 진표眞表 스님을 빼놓을 수 없다. 그는 경덕왕 시절, 유가론瑜伽論과 유식론唯識論을 중심으로 체계화한 법상종法相宗을 금산사金山寺에서 열었다. 백제가 망한 후 미륵 신앙으로 백제 백성들의 한恨을 풀어준 인물이다. 미륵불이 세상에 나타나면 백제 유민流民의 고달픈 삶이 종식되고 새로운 세상이 온다고 믿었을 것이다. 미륵불이 나타나서 다스리는 용화회상龍華會上 세상은 만인이 평등한 사회가 된다고 믿었을 것이다.

진표 스님에게는 계율을 잘 지키는 율사律師란 칭호가 붙는다. 그

국보 제83호 금동미륵보살반가사유상

의 도력道力과 감화력의 면모가 미륵 신앙을 통일신라 땅에 뿌리내리게 했음을 짐작할 수 있다.

도솔천兜率天의 미륵보살이 다시 태어날 때까지 중생구제를 위한 자비심을 품고 먼 미래를 생각하며 명상하는 자세가 곧 반가사유상半跏思惟像으로 묘사되었다고 한다. 부처가 깨달음을 얻기 전 '태자'였을 때 인생무상을 느끼며 고뇌하던 모습에서 유래했다고 하는데, 우리나라에서는 태자사유상으로 조성된 흔적이나 명문이 발견된 사례는 없고, 우리와 일본에서는 반가사유상이 태자사유상보다는 미륵보살상으로 인식되었다. 또 우리나라에서 발견된 반가사유상은 역사적으로 미륵 신앙과 관련되어 있고, 중국 역시 석굴사원에 조각된 명문 없는 반가사유상은 미륵보살로 보인다. 최근에는 이런 종류의 불상을 '미륵보살반가상'보다 '반가사유상'으로 주로 부르고 있다.

신라시대의 화랑과 미륵 신앙이 서로 밀접하게 연결되었던 것은 분명 미륵 신앙과 화랑정신으로 나타난 신라 호국불교 수용의 한 특징이었음을 짐작할 수 있다. 또 미륵 신앙의 이상적인 세상을 신라란 사회에 구체화 시키고자 했던 의도가 엿보이기도 한다. 미래에 미륵이 출현하는 유토피아적 이상세계를 제시하고 있는 미륵 신앙은 주로 소외되고 힘없이 살았던 하층민의 또 다른 희망의 세상이기도 했다.

05

신라 왕자
김교각과 금지차

　신라시대의 차문화 흔적을 찾다 보면 흥미로운 사실 하나를 발견하게 된다. 중국의 명차名茶 중 하나인 구화산차九華山茶에 대한 기록이 그것이다.

　구화산은 모봉차毛峰茶, 운무차雲霧茶 등 이름난 차가 나는 지역으로, 이들 차의 역사는 중국인들이 지장보살地藏菩薩이라 부르는 김교각金喬覺(696~794) 스님이 신라에서 가져갔던 금지차金地茶 씨앗이 그 기원이다. 그가 구화산 자락에 신라에서 가져간 차를 심어 보급했다는 얘기다.

　신라 출신 교각 스님은 법명이 석지장釋地藏 또는 김지장金地藏이다. 훗날 당나라 구화산에 들어가 수행과 전법傳法을 했는데 지장보살의 화신으로 추앙을 받았으며, 그가 심은 '김지장보살金地藏菩薩의 차'를 줄여서 금지차金地茶라고 했다.

교각 스님은 생전에 "중생을 제도해 그들이 보리를 깨닫고 지옥이 다 빌 때까지 성불하지 않으리度盡衆生 方證菩提 地獄未空 誓不成佛"라는 맹세를 했다고 한다.

교각 스님은 구화산에서 75년을 수행하여 99세에 열반했다. 그가 열반에 들 때 산이 울면서 허물어졌고 하늘에서는 천둥소리가 났으며, 스님의 시신을 함函에 넣어 안치했는데 3년 후 열어보니 얼굴색이 그대로였고 모습이 불경에 있는 지장보살의 모습과 같았다. 그때야 구화산 승려들은 김교각 스님이 바로 지장보살의 화신임을 알고 모셨다 한다.

당시 신라에서는 많은 이들이 당나라로 유학을 떠났는데 그 중한 사람이 신라 왕자인 교각 스님이고 그는 신라를 떠날 때 신라의 차 종자와 황립도黃粒稻를 가져갔다. 당에서 불교 공부를 끝낸 교각 스님은 신라로 귀국하지 않고 중국의 구화산에서 많은 제자들에게 가르침을 전했다. 중국의 유원장劉源長이 1669년경에 쓴 『개옹다사介翁茶史』에 '구화산에 공경차空梗茶가 있는데 이는 김지장이 심었다是金地藏所植'는 기록이 있다. 교각 스님이 이렇게 중국에 신라차를 전한 것은 8세기이다.

중국 당시집唐詩集 『고운당필기古芸堂筆記』 권5의 「동시연기東詩緣起」에 교각 스님의 차시茶詩 한 편이 실려 있다.

| 送童子下山 | 동자승이 산을 내려감을 전송하며 |

空門寂寞汝思家	불문이 적막하여 집 생각 하더니
禮別雲房下九華	승방에 예 올리고 구화산을 내려가네
愛向竹欄騎竹馬	대 난간 죽마 삼아 타고 놀기 좋아하고
懶於金地聚金沙	불문에서 수행하는 일도 게을렀지
漆瓶澗底休招月	칠병에 물 긷다 냇물에 달 불러 머물고
烹茗甌中罷弄花	차 달이는 사발 속에 차 거품 꽃놀이도 그만두고
好去不須頻下淚	잘 가거라, 서운해 눈물 흘리지 말고
老僧相伴有煙霞	노승은 안개와 노을로 서로 벗 삼아 살리라

이 시는 지장법사 교각 스님이 중국 구화산에서 지낼 때 데리고 있던 동자가 적적함을 이기지 못하여 고향으로 돌아가려고 하자 동자와 작별하면서 지은 시이다. 울며 산을 내려가는 동자와의 추억을 떠올리며 지은 것으로, 절제된 스님의 애절한 마음이 드러난다.

여기 나오는 '차 달이는 사발 속에 차 거품 꽃놀이도 그만두고 [烹茗甌中罷弄花]'의 '농화弄花'를 이해하려면 그 당시의 차생활에 대해 알아야 한다. 현재 우리가 흔히 차를 마시는 방법은 보통 찻잎을 다관에 넣고 뜨거운 물을 부어 우려내는 방식인데 이를 포다법泡茶法이라 한다. 교각 스님이 살던 시대엔 찻잎을 쪄서 떡처럼 만들었는데, 이 차 덩이를 구워 다연茶研이라는 차맷돌로 갈아 가루로 만든 다음, 이를 뜨거운 물에 타서 거품을 내어 마시는 방식을 취했다. 신라와 고려시대에 즐겨하던 다법茶法인데 차문화가 발달된 고려시대엔 더욱 정제되고 세련되었음을 당시 차인들의 글에서 읽을 수 있다.

가루차 음다법에는 솥에 차 가루를 넣어 달이는 자다법煮茶法과 사발에 가루를 넣고 뜨거운 물을 부어 거품을 내어 마시는 점다법點茶이 있는데, '농화弄花'는 가루차의 거품으로 꽃놀이를 즐겼다는 옛사람들의 풍류인 것이다. 그리고 '팽명구중烹茗甌中'의 '구甌'는 사발沙鉢을 말하는데, 대체로 차에 관한 옛글을 읽다보면 이 사발 '구甌' 자를 많이 사용했음을 알 수 있다. 그 밖에 자주 쓰는 용례用例로 '완碗'과 '완椀'이 있는데, 옛 차시茶詩에 자주 보인다. 그밖에 잔盞, 발鉢 등도 보인다.

이를테면 유명한 당나라의 시인 옥천자玉川子 노동盧仝(739~839)의 〈칠완의 다가七碗茶歌〉나, 그 차 노래를 인용하며 차를 마신 다산茶山 정약용丁若鏞(1762~1836)의 〈걸명소乞茗疏〉 등에도 나온다. 다산이 '을축년(1805) 겨울, 아암 선사에게 보낸 글乙丑冬贈兒菴禪師'의 한 대목을 읽어보자.

나2네가 요즈음 차를 탐음하고
책 속에 오묘함 열어준 육우의 다경을 통달하고
겸하여 약으로 삼고 있지요. 병든 숫누에는
노동의 일곱 사발 차를 다 마셔버렸소.
旅人近作茶饕 書中妙辟 全通陸羽之三篇 兼充藥餌 病裡雄蠶 遂竭盧仝之七椀

교각 스님의 금지자 이야기는 흥미롭다. 대렴大廉이 당나라 사신

구화산九華山의 교각 스님 상

으로 갔다 돌아오면서 신라에 차를 가져와 심은 것이 신라 흥덕왕 3년(828)이니, 대륙에서 차 씨앗을 가져와 우리 땅에 심은 역사보다 약 100년 전쯤에 신라의 차 종자를 대륙에 가져가 심었다는 것이다. 물론 그 당시 대륙에서 귀한 차들과 차도구들이 신라로 들어왔겠지만 이미 우리 땅에는 고유의 차가 존재했었다는 사실을 유추해볼 수 있는 것이다. 또『삼국유사』의 '명주오대산보질도태자전기溟州五臺山寶叱徒太子傳記'조에는, 보천寶川과 효명孝明이 오대산 문수보살文殊菩薩에게 차를 공양한다는 이야기가 있다.

06

고려는
차문화 전성시대

우리나라 차문화의 전성기인 고려시대의 차정신을 대략 살펴보자.
고려시대는 가루차를 만드는 차맷돌을 서로 선물할 정도로 차생
활이 성행했다. 고려 중엽의 문신 백운白雲 이규보李奎報(1168~1241)는
많은 차시茶詩를 남겼는데 그의 시 한 편을 읽어보자.

謝人贈茶磨	차맷돌을 준 사람에게 사례하다
琢石作孤輪	돌로 쪼아 만든 동그란 맷돌 하나
廻旋煩一臂	빙빙 돌리니 한쪽 어깨 번거롭구나
子豈不茗飮	그대도 어찌 차를 마시지 않겠나마는

投向草堂裏	내 초당으로 이것을 보내주었네
知我偏嗜眠	내가 잠을 너무 즐기는 걸 알고
所以見寄耳	그래서 나에게 보내준 것이리라
研出綠香塵	맷돌 갈수록 푸른 가루 향기 나오니
益感吾子意	그대 뜻 더욱 고맙기만 하네

고려는 차문화가 대체로 발달했던 시기라 왕실의식에 차가 쓰였고, 불가에서는 삼국시대부터 행해지던 사원의식과 함께 문사文士들의 풍류차風流茶가 생활이었다.

고려 6대왕 성종成宗(재위 981~997)은 공덕재功德齋에 올릴 차를 손수 차맷돌에 갈았다는 기록이 전해진다.

신라로부터 이어져 온 선승禪僧들의 선차일여禪茶一如를 고려와 조선의 차인들은 풍류성이 강한 선비차로 계승하였고, 이것이 오늘날까지 이어지고 있다.

신라의 차문화를 이어받은 고려와 조선의 차문화를 잠시 살펴보자.

고려시대는 왕실이나 사찰 그리고 평민들까지 차를 즐기던 시대였다. 그와 함께 차도구도 발전하면서 그 기법을 가르쳐준 중국 송나라 사람들도 감탄하게 했던 찬란한 고려청자의 시대를 열기도 했다. 왕실이 주관하는 의례와 행사에서는 차를 올리는 다례茶禮가 행해졌고, 사찰에서는 다선일여茶禪一如의 정신으로 차를 수양의 방편으로 삼았다.

특히 불교 행사인 연등회燃燈會, 팔관회八關會 등 국가행사에서는 차를 의례의 도구로 사용했으며 고려 중엽부터는 차가 생산되는 지역에 차를 전문적으로 전담하는 다소茶所 21개소를 두어 공신들에게 차를 하사할 정도였다.

우리 차문화 역사 중에는 우리만의 독특한 풍습이 있는데, 바로 관료의 자리에 차가 등장하고 있다는 점이다. 다시茶時라는 아름다운 제도가 그것이다. 고려 때부터 조선 말까지 이어진 유습으로 사헌부司憲府의 관헌들이 매일 등청해서 한자리에 앉아 차를 마시며 토론하고 업무를 조율하던 자리로, 정신을 청명淸明하게 하는 일종의 티 타임tea time이다. 오늘날에 다시 찾아야 할 미풍양속이다.

이학규李學逵(1770~1838)의 『낙하생집洛下生集』 중 「동사일지東事日知」에 '감찰다시監察茶時'란 제목의 글이 나온다. '감찰다시'를 줄여 '다시茶時'라고도 하는데, 『조선왕조실록』, 『승정원일기承政院日記』, 『일성록日省錄』 등에도 자주 나오는 용어이다.

조선 중기의 학자인 이수광李睟光(1563~1628)은 감찰다시에 대해 "감찰들이 사헌부 및 감독과 검열하는 관청에 모였다가 파하는 것을 다시라 하는데 그것은 차를 마시고 마치는 것이다"라고 했다. 다산 정약용은 『흠흠신서欽欽新書』에서 "감찰이 '다시'라는 패를 가지고 앞에서 인도하고 가면 비록 대관大官을 만나더라도 말에서 내리지 않는다"라고 했다.

'청렴하면서도 능히 너그럽고 어질면서도 결단을 잘 내린다'는 『채근담菜根譚』의 명언처럼, 그런 공직자를 감찰다시를 생각하며 기대해 본다.

'다시'는 사헌부의 주된 일과 중 하나였는데 형식적으로 남아 전해오다가 조선 고종高宗(재위 1863~1907) 19년(1882)에 역사에서 자취를 감추고 말았다.

고려시대에는 차문화가 생활이었다. 고려인들은 차를 밥 먹듯이 챙겨 마신다고 해서 일상다반사日常茶飯事라는 말이 생길 정도로 차가 성행했으며 기리에는 다점茶店이 있었다. 다점은 고려의 주요 교통로를 따라서 생겼으며 고개나 언덕 또는 쉬어가는 곳에 위치했다.

『동문선東文選』에 수록된 고려의 문인 서하西河 임춘林椿(1148~1186)의 〈찻집에서의 낮잠[茶店晝眠]〉이란 시를 읽어보자.

頹然臥榻便忘形	쓰러져 평상에 누우니 잠이 드는데
午枕風來睡自醒	바람 불어 낮잠에서 저절로 깨었소.
夢裏此身無處着	꿈속에도 이 한 몸 머물 곳 없었으니
乾坤都是一長亭	이 세상도 긴 여행의 쉬어가는 역이던가.

이어서 마지막으로, 찻집에서의 여유를 마음껏 노래하고 있다.

| 誰識幽人閑氣味 | 누가 알리요, 숨어 사는 사람의 한가한 멋을 |
| 一軒春睡敵千鍾 | 한바탕 봄 잠이 높은 벼슬아치 봉록과 맞먹으리니. |

우리나라 역사에 훌륭한 차인들이 시대마다 많이 나타났지만, 그중에서 고려시대 백운 이규보의 차 사상은 조선의 매월당 김시습과 함께 탁월했다.

이규보는 차의 세계에서 노닐며 단연 독보적인 차 사상을 구축한 인물이다. 그는 백운거사白雲居士를 자처하고 불가와 도가 사상에 심취하여 20대 젊은 시절에 당시 혼란스러운 고려사회에 「동명

왕편東明王篇」을 지어서 민족의 주체성을 알렸다.

『동국이상국집東國李相國集』에 실려 전하는 「동명왕편」은 고구려의 시조 동명왕을 민족의 영웅으로 내세움으로써 문화 창조의 방향을 전환시키고자 했던 작품이다.

「동명왕편」에는 당시 중화중심中華中心의 역사의식에서 탈피하여 우리의 민족적 우월성과 고구려를 계승하고 있다는 고려인의 자부심을 전하겠다는 의도가 내재되어 있다.

백운거사 이규보는 우리 문학사에서 높은 평가를 받는다. 그는 문학적 성취와 함께 문학 장르를 폭넓게 활용했던 차인이었다. 유불선을 두루 섭렵하여 문학적 위상을 높이 고양시킨 한국 문학사를 대표하는 지성인이었다.

그는 37편의 차시茶詩와 〈남행월일기南行月日記〉를 남겼는데 차 이외에도 술과 거문고를 즐기던 풍류인이었다. "혼자 앉아 거문고 타면서[獨坐自彈琴] 시를 읊으며 자주 술을 마시노라[獨吟頻舉酒]"고 독백하기도 했다.

어느 날 그가 노규 선사를 만나러 암자로 찾아갔을 때, 선사가 이규보를 위해 술을 내놓자 이를 사양하며 쓴 〈엄 선사를 방문하며[訪嚴師]〉라는 시가 있다.

我今訪山家 飮酒本非意　오늘 산사를 찾은 것은 술을 마심이 본래 뜻 아닌데

每來設飮筵 顏厚得無比　올 때마다 술자리 베푸시니 얼굴 두꺼운들 당황스럽네

僧格所自高 唯是茗飮耳　스님의 인품 높음은 오직 향기로운 차를 마심이라

好將蒙頂芽 煎却惠山水	몽산의 어린 찻잎 혜산의 물로 달여
一甌輒一話 漸入玄玄旨	차 한 잔 마시니 점차 현묘한 지경에 이르니
此樂信淸淡 何必昏昏醉	이 즐거움 진실로 청담한데 어찌 술에 취하랴

이규보는 '타오른 불에 끓인 향기로운 차는 바로 도의 맛活火香茶眞道味]'이라 말하며 차 한잔에서 깨달음의 경지에 도달한다. 아마 최초의 '다도茶道' 선언이었을 것이다.

〈다시 화답함[復和]〉란 그의 시는 다도의 세계를 선명하게 보여주는 대표적인 차시茶詩이다.

夜深蓮漏響丁東	깊은 밤 종소리 댕그랑 울릴 제
三語煩君別異同	유불도의 서로 다른 차이를 그대에게 물었네
多劫頭然難自求	긴 세월 정진했으나 스스로 구하지 못하다가
片時目擊摠成空	잠시 도를 보고 나니 모든 것이 공함을 알았도다
厭聞韓子題雙鳥	한유韓子의 이조부雙鳥賦는 실컷 들었고
深喜莊生說二蟲	장자莊子의 이충설二蟲說을 몹시 좋아했네
活火香茶眞道味	타오른 불에 끓인 향기로운 차는 바로 도의 맛이며
白雲明月是家風	흰 구름과 밝은 달은 곧 가풍이었네
生師演法機鋒銳	도생生公의 법설은 말의 기운이 날카롭고
禦寇乘冷骨肉融	열자列子는 바람을 타고 다녔었지
邂逅忘形聊得意	우연히 만나 서로 잊고 뜻을 펴니
不愸當日老龐公	당일의 방덕공龐德公에 부끄럽지 않구려

文順公 李奎報像

백운 이규보 선생 초상

'삼어三語'란 사도司徒 왕융王戎이 완첨阮瞻을 처음 만나서 성인聖人의 명교名教와 노장老莊의 차이점을 물었을 때 완첨이 "아마 같을 것이다[將無同]"라고 답하자, 세 마디 답으로 얻어진 연[三語掾]이라고 했다.

'이충설二蟲說'은 『장자莊子』 「소요유逍遙遊」에서 "조그만 매미와 비둘기가 어찌 큰 붕새의 뜻을 알겠느냐" 한 논설을 말한다.

생공生公은 양梁의 고승 도생道生을 말한다. 그가 소주蘇州 호구사虎丘寺에 있으면서 돌을 모아 놓고 설법하자 돌들도 다 고개를 끄덕였다고 한다.

'어풍御風'은 『장자』 「소요유」에 나오는 말로, "열자列子가 바람을 타고 공중에 놀다가 보름 만에 돌아왔다"고 하였다.

이규보는 "한 잔의 차가 곧 참선의 시작[一啜參禪始]"이라는 절창絶唱으로 우리 차문화의 황금시대를 열었다.

신라인
충담사 이야기

우리 선조들의 혼과 역사가 서려 있는 고도古都 경주는 언제 찾아도 정겹다. 갑자년甲子年(BC 57)에서 을미년乙未年(935)에 이르기까지, 도합 992년 동안 약 천년의 역사를 간직했던 옛 신라의 땅이며, 하늘과 땅과 사람의 역사와 그 설화가 아직도 숨 쉬는 곳이기 때문이다. 고도 경주는 오늘날에도 끊임없이 우리에게 문화예술의 영감을 주는 원천이기도 하다.

신라는 일찍이 가야를 통합하고 고구려, 백제를 평정하여 명실공히 삼국을 통일하여 한반도 역사상 최초의 통일국가라고 부른다. 우리나라의 시대를 구분할 때 남쪽의 통일신라와 북쪽의 발해가 병존하던 7세기 후반부터 10세기 전반의 시기를 이른바 남북국

시대라 논하기도 한다.

삼국통일을 완전히 이루고자 하는 신라와 삼국통일에 도움을 주었다고 한반도를 집어삼키려는 야욕을 가진 당나라의 전쟁인 나당전쟁(670~676)을 통해 당을 축출하고 자주성을 회복한 나라가 통일신라였다.

백제와 고구려의 부흥운동이 있었지만 결국 통일을 이룩했던 신라였고, 그 와중에도 고구려와 백제의 부흥군들은 당나라 군사들을 한반도에서 축출하는 데 기여를 했으니, 모두 피를 나눈 한민족이었다는 사실을 간과해서는 안 될 것이다.

신라의 역사는 크게 삼국통일 이전과 이후로 나눌 수 있다.

국호인 신라新羅는 사로斯盧·사라斯羅·서나徐那·서나벌徐那伐·서야徐耶·서야벌徐耶伐·서라徐羅·서라벌徐羅伐·서벌徐伐 등으로 표기되어 있는데, 이는 새로운 나라, 동방의 나라라는 의미를 가진 뜻으로도 해석되고 있다. 22대 지증왕智證王(재위 500~514) 4년(503)에 그 중 아름다운 뜻이 가장 많이 포함된 국호인 '신라'로 확정했다고 하지만, 414년에 건립된 고구려 '광개토왕릉비문廣開土王陵碑文'에 이미 사용한 전례가 보인다.

신라의 '신新'은 '덕업일신德業日新'에서, '라羅'는 '망라사방網羅四方'에서 취했다고 한다. '덕업일신德業日新 망라사방網羅四方'은 『삼국사기』 중 「신라본기」의 '지증마립간智證麻立干'조에 등장하며 그 의미는 '덕업이 나날이 새로워지고 사방을 아우른다'는 뜻이다.

우리나라는 전통적으로 도덕 윤리를 숭상해온 민족이다. 하늘과 어떤 성스러운 가치에 대한 확고한 진리의 믿음을 갖고 조화롭게 추구해왔던 시대가 있었는데 그 시대를 전문 학자들은 신라의 통일 전후 시기와 전성기로 보고 있다.

지도자로부터 귀족, 화랑, 백성에 이르기까지 융합된 시대가 있었는데, 연구자들은 그 시기를 제23대 법흥왕法興王(재위 514~540)에서 제49대 헌강왕憲康王(재위 875~886)까지로 보고 있다.

신라의 전성기인 헌강왕 대에는 서라벌에 17만 8,936호戸의 집이 있고, 서른다섯 채의 호화로운 금입택金入宅인 부호 귀족의 저택이 존재하는 대도시였다. 집들은 모두 기와로 지붕을 이어 초가집이 없었고, 밥을 짓는 데 나무를 사용하지 않고 숯을 썼으며, 처마와 담이 여이어졌고, 집집마다 노랫소리가 끊이지 않던 화려한 국제적인 도시로 번창했음을 짐작할 수 있다.

제49대 헌강왕 6년(880) 기록을 『삼국사기』에서 읽어보자.

9월 9일에 왕이 좌우 신하들과 함께 월상루月上樓에 올라가 사방을 둘러보았다. 경주 백성의 집들이 서로 이어져 있고 노래와 음악소리가 끊이지 않았다. 왕이 시중 민공敏恭을 돌아보며 말했다.

"듣건대 민간에서는 기와로 지붕을 덮고 짚으로 잇지 않으며, 숯으로 밥을 짓고 나무를 쓰지 않는다고 하는데 사실인가?" 민공이 "신臣도 일찍이 그와 같이 들었습니다" 하며 다시 아뢰었다.

"임금께서 즉위하신 이래 음양陰陽이 조화롭고 비와 바람이 순조로워 해마다 풍년이 들어 백성들은 먹을 것이 넉넉하고 변경은 평온하여 민간에서 즐거워합니다. 이는 거룩하신 덕의 소치입니다."

왕이 기뻐하며 말했다.

경주남산이 보이는 풍경

"이는 경들이 도와준 결과이지 짐朕이 무슨 덕이 있겠는가?"

이처럼 통일신라시대인 헌강왕 때까지는 신라가 경제적으로 윤택했음을 짐작할 수 있다. 밥을 짓는 데 연기가 나지 않는 숯을 이용했다는 것은 풍족한 사회와 함께 산업도 발전되었음을 짐작할수 있게 한다. 당나라에 유학한 일본 승려 엔닌圓仁이 쓴『입당구법순례기入唐求法巡禮記』에 산동반도山東半島 일대의 신라방新羅坊에서 살던 신라인들이 숯을 구워서 팔았다는 기록이 나온다.

『삼국유사』 권1 「기이紀異」 2편의 '진한辰韓'조 기록에도, 금金으로 치장한 저택들 이야기가 나온다. 그 저택들을 '쇠 금金' 자에 '들 입入'

자를 써서 금입택金入宅이라고 불렀는데 금을 입힌 집일 듯하다. 기록에는 서른다섯 채의 금입택이 있었다고 한다. 귀족들의 대저택은 금입택이라고 불렸고 그에 못지않은 기와집들이 경주에 즐비했다고 전하고 있다.

금입택은 남택南宅·북택北宅·우비소택亏比所宅·본피택本披宅·양택梁宅·지상택池上宅·재매정택財買井宅·북유택北維宅·남유택南維宅·대택隊宅·빈지택賓支宅·장사택長沙宅·상앵택上櫻宅·하앵택下櫻宅·수망택水望宅·천택泉宅·양상택楊上宅·한기택漢岐宅·비혈택鼻穴宅·판적택板積宅·별교택別教宅·아남택衙南宅·김양종택金楊宗宅·곡수택曲水宅·유야택柳也宅·사하택寺下宅·사량택沙梁宅·정상택井上宅·이남택里南宅·사내곡택思內曲宅·지택池宅·사상택寺上宅·임상택林上宅·교남택橋南宅·항질택巷叱宅·누상택樓上宅·이상택里上宅·명남택榆南宅·정하택井下宅이다.

『삼국유사』권1「기이」2편의 '우사절유택又四節遊宅'조에 따르면 봄에는 동야택東野宅, 여름에는 곡량택谷良宅, 가을에는 구지택仇知宅, 겨울에는 가이택加伊宅에서 놀았다고 한다. 제49대 헌강왕憲康王 때에는 성 안에 초가집이 하나도 없고 집의 처마가 서로 닿고 담장이 이어져 있으며, 노래와 피리 소리가 길에 가득 차서 밤낮으로 끊이지 않았다고 했다.

구체적으로 신라 서울에 있던 금입택은 이름까지 붙여져 있고 특히 재매정택은 김유신 장군의 본가를 지칭한다. 현재는 재매정이란 우물 터만 남아 있다. 계절마다 머무는 집이 달랐는데 요즘으로 말하면 별장이 있었다는 이야기다.

경주에서 역사와 신화의 향기를 가장 많이 느낄 수 있는 곳이 경주남산이다. 경주남산은 신라문화의 노른자위다. 하지만 경주남산 이야기를 옛 문헌과 현장의 유물을 통해 알 수 있는 것은 단편적인 일면뿐이다. 때때로 경주를 찾을 때 옛사람의 자취가 무언無言의 느낌으로 와닿지만 알아들을 수 없는 우둔함이 안타까울 뿐이다.

경주남산에 가면 소나무와 바위들 그리고 스쳐 지나가는 한 줄기 바람으로도 옛이야기를 전해주는데 알 듯 모를 듯 알아챌 수 없는 신비함이 더욱더 경주남산을 찾게 만든다. 문득 그리워 가고 또 찾아도 그 깊이를 모를 심연의 산이요 알면 알수록 더욱 어려워지는 묘한 산이다.

어찌 그 오랜 세월 속에 감춰진 신라인의 역사와 신화를 다 엿볼 수 있으리오.

경주남산의 문화유산은 단순한 고미술이나 야외 박물관으로 보아서는 안 된다. 오랜 세월을 거쳐 이 땅에 영원히 살아있는 믿음의 신앙으로 자리매김한 터전으로 봐야 하리라.

역사와 신화는 둘이 아니다. 역사에도 거짓이 있고 신화에도 참됨이 있다. 신화란 신의 이야기나 하늘의 이야기가 아니라 땅에서 일어났던 피가 끓는 그 시대 사람의 흔적이며 신화를 만든 사람들의 발자취다. 예컨대 오랜 옛날이 아니더라도 동시대를 살던 인물 중에 큰 업적을 남기거나 정신적 힘을 주었던 이가 세상을 떠나 세월이 흐른 후 자연스레 신처럼 대우받는 경우가 허다하지 않은가.

문화유산은 인문학의 향기를 품고 있다. 특히 경주남산은 문사철文史哲의 보고寶庫이다. 역사는 두말할 것 없고, 철학은 경주남산의 유적과 유물에서 새끼줄처럼 이어져 나온다. 문학은 또 어떤가. 샘 솟는 석간수처럼 경주남산에 얽힌 이야기는 우리 문화예술을 윤택하게 한다. 세계 문학예술의 원천은 문화유산이란 토양에서 자란 설화와 그 상상력으로 이루어졌다.

한국 전통문화를 이야기하면서 신라문화를 빼놓을 수 없고, 신라문화를 논하면서 경주남산의 유적과 유물과 그 이야기를 빼놓을 수는 없는 일이다.

우리가 역사를 공부한다는 것은 선인先人들이 추구하고 향유했던 전통을 살펴보고 격물치지格物致知와 온고지신溫故知新의 정신으로 오늘날에 필요한 삶의 지혜를 배우자는 뜻일 게다.

가야를 비롯한 고구려, 백제, 신라의 차문화에서 중점적으로 신라의 차문화를 다루기 위해 이 글을 집필하는 까닭은 최초로 우리나라라 말할 수 있는 통일신라시대에 혜성처럼 나타난 인물인 충담사忠談師의 차에 관한 일화에서 그의 풍류정신과 인문정신을 만날 수 있고, 그 사상에서 우리 차문화의 원형原型을 찾을 수 있기 때문이다.

기록을 통해 살펴본 충담사의 모습과 언행에는 분명 정신적인 고매함이 있다. 그 당시 신하들이 보는 영복승榮服僧의 의미와 경덕왕이 보는 견해는 달랐음을 알 수 있고, 문헌에 나타난 충담사는 덕 높은 낭승郞僧이며 다승茶僧이었다. 그리고 경주남산金鰲山은 충담사의 차향茶香이 서려 있는 산이다.

경주남산의 중요한 차문화 유적은 『삼국유사』에 나오는데, '충담사忠談師와 경덕왕景德王 이야기'에 등장하는 '미륵부처'와 그 미륵불이 안치되었던 '삼화령三花嶺'이 그것이다.

흔히들 정사正史인 『삼국사기』를 중요시하고 야사野史인 『삼국유사』를 도외시하는 학자들이 있지만 『삼국유사』는 『삼국사기』와 함께 현존하는 우리 고대古代 사적史籍의 쌍벽을 이루는 고전이다. 『삼국사기』가 기록하지 못한 진기하고 흥미로운 내용들도 담고 있어서 고대 사료史料로서 중요한 가치를 지니고 있을 뿐 아니라 그 내용 또한 역사적인 사실과 다르지 않음을 알 수 있다.

예컨대 『삼국유사』 「탑상塔像」편에서는 신라 황룡사皇龍寺 구층목탑의 조성 동기와 경과를 자세히 기록하고 있다. 1964년에 구층목탑의 중앙 기둥을 받치던 심초석心礎石 상부의 사리공舍利孔에 안치

황룡사 구층목탑 모형도

됐던 사리함이 도굴됐다가 1966년에 수습되어 현재 국립중앙박물관에 수장되어 있다. 이 사리함에는 황룡사 구층목탑의 건립부터 중수에 이르는 과정을 상세히 기록한 「금동찰주본기金銅刹柱本記」가 들어 있었다. 이는 고대 탑지 중에서 최고의 가치를 지니는 기록문화유산이며 1972년 복원작업을 통해 명문을 거의 판독하게 되었는데 그 기록이 『삼국유사』「탑상」편의 황룡사 구층목탑 기록과 다름이 없었다.

그 밖에도 『삼국유사』의 기록과 다르지 않은 사실이 많음을 알 수 있다. 예컨대 구층목탑은 선덕여왕 14년(645)에 자장慈藏(590~658) 스님의 발원으로 세웠는데 백제의 공장工匠 아비지阿非知의 설계로 건축되었다.

1976년부터 10년간 황룡사지 발굴조사가 진행되면서 이 목탑지에 대해서도 세밀한 조사가 이루어졌다. 이 목탑은 조성된 지 50년이 지난 효소왕孝昭王(재위 692~702) 7년(698)에 벼락을 맞고 불탄 이래 다섯 차례의 중수를 거듭했으나, 고려 때(1238) 몽골군의 병화兵火로 가람 전체가 불타버린 참화를 겪은 뒤 중수되지 못했다.

1978년 7월 28일 황룡사 구층목탑 심초석, 곧 목탑을 지탱하는 중앙 기둥의 주춧돌을 들어 올리자 사리기舍利器로 추정되는 중국제 백자호白磁壺와 청동거울, 금동 귀고리, 유리구슬 등 3,000여 점의 유물이 발굴됐다.

『삼국유사』는 단군신화를 비롯한 많은 고대사의 이야기를 우리에게 전해주는 고전이다. 만약 『삼국유사』가 현존하지 않았더라면 선조들의 차생활 등을 살펴볼 기회가 줄었을 것이고, 무엇보다도 한국 차문화사에 귀중하고 아름다운 이야기가 되어준 '충담사와 삼화령 미륵불'을 어디서 만날까.

뿐만 아니라 〈안민가〉, 〈찬기파랑가〉 같은 향가 14수도 만날 수 없었으리라. 『삼국유사』에는 『삼국사기』에 채록되지 않은 많은 사료史料가 실려 있고, 또한 그 당시 힘없는 백성의 염원이 묻어 있다. 이야기의 힘은 그 어떤 돌이나 쇠에 새겨진 글보다 소중하다.

그러므로 『삼국유사』의 '경덕왕충담사표훈대덕景德王忠談師表訓大德'과 '팽차향남산삼화령미륵세존烹茶饗南山三花嶺彌勒世尊'은 역사의 한 장면으로 읽어야 할 것이다.

경주남산 삼화령은 다승茶僧인 충담사의 차 공양을 받던 미륵불이 있던 곳이다. 그 당시 다도茶道의 주역이던 화랑과 승려들이 차 생활을 즐기며 심신을 단련하던 터전이 경주남산인데 남산 전체가 차 유적 아닌 곳이 어디 있으랴마는 기록으로 그렇다는 것이다. 경주남산은 인류의 문화유산으로 손색이 없는 겨레의 땅이요, 그 당시 부처의 나라였다.

화랑도花郎徒 조직을 만든 신라 제24대 임금 진흥왕眞興王(재위 540~576)은 전륜성왕轉輪聖王을 자처하고 신라에 불국토를 건설하려고 했으며, 실제로 신라를 크게 발전시킨 왕으로 평가된다. 그는 백제 땅이던 한강 유역의 요지를 차지하는 등 국토를 넓혔으며, 새로 점령한 지역에 순수비를 세웠다. 그는 재위 37년 동안 신라의 전성기를 이끌었고 영토의 확장과 불교적인 교화를 실천했던 임금이다.

진흥왕 때의 신라는 불교를 통해 사상적인 통합을 도모하고, 예부터 존재하던 청소년 조직을 국가 체제에 맞게 개편하였다. 이를 통해 인재 양성을 위한 청소년들의 심신 수련 단체인 화랑도花郎徒가 탄생했다.

화랑은 진골 출신 자제들로서 한 명의 화랑花郎 아래 두품 출신 이하 700~1,000명의 낭도郎徒로 집합돼 있으며, 극소수의 승려 낭도들이 속해 있었다.

화랑도는 한국 고유의 사상과 도교, 불교, 유교가 합해진 이념에 따른 일종의 심신 수련 단체로, 국가적으로 조직되었음을 알 수 있다. 이런 화랑 제도를 통해 김유신, 사다함, 관창 등 나라에 충성하는 인재들이 끊임없이 나왔고, 그들의 활약은 장차 신라가 삼국통일을 달성하는 밑거름이 되었다.

진흥왕은 제22대 지증왕의 손자이자 법흥왕의 동생인 입종갈문왕立宗葛文王의 아들로 태어났다. 진흥왕이 세상을 떠난 것은 그의 나이 43세 때인 576년 가을이었다. 불심이 깊어 말년에는 아예 머리를 깎고 승복을 입어 승려처럼 하고 다녔다고 한다.

화랑도는 서로 도의를 닦고, 서로 가악歌樂으로 즐겁게 하며, 명산과 대천을 찾아 멀리 가보지 아니한 곳이 없으며, 이로 인하여 그들 중에 나쁘고 나쁘지 아니한 것을 알게 되어 그 중의 착한 자를 가리어 조정에 추천하게 되었다고 『삼국사기』는 전한다.

제26대 진평왕眞平王(재위 579~632) 대에 화랑이 일곱 명 있었고 김유신, 기파랑 등이 대표적인 화랑이었다. 여러 화랑도의 지도자는 국선國仙으로 불렸다.

한국 차문화 정신의 원류를 신라인의 차생활에서 찾는다면, 신라 제35대 경덕왕景德王(재위 742~765) 대의 인물인 충담사의 차생활

과 그 인문정신에서 찾아야 하리라.

그와 함께 서기 765년 삼월 삼짇날에 서라벌 땅에서 일어났던 충담사와 경덕왕의 역사적인 다화茶話는 우리 차문화사의 중요한 키워드다.

물증을 통해 과거를 이해하려는 학문이 고고학考古學이라면, 과거를 다루되 문자기록을 통해 연구하는 학문이 역사학歷史學이다. 이 글의 주제에 대해서도 강단과 재야를 막론하고, 고고학과 역사학 연구자들의 협력이 무엇보다도 필요할 것이다. 우리가 무엇인가를 안다는 것은 어쩌면 빙산의 일각일지 모른다. 하지만 미미한 나비의 날갯짓이 커다란 역사의 진실을 파헤치는 원동력이 되리라는 믿음을 가져본다.

08

경주남산
삼화령과 미륵불

충담사와 인연이 있던 삼화령 미륵불, 곧 생의사生義寺 불상은 어디에 있었을까? 그리고 서라벌의 차 향기가 배어있을 그 불상은 어떤 모습이며 또한 어디에 있는 걸까?

충담사의 차 공양을 받던 불상이 존재했던 삼화령의 위치에 대해서는 지금까지 두 가지의 학설이 있다. 하나는 경주남산[金鰲山] 북쪽 장창골[長倉谷] 고갯마루가 삼화령이고, 그 고개 위에 있던 돌부처가 '삼화령 미륵불'이라는 설이다. 다른 설에 따르면 경주남산 남쪽 용장계茸長溪 위 가장 높은 봉우리가 삼화령이고, 그 정상 높은 바위의 거대한 불좌가 '삼화령 미륵불'이 안치되었던 곳이라고 한다.

용장계는 '용장사茸長寺'란 명문銘文의 기와가 그 주위에서 발견되었기에 그렇게 부른다. 또 그곳은 매월당梅月堂 김시습金時習 (1435~1493)이 서른한 살 되던 해 봄에 들어와 오두막을 짓고 만년晩年을 보냈던 곳으로도 유명하다. 매월당은 그곳에 숨어 지내는 동안 차나무를 키우며 주옥같은 차시茶詩를 남겼다. 훗날 매월당의 초암다실草庵茶室과 그의 차 사상은 이웃 나라 일본에 영향을 미쳤고, 매월당의 차 사상은 일본다도에 영향을 주었다는 연구논문 등이 발표되기도 했다.

삼화령의 위치에 대한 학설은 경주남산 곧 금오산金鰲山 북쪽과 남쪽 봉우리 두 군데로 갈리니, 너무도 다른 장소이다. 금오산 북쪽인 장창골 북봉 고개와 남쪽인 용장계 정상의 두 곳을 말하는데, 그 두 장소는 금오산 북쪽 끝과 남쪽 끝이 아닌가. 둘 중의 하나라는 양자택일의 함정일 수 있지만 엉뚱한 다른 곳일 확률은 거의 없다고 생각된다.

먼저 경주남산에 대한 대략적인 개요를 살펴보자.

경주남산은 남북의 길이는 약 8km, 동서의 너비는 약 4km가량 된다. 높이 468m인 금오산과 높이 494m인 고위산高位山을 합쳐 통칭 경주남산이라 부른다.

지형은 남북으로 길게 뻗어 내린 타원형이면서 약간 남쪽으로 치우쳐 정상을 이룬 직삼각형의 모습을 취하고 있다. 북으로 뻗어 내린 산맥에는 해목령蟹目嶺, 도당산都堂山 등의 봉우리가 있고, 남으로 뻗은 산맥에는 고위산이 있다. 그리 높지 않은 산이지만 산속으로 들어가면 골이 깊고 능선이 변화무쌍하며 기암괴석이 만물상을 이루어 오묘한 산세가 명산임을 알게 한다. 현재 왕릉 13기, 산성지

山城址 4개소, 사지址 147개소, 불상 118체, 탑 96기, 석등 22기, 연화대 19점 등 672점의 문화유적이 남아 있으며, 이들 문화유적은 보물 13점, 사적 13개소, 중요민속자료 1개소 등 44점이 문화재로 지정되어 있다. 하지만 앞으로 우리 앞에 새롭게 발견될 문화유적이 얼마인지는 아직 아무도 모른다.

보통 동남신과 서남산으로 나누는데 금오산 정상에서 뻗어 내린 산맥은 동남산과 서남산의 분수령이 된다. 이곳엔 70여 군데의 등산로가 있고 어느 길로 접어들어도 남산 유적을 만날 수 있다. 그 당시 산골짜기와 평평한 바위 위에도 절과 탑이 세워졌고 암벽엔 불보살과 탑을 새겼는데 경주남산의 문화유산은 자연과의 조화 속에 이루어졌다. 어디 하나 자연과 조화롭지 않은 유적과 유물을 발견할 수 없는 곳이 경주남산이다. 원래 그 자리에 존재했거나 불보살들을 바위들 속에서 찾아 낸듯한 멋스러움이 경주남산 문화유산의 매력이다.

경주남산 바위 속에도 불보살이 존재하며 중생을 어루만져 줄거라 믿은 소박한 옛사람들의 소망이 담긴 이 산은 민중불교의 성지요 신라인의 정토淨土였다. 신라가 탄생한 곳도 이곳 경주남산 기슭인 나정蘿井이며, 신라 왕조의 운을 다한 포석정鮑石亭도 경주남산 기슭이다. 서라벌 첫 왕궁인 금성金城이 있었던 곳이며, 빛나는 별처럼 대중불교 문화 운동의 선각자들이 바람결 같은 신화를 남겨 놓은 터전이기도 하다. 신라의 흥망성쇠를 함께한 경주남산은 서라벌의 진산鎭山이었고, 2000년 12월에 유네스코 세계문화유산으로 지정되었다. 경주남산은 화강암으로 이뤄져 있어 산 기운이 남다른 골산骨山이다.

너럭바위를 탑 기단으로 삼아 자연스럽게 삼층석탑을 세웠고 적당한 바위에는 어김없이 불상을 새겨 넣고, 때로는 바위 꼭대기에 불상 얼굴만 그려 넣기도 했으며, 혹은 완벽한 조각 솜씨로 바위에 새김 하다가 아래로 내려오며 차츰 얼버무려 자연 바위와 함께 어울리게 만들어 조화를 이룬다. 바위와 불상이 둘이 아니라 하나라는 현묘한 기법이다. 좁지만 그래도 평평한 터전을 만나면 걸맞은 불당佛堂을 짓고 범상치 않은 바위를 만나면 어울리는 불보살과 탑 그리고 부처의 세상을 새겨 넣었던 산이다.

신라의 첫 임금인 박혁거세朴赫居世(재위 BC 57~AD 4) 탄강설화의 장소인 나정蘿井도, 신라가 그 운을 다한 경애왕景哀王의 포석정鮑石亭도 경주남산 기슭이다. 신라의 흥망성쇠를 천년 동안 지켜본 산이다.

경주남산에 불상이 조성되기 시작한 것은 7세기 초로 추정하고 있다.

그 무렵에 조성된 동남산 불곡佛谷 감실여래좌상龕室如來坐像은 부처의 위엄은 간데없고 어머니나 할머니 모습을 한 우리나라 최고의 감실불龕室佛이다. 부처골의 여래상은 자연 그대로의 큰 바위를 파서 감실龕室 안에 안치했다. 불상의 봉안을 위한 석감石龕이나 석굴의 조성은 불교의 전래처럼 그 시원이 처음 인도에서부터 중국을 거쳐 다시 고구려, 백제, 신라로 전래되었음은 잘 알려진 사실이다. 인도 불상은 무역 항로를 통해 1세기 중엽 불교와 함께 중국 후한後漢(25~220)으로 전래됐고 이후 4세기에 전진前秦(351~394)과 동진東晉(317~420)을 거쳐 고구려와 백제로 전해졌다.

불곡佛谷 감실龕室 여래좌상(위)과 근접 모습(아래)

우리나라에 불교가 처음으로 전래된 것은 고구려 소수림왕 2년 (372) 6월 전진의 왕 부견符堅이 순도順道 스님을 통해 불상과 경전을 보내오면서부터이다. 고구려에서는 이때 성문사省門寺를 지어 순도를 머물게 했으며 다시 2년 뒤에 아도阿道 스님이 오자 이불란사伊佛 蘭寺를 지어 머물게 했다. 『삼국사기』 「고구려본기高句麗本紀」에 나오는 이 내용은 한국에 불교가 공식적으로 전래된 것을 말해주는 최초의 기록이다.

백제는 15대 침류왕枕流王(재위 384~385) 원년(384) 호승胡僧 마라난타摩羅難陀가 동진東晉으로부터 배를 타고 건너왔고 이때 왕이 몸소 교외에까지 나가 마라난타를 맞았으며 궁중에 초청해 공양했다고 한다. 이런 사실들은 고구려나 백제가 국가적 차원에서 그 당시 외래종교인 불교를 받아들였음을 의미하는 것이다.

하지만 신라의 경우는 달랐다. 신라 고유 토착신앙의 반발 등으로 난관을 거쳤으나 신라 23대 법흥왕法興王(재위 514~540) 14년(527)에 왕의 측근인 이차돈異次頓의 순교를 계기로 왕실을 중심으로 귀족들이 불교를 받아들임으로써 어려움을 극복하고 불교가 자리 잡기 시작했다.

법흥왕 때 불교를 공인해 국가의 통치이념으로 자리 잡았고 또한 불교 문화예술의 발달로 국가 성장의 안정적 기반을 마련했다. 법흥왕은 만년에 불법에 귀의하여 법호를 법공法空이라 하고 다음 왕에게 왕위를 양위했다. 법흥왕은 고대 국가 신라의 전성기 토대를 닦은 왕으로 신라 역사에서 손꼽히는 임금이다.

토착신앙의 근거지인 천경림天鏡林에 세운 흥륜사興輪寺에서 이차돈이 순교한 뒤에는 해마다 그의 기일에 맞추어 많은 사람들이 신라 최초의 사찰인 흥륜사에 모여 추모를 하였다.

흥륜사 금당의 신라 십성十聖 중엔 이차돈의 소상塑像이 있었으며, 헌덕왕憲德王(재위 809~826) 9년(817)에 조성된 것으로 보이는 이차돈순교비異次頓殉教碑는 경주시 동천동의 금강산金剛山 중턱에 있는 백률사栢栗寺에 있었으나 현재는 국립경주박물관에 소장되어 있다. 『삼국유사』에 기록된 백률사 이야기를 살펴보자.

백률사는 법흥왕 당시 이차돈의 순교설화가 전해지는 곳이다. 불교의 공인을 위해 이차돈이 순교했고 처형당한 이차돈의 목이 날아와서 떨어진 곳이 백률사였다고 한다. 절이 세워진 지 200여 년이 지나도록 왕이 직접 행차하여 기도했던 숭배 대상이었다.

이차돈의 순교와 관련이 있는 절 백률사를 찾아가는 길에 굴불사지掘佛寺址 석조사면불상石造四面佛像을 만나게 된다. 위치는 경주시 동천동東川洞 소금강산小金剛山 초입이다. 『삼국유사』 '사불산四佛山 굴불산掘佛山 만불사萬佛山'조에 다음과 같은 내용이 실려 있다.

경덕왕이 백률사에 행차하여 산 아래에 다다랐을 때 땅속에서 염불하는 소리가 들리므로 사람을 시켜서 파보라고 하니 큰 바위가 나왔는데 사면에는 사방불이 조각되어 있었다. 그러므로 절을 창건하고 그 이름을 굴불掘佛이라 했는데, 지금은 잘못되어 굴석掘石이라고 한다.

又景德王遊幸栢栗寺 至山下聞地中有唱佛聲 命掘之得大石 四面刻四方佛 因創寺以掘佛爲号 今訛云掘石.

이 기록을 보면 굴불사가 고려시대에는 굴석사로 불렸다는 것이다. 그런데 오늘날 발굴된 유물에서도 '굴석사掘石寺'라는 명문이 나와 고려시대에는 '굴석사'로 불렸다는 것이 거듭 확인된다. 또 '동사東寺'라는 명문이 새겨진 유물도 나와 '동사'로도 불렸음을 알 수 있다.

고구려와 백제와 신라가 불교를 공인한 뒤 한국의 고대 불교는 날로 발전되었다.

7세기 중엽쯤에 조성된 세칭 삼화령 미륵부처라 일컫는 장창곡長倉谷 미륵삼존불의상彌勒三尊佛倚像 곧 '석조미륵여래삼존상彌勒三尊佛倚像'과 선방곡禪房谷 삼존불상三尊佛像 곧 아미타여래阿彌陀如來, 관세음보살觀世音菩薩, 대세지보살大勢至菩薩은 천진무구한 미소가 일품이다.

배동 선방곡禪房谷 삼존석불

배동 삼존석불 본존 얼굴

이 모두가 동시대의 작품으로 보고 있다.

이 중에서 장창곡 석조미륵여래삼존상은 이 글에서 주요 논제의 대상이다. 이 불상은 얼마 전에 보물 제2071호로 지정되었다.

고古 신라의 불상 중 미륵불은 신라보다 먼저 미륵사상이 자리 잡았던 중국 북조北朝 시대 북위北魏(386~534)의 미륵불상과 뒤이어 나타난 당唐(618~907)의 미륵불상과 함께 그 시대 불교미술의 연관성을 찾아볼 수도 있다.

『삼국유사』 기록에, 선덕여왕 때(644년) 생의사生義寺를 세우고 삼화령에 미륵불을 안치했다고 했으니 그 시대는 고 신라이며 그 당시 경주남산에는 앞서 언급했던 부처골 감실여래좌상龕室如來坐像과 선방곡 삼존불상과 장창곡 석조미륵여래삼존상이 조성되었음을 알 수 있다. 그렇다면 이 세 곳의 불상 중 하나일 확률이 높다.

당시 불상에 관한 조형성과 그 시절 미륵불의 모습을 연구해 본다면, 대륙[中國]에서 발견된 당시의 미륵불상들은 부처를 나타내는 나발螺髮이 불두에 없는 모습이고 앉은 모습은 좌각坐脚을 하고 있다. 당唐의 미륵불 모습을 받아들였다면 장창골 미륵삼존불의상彌勒三尊佛倚像을 주목해야 할 것이다. 고 신라의 미륵불 모습은 당나라의 미륵불상이 연상되지만 앉은 모습은 편안한 자세인 의상倚像으로 표현되었다.

만약 삼화령 미륵불이 이런 모습 곧 의상倚像의 불상이라면, 현재 경주시에서 삼화령이라 기정사실화 한 용장계 정상의 연화대와는 어울리지 않는다. 지금까지 발견되거나 발굴된 경주남산 불상 중에 미륵불상이라 할 수 있는 예는 장창곡에서 발견된 미륵석조삼존불

장창곡長倉谷 출토 미륵삼존불

의 형상을 한 불상을 제외하고는 존재하지 않는다.

그리고 중국 불상과 우리 불상을 비교해 보건데, 흥미로운 것은 불교와 불상 등이 대륙에서 영향을 받아 우리나라에 들어올 때 나름대로 창안되어 우리식의 문화와 정서 곧 '좌각坐脚과 의상倚像'의 모습으로 재창조했던 우리 조상들의 지혜로 볼 수도 있을 듯싶다. 흡사 고려청자가 중국 송宋(960~1279)으로 부터 비롯되었지만 오히려 대륙보다 더 독창적이며 중국인으로부터도 찬사를 받을 만큼의 아름다운 청자문화를 꽃피웠듯이.

불교의 관점에서 생각해보면, 우리는 2,500년 전, 인간 세상에 왔다 간 석가모니 부처와 그의 열반 후 미래 세상에 다가올 미륵불의 세상 사이에서 살아가고 있는 중이다. 석가모니 부처의 가르침이든 고대나 지금이나 학수고대하는 미래불인 미륵불의 출현이라는 막연한 희망 속에서 우리는 미혹과 번뇌의 고통을 이겨낼 수밖에 없는 사바娑婆 세계에 살고 있지 않은가.

고도古都 서라벌은 '절은 하늘의 별 만큼 많고 탑은 기러기가 줄지어 가는 것 같다寺寺星張塔塔雁行'고 표현한 『삼국유사』의 옛글이 실감나는 곳이다. 신라인에게 마음의 고향인 경주남산은 또 어떠한가.

장창곡 고갯마루를, 충담사가 차 공양하던 미륵세존이 안치됐던 삼화령이라고 주장하는 강단 학자들의 논거를 살펴보자.

『삼국유사』 '생의사生義寺 석미륵石彌勒'조에, 도중사道中寺의 생의生義 스님이 불상石彌勒을 파내어 삼화령 고개 위에 옮기고 절을 지었다는 해가 선덕여왕 13년(644)인데 장창골에서 발견된 돌부처의 조성연대가 비슷하고, 통일신라시대 이전 삼국시대 불상들은 거의 해목령蟹目嶺 북쪽에 자리 잡고 있다는 점이다.

용장계 봉우리에 위치한 연화대 바위를 삼화령이라 주장하는 재야 학자들의 이야기를 들어보자. 선덕여왕 시절 생의 스님이 불상을 파내어 옮긴 곳이 남산 남쪽이라 했는데 용장계 정상의 대연화좌는 남산 남쪽일 뿐만 아니라 봉우리를 중심으로 세 갈래의 꽃송이를 이루고 있으므로 그곳이 삼화령이라는 것이다. 오늘날 차 연구자들을 포함한 대다수의 사람들이 용장계 봉우리의 연화대를 삼화령으로 알고 있고, 아예 경주시에서는 그 연화대 앞 도로가에 충담사 이야기를 담은 삼화령 안내판을 세웠으며 뜻있는 차인들이 때때로 찾아가 헌다獻茶를 하는 곳이다. 이곳은 소나무와 큰 바위들

이 모여 있고 그 중의 큼직한 바위 위에 우뚝하게 올라앉은 동그란 바위에 연화를 새겼다. 대좌의 연화는 연꽃을 엎어놓은 복련複蓮으로 정교하게 새겼다.

삼화령의 위치와 충담사에게 차 공양을 받던 미륵불彌勒佛의 소재를 밝히기 위해서는 생의사生義寺 명문이 있는 기와나 생의사 미륵불 흔적을 찾든지, 아니면 용장계 정상의 대연화좌 아래 비석대碑石臺의 비신碑身을 찾아보는 일도 필요하리라. 어쩌면 그 두 곳이 아닌 전혀 엉뚱한 지점에서 삼화령이나 삼화령 미륵불이 기적처럼 나타날지도 모르겠지만, 현재까지 문헌이나 현장답사를 통한 연구 결과는 두 곳 중 어느 한 곳이 우리가 찾는 삼화령일 것이다.

09

역사 속의
충담사와 경덕왕

생의사 미륵부처와 충담사의 인연을 『삼국유사』 '경덕왕景德王 충담사忠談師 표훈대덕表訓大德' 조에서 읽어보자.

(당唐에서) 『도덕경道德經』 등을 보내오자 왕王이 예를 갖추어 이를 받았다. 신라 제35대 경덕왕景德王(재위742~765)이 나라를 다스린 지 24년에 오악 삼산五嶽三山의 신神들이 자주 나타나서 대궐 뜰에서 왕을 모셨다. 왕이 (765년) 삼월 삼짇날에 신하들을 거느리고 반월성 귀정문歸正門 문루에서 좌우 신하에게 말하였다.

"누가 영복승榮服僧을 모셔올 수 있겠소?"

이때 마침 풍채가 좋고 옷을 잘 입은 승려가 길에서 배회하고 있었다.

신하들은 그를 인도해 왕을 만나게 하니 "내가 말하는 영승榮僧이 아니오." 하고 물리쳤다. 그때 한 승려가 검소한 옷을 입고 앵통櫻筒(일설에는 삼태기)을 걸머진 채 남쪽에서 걸어오고 있었다. 왕은 기뻐하며 대궐 앞을 지나는 그를 누각 위로 맞이했다. 앵통 속에는 차도구茶道具가 들어 있었다. 왕이 물었다.

"그대는 누구요?"

"소승은 충담이라 합니다."

"어디서 오는 길이오?"

"저는 해마다 삼월 삼짇날과 중구일이면 남산 삼화령 미륵세존께 차를 공양합니다. 오늘도 차 공양을 마치고 돌아오는 길입니다."

"나에게도 한 사발의 차를 나누어 주겠소?"

충담사는 그 자리에 다석茶席을 펴고 차를 달여 경덕왕께 드렸는데 그 차 맛이 특이하고 찻잔에서 신비로운 향기가 풍겼다.

왕이 차를 마시고 나서 말하였다.

"내 들으니 스님이 지었다는 '기파랑을 노래한 사뇌가詞腦歌'가 뜻이 깊다던데, 과연 그러하오?"

"그렇습니다."

"그렇다면 나를 위하여 백성을 다스려 편안케 할 노래를 하나 지어주시오."

충담사는 즉석에서 노래를 지었다.

그 노래가 <안민가安民歌>란 향가다. 왕은 충담사의 인품과 경륜을 알아보고 왕사王師로 봉해 곁에 있어 달라고 간곡히 부탁했지만, 충담사는 두 번이나 절하고 굳이 사양하였다.

德經等 大王備禮受之 王御國二十四年 五嶽三山神等 時或現侍於殿庭

三月三日 王御歸正門樓上 謂左右曰 誰能途中得一員榮服僧來 於是適

有一大德 威儀鮮潔 徜徉而行 左右望而引見之 王曰 非吾所謂榮僧也 退

之 更有一僧 被衲衣 負櫻筒(一說荷簣) 從南而來 王喜見之邀 致樓上 視其

筒中 盛茶具已 曰 汝爲誰耶 僧曰忠談 曰 何所歸來 僧曰 僧每重三重九

之日 烹茶饗南山三花嶺彌勒世尊 今 茲旣獻而還矣 王曰 寡人亦一甌茶

有分乎 僧乃煎茶獻之 茶之氣味異常 甌中異香郁烈 王曰 朕嘗聞師讚耆

婆郎詞腦歌 其意甚高 是其果乎 對曰然 王曰 然 則爲朕作理安民歌 僧應

時奉勅歌呈之 王佳之 封王師焉 僧再拜固辭不受.

<안민가安民歌>

임금은 아버지요, 신하는 사랑하실 어머니요

백성을 아이로 여기시니 백성이 그 은혜를 알리라

열심히 사는 백성들을 사랑으로 다스리니

이 땅을 버리고 어디로 가랴

나라가 편안히 유지됨을 알리라.

아아, 임금답게 신하답게 백성답게 한다면 나라는 태평하리라

安民歌曰

君隱父也 君隱父也 臣隱愛賜尸母史也 民焉狂尸恨阿孩古爲賜尸知民是

愛尸知古如 窟理叱大肹生 以支所音物生此肹喰惡支治良羅 此地肹捨遣

只於冬是去於丁 爲尸知 國惡支持以 支知古如後句 君如臣多支民隱如

爲內尸等焉 國惡太平恨音叱

〈찬기파랑가讚耆婆郎歌〉

헤치고 나타난 달이

흰 구름 쫓아 떠가는 어디쯤에

새파란 냇물 속에 기랑耆郎의 모습 잠겼어라

일오천逸烏川 조약돌이 랑郎의 지니신 마음을 닮으려 하네

아! 잣나무 가지 드높아 서리 모를 씩씩한 기상이여

讚耆婆郎歌曰

咽鳴爾處米 露曉邪隱月羅理 白雲音逐于浮去隱安支下 沙是八陵隱汀理
也中 耆郎矣貌史是史藪邪 逸烏川理叱積惡希 郎也持以支如 賜烏隱 心
未際叱兮逐內良齊阿耶 栢史叱枝次高支好 雪是毛冬乃乎尸花判也.

〈찬기파랑가讚耆婆郎歌〉는 사뇌가詞腦歌의 격식을 갖춘 향가로서
제의 때 부르는 노래라 할 수 있다. 신라 향가의 명칭에 관한 것은
향가, 사뇌가, 도솔가로 나눠 이루어졌다고 학자들은 보고 있다.

고려의 승려이며 향가 시인인 균여均如(923~973)의 〈보현십원가普
賢十願歌〉에 관한 기록인 「가행화세분歌行化世分」에 있는 서문을 읽어
보자. 신라 향가를 설명하는데 예사롭지 않은 대목이다.

대저 사뇌詞腦라는 것은 세상 사람들의 희락지구喜樂之具요, 원왕願往은
보살의 행실을 닦는 중요한 일이다. 그러므로 얕은 곳을 밟아서 점점 깊
은 곳으로 들어가게 되고, 가까운 곳에서 시작하여 먼 곳에 이르게 되는
것이니, 세속世俗에 따르지 않고서는 크고 넓은 인연을 나타낼 수가 없
다. 이에 알기 쉬운 가까운 일에 의탁하여 깊은 종지宗旨를 이해하기 위

한 열한 가지 큰 소원을 글에 따라 11장에 걸쳐 노래를 짓는다. 이는 여러 사람의 눈에는 극히 부끄럽지마는 여러 부처님의 마음에는 부합되기를 바란다. 비록 뜻을 잃고 말이 어긋나 성현聖賢의 정묘精妙한 뜻에는 맞지 않을 수도 있으니, 글을 맞추고 글귀를 지어 범속凡俗이 선근善根을 낳기 바랄 뿐이다. 웃으면서 외우려는 이는 송원誦願의 인연을 맺게 될 것이 며, 비방하면서 염하는 이도 염원의 이익은 얻게 될 것이다. 삼가 원하건 대 훗날의 군자君子들이여, 비방하거나 칭찬하거나 관계하지 않으리라.

夫詞腦者 世人戲樂之具 願王者 井修行之樞 故得涉淺敀深 從近至遠 不憑世道 无引劣根之由 非寄陋言 莫現善因之路 今托易知之近事 還會難思 之遠宗 依二五大願之文 課十一荒歌之句 惑極於衆人之眼 冀符於諸佛之 心. 雖意失言乖 不合聖賢至妙趣 而傳文作句 願生凡俗之善根 欲笑誦者 則結誦願之因 欲毁念者 則獲念願之益 伏請后來君子 若誹若讚也是閑!

석가모니 부처의 왼팔 격인 보현보살普賢菩薩의 십종원十種願을 주 제로 하여 불교의 교화를 목적으로 지은 것이 〈보현십원가〉이다.

경덕왕이 충담사에게 "〈찬기파랑가讚耆婆郎歌〉란 사뇌가가 그 뜻 이 높다고 하던데…"라고 물었을 때, 충담사가 "그렇다"고 한 뜻은 기파랑耆婆郎의 기개와 인품을 말한 것이지 충담사 자신의 작품을 스스로 높다고 한 것은 아닐 것이다. 〈찬기파랑가〉의 내용과 성격 에 대해서는 다양한 견해가 있음을 관련 논문 등을 통해 알 수 있다.

이를 불교문학의 한 줄기로 생각하면서 불교 찬양가로 이해하는 사람도 있고 또는 기파랑이라는 화랑을 찬미한 영웅시가의 성격으 로 보는 이도 있다.

이 향가에서도 알 수 있듯이, '혜치고 나타난 달이 흰 구름 쫓아 떠가는 어디쯤에…'에서도 달을 노래했듯이 『삼국유사』가 전하는 향가에 유난히 달을 표현하는 대목이 많다. 하늘의 달마저도 기파랑의 뜻을 따른다는 은유적인 표현과 함께 대자연인 달과 구름과 냇물 등을 노래하며 화랑 기파랑의 인품과 기개를 찬양하고 있는 작품이다. 어쩌면 달을 사랑하고 달을 노래했던 우리 선조들의 정취와 무관하지 않을 터.

경덕왕 당시 신라 사회에서 잊혀져 가는 화랑정신을 그리워하며 이를 다시 살리기 위해 낭승_{郎僧}이었던 충담사가 의도적으로 지었을 듯도 싶다. 한 인물을 찬미한 내용에 다양한 의도가 내포되어있기 때문이다.

〈안민가_{安民歌}〉를 어떤 학자들은 경덕왕이 기획하고 연출한 노래로 해석하기도 한다. 이를테면 다도와 향가로 명성이 높은 충담사를 특별한 날을 잡아서 궁궐에 불러 〈안민가〉를 짓게 했다는 이야기이다. 당시 왕권을 위협하던 귀족 세력에게 메시지를 주기 위한 방편이라는 것이다.

일반적인 연구자들은 왕권을 위협하는 귀족세력에 대한 질타라는 해석이 주류이나 또 다른 견해에 의하면 〈안민가〉가 그 내용에서 지적하는 대상은 귀족세력이 아니라 경덕왕 자신이라고 한다. 경덕왕이 지칭했던 '영복승_{榮服僧}' 이름이 '충담_{忠談}'이라는 것이 의미심장하다고 보는 것인데, 충담은 '충성스런 이야기'라고 해석할 수 있기 때문이다. 그렇다면 〈안민가〉는 왕에게 올리는 충언이고 핵심은 마지막 구절에 있다고 볼 수 있다. 즉 "아아 임금답게 신하답게 백성답게 한다면 나라는 태평하리라"가 핵심이라는 것이다. 곧 귀족세력이 경덕왕을 압박하기 위해서 충담이라는 덕 높은 낭승을 앞세웠다는 이야기다.

『삼국유사』는 〈제망매가祭亡妹歌〉를 지은 월명月明이나 충담忠談 등에 사師를 붙여 화랑 국선의 낭승이라 표현했음을 짐작할 수 있다. 같은 불교인이라 할지라도 일반 승려는 이름 앞에 석혜숙釋惠宿 석월광釋月光 등 석釋을 붙였음을 알 수 있다. 여러 학자의 생각을 참고는 하지만 편파적으로 행간을 읽을 게 아니라 큰 틀에서 고찰해볼 필요가 있다.

나라의 안녕과 태평을 위한 염원의 한 방편으로 영복승榮服僧 만나기를 기원하던 경덕왕은 충담사의 언행과 기품에서 그가 인재임을 알아보고 그를 왕사王師로 초빙하려고 했지만 그는 승려로서 최고의 영예인 왕사 자리를 두 번이나 절을 하며 사양했던 덕 높은 승려였다. 그는 〈찬기파랑가〉란 향가를 지어 이미 신라 사회에 알려졌고, 그가 펼친 반월성 귀정문 누각에서의 아름다운 차회茶會는 오늘날 후손들에게 품격 있는 차문화의 기틀을 남겼다. 그리고 왕의 부탁으로 즉석에서 지었다는 〈안민가〉의 내용만 보아도 그렇다. 『논어』 「안연顏淵」편에 나오는 말을 차용했음직한 구절을 향가 마지막에 실었던 점도 눈에 띈다. 제나라 경공景公이 정치에 대해 묻자 공자께서 "임금은 임금답게, 신하는 신하답게, 아버지는 아버지답게, 자식은 자식답게[君君臣臣父父子子]"라고 말했다는 대목이 그것이다.

어쩌면 어리석고 가련한 백성들을 더 힘들게 하지 말고 왕과 신하들을 향해 저마다의 본분을 지키라는 충담의 단호하면서 부드러운 질타였으리라.

경덕왕과 충담사 이야기에 나오는 〈찬기파랑가〉와 〈안민가〉 등의 향가는 문학사적으로 중요한 자료일 뿐만 아니라 고대 국문학 연구에 있어서도 중심적인 자료이다.

삼화령 미륵불께 헌공獻供하고 돌아오는 충담사에게 경덕왕이 차를 나누어 마시고자 한 일은 미륵불의 공덕을 얻고자 하는 왕의 간절한 염원이었는지도 모른다.

충담사를 극적으로 만났지만, 왕사를 맡아달라는 부탁도 물리치고 떠나버린 충담사와의 이별 후 경덕왕은 그로부터 석 달 후에 세상을 떠났다. 자신의 운명을 알았을까?

신라 35대 경덕왕 시대의 정치와 사회 및 역사를 옛 기록을 통해 정리해보자.

경덕왕의 성은 김씨이며 이름은 헌영憲英이고 제33대 성덕왕의 셋째아들이며 어머니는 소덕왕후炤德王后이다. 제34대 효성왕孝成王의 동모제同母弟이다.

효성왕이 아들이 없었기 때문에 태자로 책봉되었다가 742년에 왕위를 계승하였다. 왕비는 이찬伊飡 김순정金順貞의 딸이다. 743년 (경덕왕 2) 다시 서불한舒弗邯 김의충金義忠의 딸을 왕비로 맞이하였다. 왕위에 올라 강대해진 귀족세력을 견제하고 전제왕권專制王權을 강화하기 위해 정치개혁을 시도했다. 경덕왕 대는 불교중흥에 힘쓰는

오늘날의 반월성 야경

등 신라문화의 전성기였지만 개혁정치는 뜻을 이루지 못한 채 기득권세력과 정치적으로 타협할 수밖에 없었다.

　이 시대에 불교문화 중흥이 이루어져 불국사, 석굴암, 굴불사 등 많은 절을 세웠으며 황룡사皇龍寺의 대종을 주조하였고, 성덕왕聖德王(재위 702~737)의 명복을 빌기 위해 그 유명한 성덕대왕신종 곧 에밀레종을 만들게 했는데, 완성을 보지 못하고 죽었으며 아들인 혜공왕惠恭王(재위 765~780) 대에 완성했다. 경덕왕 대는 당과도 활발히 교역하는 등 신라의 전성시대를 구가했다.

10

신라 고유의 노래, 향가

향가는 향찰鄕札과 이두吏讀로 표기된 우리나라 고유의 정형시가
定型詩歌이다. 어느 노래나 마찬가지겠지만 신라 향가는 그 사회의
시대정신을 반영하고 있다.

향가는 신라 진평왕眞平王(재위579~632) 때 지어진 〈서동요薯童謠〉
를 시작으로 고려 제4대 광종光宗(재위925~975) 때 균여均如의 〈보현십
원가普賢十願歌〉 11수, 고려 현종顯宗(재위1009~1031) 때 향가명만 수록
된 〈향풍체가鄕風體歌〉, 고려 예종睿宗(재위1105~1122) 때의 〈도이장가悼
二將歌〉에 이르기까지 약 500여 년간에 걸쳐 이루어진 고향의 노래
이지만, 현재 전해오는 작품은 『삼국유사』에 14수, 『균여전均如傳』에
11수 등 도합 25수이다. 고려 의종毅宗(1146~1170) 때 정서鄭敍의 〈정

과정곡(鄭瓜亭曲)을 포함한다면 도합 26수가 전해진다고 할 수 있다. 최근 필사본 『화랑세기(花郎世記)』에 나오는 향가 〈송출정가(送出征歌)〉가 발굴되어 27수로 보기도 한다. 〈송출정가〉는 사다함(斯多含)과의 이별에 미실(美室)이 서라벌 밖에까지 배웅하며 헤어지기 싫은 자신의 마음을 읊은 향가이다.

향가의 미의식(美意識)은 "뜻하는 바가 매우 높고[其意甚高], 그 구절들이 깨끗하고도 아름답다[詞淸句麗]"라고 『삼국유사』가 전하듯이 높고 원융(圓融)한 것으로 알려져 있다.

현존하는 향가로 살펴보면 향가는 4구체, 8구체, 10구체로 나눌 수 있다.

4구체로 된 향가는 〈서동요〉, 선덕여왕 때 지어진 민요조 향가인 〈풍요(風謠)〉, 성덕왕 때 한 노옹이 부른 〈헌화가(獻花歌)〉, 경덕왕 때 월명사(月明師)가 부른 〈도솔가(兜率歌)〉 등인데, 〈도솔가〉는 미륵불을 모시겠다는 찬불가라 볼 수 있다. 이 〈도솔가〉를 제외하고는 오래전부터 구전되어 오던 민요 등이 향가로 정착되었다고 보고 있다.

8구체 향가는 효소왕(孝昭王)(재위 692~702) 때 득오(得烏)가 지은 〈모죽지랑가(慕竹旨郎歌)〉와 헌강왕(憲康王)(재위 875~886) 때 처용이 지었다는 〈처용가(處容歌)〉가 전해온다.

10구체 향가는 다른 향가에 비해서 가장 세련미가 있으며 문학적 가치도 높다. 현전하는 대부분의 향가가 10구체로 구성되었다. 충담사의 〈찬기파랑가(讚耆婆郎歌)〉와 월명사의 〈제망매가(祭亡妹歌)〉가 대표적인 작품으로 보고 있다.

〈찬기파랑가〉는 사뇌가요 향찬鄕讚이다. 사뇌가는 주로 승려사회를 중심으로 유포되다가 신라시대 시문학詩文學을 대표하게 된 일종의 정형시라 볼 수 있다.

신라인들은 오랫동안 향가를 소중하게 여겼다. 향가가 사람뿐 아니라 천지신명天地神明까지 감동시킬 수 있다고 생각했다. 이를테면 진평왕眞平王(재위 579~632) 때 융천사融天師는 〈혜성가彗星歌〉를 지어 왜군을 물러나게 했고, 경덕왕 때에는 두 해가 나란히 나타나는 변고를 없애기 위해 월명사月明師가 〈도솔가〉를 지었다.

성덕왕聖德王(재위702~737) 때 수로부인水路夫人이 해룡海龍에게 잡혀가자 남편 순정공純貞公이 백성들을 동원해서 불렀다는 〈해가海歌〉라는 향가를 비롯하여, 〈처용가處容歌〉는 신라인들에게 역신을 물리치는 노래로 널리 알려졌다.

원성왕元聖王(재위 785~796) 때의 화랑이며 승려인 영재永才는 향가 〈우적가遇賊歌〉를 불러 도적을 감화시키기도 했다. 이처럼 신라인들에게 신라의 노래는 사람을 감화시킬 뿐만 아니라 하늘도 움직일 수 있다는 믿음을 갖고 있었다.

화랑 영재가 살던 시대의 임금인 제38대 원성왕은 꿈을 잘 꾸어 그 꿈 풀이로 왕위에 오른 인물이다. 신라 왕실은 건국 이래부터 중고中古 시대까지는 왕위에 대한 쟁탈이 거의 없었다. 그러다가 제37대 선덕왕宣德王(재위 780~785)이 태자 없이 죽자 종래의 '덕 있는 자가 왕이 된다'는 나름의 원칙을 깨고 왕위 쟁탈전이 시작되었는데, 이때 상재上宰 김주원金周元을 물리치고 각간角干 김경신金敬信이 긍정적인 해몽으로 왕위에 오르니 그가 원성왕이다.

향가의 형식은 음악과 함께 가창歌唱되었는데 요원랑邀元郞, 예흔랑譽昕郞, 계원桂元, 숙종랑叔宗郞 4명의 화랑이 3수의 향가를 지어 대구화상大矩和尙에게 보내어 노래를 만들게 했다는『삼국유사』의 다음 기록에서 이를 확인할 수 있다.

국선國仙 요원랑. 예흔랑, 계원, 숙종랑 등이 금란金蘭(강원도 통천)을 유람할 때 은근히 임금을 도와 나라를 다스릴 뜻이 있었다. 이에 노래 세 수를 짓고, 다시 심필心弼 사지舍知를 시켜서 침권針卷을 주어 대구화상大矩和尙에게 보내어 노래 세 수를 짓게 했다. 첫째는 현금포곡玄琴抱曲이요, 둘째는 대도곡大道曲이요, 셋째는 문군곡文群曲이었다. 대궐에 들어가 왕께 아뢰니 왕은 기뻐하며 칭찬하고 상을 주었다. 노래는 알려지지 않았다.

國仙邀元郞 譽昕郞桂元叔宗郞等, 遊覽金蘭, 暗有爲君主理邦國之意, 乃作歌三首, 使心弼舍知, 授針卷, 送大矩和尙處, 令作三歌, 初名玄琴抱曲, 第二大道曲, 第三問群曲. 入奏於王, 王大喜稱賞, 歌未詳.

대구화상은 통일신라시대 승려이다. 진성여왕眞聖女王(재위 887~897) 2년(888)에 왕명에 따라 각간角干 위홍魏弘(?~888)과 함께 향가를 모은『삼대목三代目』을 편찬하였으나 현재 전하지 않는다.

향가는 신라 때부터 창작되고 향유된 우리 고유의 문화이며 그 당시 부득이 한자의 음과 훈을 이용한 향찰로 만들어진 것을 보면 우리 민족의 주체성도 엿보인다.

전해오는 향가가 많지 않은데, 경덕왕 대에 만들어진 작품이 5편으로 압도적이다. 향가의 작가를 실존했던 역사적인 인물로 보거나 설화적 인물로 보는 등 다양한 연구결과가 보이는데 경덕왕 대에 유독 향가 작품이 많은 것은 경덕왕 당시의 시대상과도 관련이 있지 않을까 싶다.

향가의 작자를 살펴보면 왕과 노인, 화랑 및 승려 등에 이르기까지 다양하다. 일반 평민이 지은 향가가 있는데 바로 〈도천수대비가禱千手大悲歌〉이며 이 향가는 분황사芬皇寺에 얽힌 향가이다.

옛 기록에 의하면 분황사는 선덕여왕 3년(634)에 창건되었으며, 자장慈藏과 원효元曉 스님이 머무르면서 불법을 전파하였던 유서 깊은 사찰이다. 이 절과 향가 〈도천수대비가〉 이야기는 『삼국유사』의 '분황사천수대비맹아득안芬皇寺千手大悲盲兒得眼'조條에 나오는데, 희명希明의 눈먼 자식 이야기이다. 이에 따르면 신라 경덕왕 때 경주 한기리漢岐里의 여인 희명의 아들이 생후 다섯 해 만에 갑자기 눈이 멀게 되자, 희명이 분황사 좌전左殿에 있는 천수대비千手大悲의 벽화 앞에서 아이로 하여금 이 노래를 부르게 하여 마침내 눈을 뜨게 되었다고 한다.

〈천수관음가千手觀音歌〉, 〈천수대비가千手大悲歌〉, 〈도천수대비가禱千手大悲歌〉, 〈맹아득안가盲兒得眼歌〉라고도 부르는 이 향가는 내용 및 형식이 십구체十句體로 되어 있다. 가사는 다음과 같다.

膝肣古召旀二尸'掌音毛乎支內良

千手觀音叱前良中

祈以支白屋尸置內乎多千隱手

叱千隱目肹一等下叱放一等肹除惡支
二于萬隱吾羅
一等沙隱謝以古只內乎叱等賜阿邪也
吾良遣知支賜尸等焉
放冬矣用屋尸慈悲也根古

양주동을 비롯한 학자들의 풀이를 참고하여 대강 현대어로 풀이
한 내용은 다음과 같다.

무릎을 꿇고 두 손을 모아
천수관음전에 간절히 비나이다.
천 개의 손 천 개의 눈을 지니신 천수관음이시여
그 중 한 개씩을 덜어
둘 다 없는 제게 주신다면
아, 그 자비 얼마나 크실까.

희명은 아이를 안고 분황사 좌전 북쪽 벽에 솔거率去가 그렸다는
관음보살 벽화 천수관음 앞에 나아가 지성껏 노래를 불렀을 것이
다. 아이가 어머니를 따라 함께 합창했을 것이다. 그 간절한 소망을
관세음보살이 들어주어 아이는 눈을 떴고 분황사는 신라인들에게
구원의 절로 기억되었을 것이다.
분황사는 신라의 문화유적이 아직도 많이 남아있는 절이다. 『삼
국유사』에 의하면 분황사가 세워진 그곳을 용궁의 북쪽이라 했고

신라 최대 사찰인 황룡사는 용궁의 남쪽이라 했다. 신라 원성왕元聖王(재위 785~798) 때의 '삼룡변어정三龍變魚井' 설화가 남아있는 '팔각석정八角石井' 등이 아직도 그대로 남아있다.

불교가 성행한 고려시대 때, 고려왕 숙종肅宗(재위 1095~1105)은 1101년에 원효와 의상이 동방의 성인인데도 비석이나 시호가 없어 그 덕이 드러나지 않음을 애석하게 여겨 원효 스님에게 대성화쟁국사大聖和諍國師라는 시호를 내리고 경주 분황사에 비석을 세우게 하였다. 그 후 비석은 무너지고 받침만 남았었는데, 추사 김정희가 절 근처에서 이 비석 받침을 발견하였고, 받침 위쪽에 '차신라화쟁국사지비적此新羅和諍國師之碑蹟'이라고 고증한 글귀를 새겨 두었는데 이는 원효 스님을 기려 세운 비의 받침돌이다. 낮은 직육면체의 모습을 하고 있는데, 네 모서리가 떨어져 나가는 등 훼손되었다. 윗

추사 김정희의 필적 '此和諍國師之碑趺'이 있는 고려 숙종이 세운 추모비의 흔적

분황사 모전석탑芬皇寺模塼石塔

면에는 비를 꽂아두기 위한 홈이 파였고, 옆면에는 옅은 안상眼象을 새겼다.

　분황사에 얽힌 원효 스님 이야기를 조금 더 읽어보자. 『삼국유사』 '원효불기元曉不羈'조의 내용이다.

　일찍이 원효스님은 분황사에 머물면서 『화엄경소華嚴經疏』를 저술했는데 제4권 「십회향품十廻向品」에 이르러 붓을 그쳤다. 또 언젠가는 공적인 일로 인해서 몸을 백 개의 소나무로 나누었으므로 모두들 원효가 위계位階의 초지初地에 도달했다고 했다. 스님은 또한 바다 용의 권유에 의하여 길에서 조서詔書를 받고 『금강삼매경소金剛三昧經疏』를 저술했다. 그 경을 저술할 때 붓과 벼루를 소의 두 뿔 위에 놓았다고 해서 그것을 각승角乘이라고 불렀다. 그렇지만 각승이란 또한 본각本覺과 시각始覺의

미묘한 뜻이 숨어 있다. 대안법사가 와서 경의 차례를 매김은 역시 의미를 알고 들어서 주고받은 일이다.

曾住芬皇寺 纂華嚴疏 至第四十廻向品 終乃絶筆 又嘗因訟 分軀於百松 故皆謂位階初地矣 亦因海龍之誘 承詔於路上 撰三昧經疏 置筆硯於牛 之兩角上 因謂之角乘 亦表本始二覺之微旨也 大安法師排來而粘紙 亦 知音唱和也.

원효 스님이 입적하자 아들 설총薛聰(655~?)은 그 유해를 가루 내어 진용 眞容을 만들어 분황사에 봉안해 두고서 돌아가신 아버지에 대한 존경과 흠모의 뜻을 표했다. 설총이 그때 스님의 소상塑像 곁에서 배례했더니 소상이 홀연히 돌아보았다. 지금도 소상은 여전히 돌아보는 모습 그대 로다.

원효 스님이 일찍이 거처한 적이 있던 혈사穴寺 곁에 설총의 집터가 남 아있다고 한다.

旣入寂 聰碎遺骸 塑眞容 安芬皇寺 以表敬慕終天之志 聰時旁禮 像忽廻 顧 至今猶顧矣曉嘗所居穴寺旁 有聰家之墟云.

이 내용을 보면, 원효 스님이 죽자 그의 아들 설총은 아버지 원효 스님의 유해로 소상을 만들어 분황사에 모셔두고 죽을 때까지 공 경하였으며 일연스님이 『삼국유사』를 저술할 때까지도 '돌아보는 원효의 소상'이 있었다고 한다.

그런데, '돌아보는 원효의 소상'을 닮은 불상이 일본에 있다. '영 관당永観堂의 돌아보는 불상'은 에이칸도[永観堂]라는 일본 교토에 있

에이칸도[永観堂] 돌아보는 불상

는 절에 모셔져 있다. 원래 이름은 젠린지[禪林寺]인데 본당인 에이
칸도가 유명하기에 원래 이름보다 본당의 이름으로 불리는 절이
다. 단풍 명소로 유명한 사찰이다.

　'돌아보는 불상'에 대한 이야기도 전하는데, 나라奈良의 동대사東
大寺가 만들어질 때 한 노인이 이 불상을 바쳤다는 내용으로 시작된
다. 이 불상은 귀중품을 보관하는 창고에 오래 있었는데, 이를 발견
한 사람이 영관 스님(1033~1111)이다. 불상은 아미타여래의 상인데
영관 스님이 가끔 참배하러 다니던 어느 날 '돌아보는 불상' 곧 아
마타여래불상과 스님 사이에 교감이 통했다 한다. 그렇게 영관 스
님과 인연이 된 이 불상은 그가 동대사를 떠나 교토로 갈 때 등에
업고 갔는데, 동대사 승려들이 쫓아와 불상을 되가져가려고 했으나

불상이 영관 스님의 등에서 떨어지지 않았다고 한다. 또 불상이 영관 스님과 함께 수행을 했다거나 불상이 뒤돌아보고 영관 스님을 불렀다거나 하는 등의 설화들도 전한다.

왜 이런 설화가 '돌아보는 원효 스님 소상'을 생각나게 할까? 원효 스님을 흠모하던 일본의 어느 사람이 부처의 경지에 이른 원효 스님의 회고소상回顧塑像에서 영감을 받았거나, 아니면 원효 스님을 신격화한 불상이 아닐까 하는 생각을 지울 수 없다.

그런데 또 하나의 오랜 역사 이야기가 오늘날에도 감동으로 전해온다. 원효 스님 생전에, 그가 분황사에서 저술 활동을 하며 머물 때 아들 설총이 종종 찾아왔다고 한다. 어느 가을날, 아버지와 아들은 차를 나눠 마시며 이런 대화를 나눈다. 아들 설총이 "어떻게 살아야 합니까?"라고 묻자 원효 스님은 "절 마당의 낙엽이나 쓸어놓아라"고 대답한다. 그러자 설총이 말끔히 절 마당의 낙엽을 쓸어놓았는데, 이를 지켜보던 원효 스님은 낙엽들을 주워서 다시 마당에 뿌려놓으면서 나무를 흔들었다. 낙엽이 우수수 떨어지는 절 마당을 바라보며 아들에게 "가을 뜰은 이래야 제격이지"라고 했다는 이야기는 가을날의 아름다운 전설이다.

원효 스님과 설총의 이 '가을 낙엽 이야기'는 세월이 흐른 후 이웃 나라에 전해져 일본의 다도 스승과 제자 간의 다화茶話로 똑같이 전해져 내려온다.

일본의 어느 차인이 스승을 찾아가 그 문하에서 다도를 배우기 위해 입문했는데 오랜 세월이 흘러도 허드렛일만 시키면서 정작 다도 공부는 등한시했다. 어느 가을날 그 세월을 견디지 못한 제자가 스승에게 떠나겠다고 하자 스승은 마당 뜰의 낙엽을 치우고 떠나라 했다. 보란 듯이 낙엽을 말끔히 치운 제자에게 보인 스승의 말 없는 행동이 바로 원효 스님이 설총에게 했던 그대로였다. 그 후 그 제자는 스승의 가르침에서 깨달음을 얻은 후 스승 곁에서 수련하여 훌륭한 다도인이 되었다고 하는 이야기가 전설처럼 전해온다. 우연의 일치인지 몰라도 이 장면은 생각만 해도 정겹고 아름답다.

1980년대 중반에 분황사 스님과의 인연으로 약 1년간 일주일에 이삼일 정도 분황사에서 숙식하며 경주에서 교육 활동과 독서로 소일하던 때가 있었다. 가을날 분황사 모전석탑 주위의 은행나무들과 마당 뜰에 쌓인 노란 낙엽을 보면서 그 옛날 부자간인 원효 스님과 설총의 그 아름다운 장면을 생각하곤 했다. 아늑한 황홀함까지 느껴지는 역사의 현장은 언제나 가슴을 뛰게 한다. 천년도 긴 세월이 아닌 것을 느끼는 순간들이었다.

11

경주남산
삼화령 미륵세존

충담사가 경덕왕을 만나기 전부터 경주남산에서 차 공양을 했다
는 삼화령 미륵불은 어떤 불상이었을까? 『삼국유사』「탑상塔像」편
중 '생의사석미륵生義寺石彌勒'조를 읽어보자.

선덕여왕善德王 때 생의生義라는 승려가 도중사道中寺란 절에 살았는데,
어느 날 꿈에 한 스님이 그를 데리고 남산으로 올라가서 풀을 매어 표시
를 해놓게 하고는 산 남쪽 골짜기에 와서 말하기를, "내가 이곳에 묻혀
있으니 나를 꺼내어 고개 위에 편안하게 안치해주시오." 하였다.
꿈에서 깨자 그 꿈이 너무 생생해 그는 친구와 함께 꿈에서 표시를 해놓
은 곳을 찾아서 그 골짜기에 이르러 땅을 파니 과연 돌로 조성한 미륵불

이 나왔다. 그 미륵불을 삼화령 위로 옮겨놓았다. 선덕왕 13년 갑진년甲辰(644)에 그곳에 절을 세우고 살았는데 훗날 절 이름을 생의사生義寺라 했다.

[지금은 잘못 전해져 성의사(性義寺)라고 한다. 충담사가 해마다 삼월 삼짇날과 구월 구일에 차를 달여 공양한 것이 바로 이 부처이다.]

生義寺 石彌勒 : 善德王時 釋生義常住道中寺 夢有僧引上南山而行 令結
草爲標 至 山之南洞 謂曰 我埋此處 請師出安嶺上 旣覺 與友人尋所標 至
其洞 掘地 有石彌勒出 置於三花嶺上 善德王十三年甲辰歲 創寺而居 後
名 生義寺. [今訛言性義寺 忠談師每歲重三重九 烹茶獻供者 是此尊也]

이렇듯 『삼국유사』의 기록에서 신라 경덕왕 대에 충담사가 삼월 삼짇날과 중구일에 차를 달여 공양하던 '경주남산 삼화령의 미륵부처'와 '생의사 석미륵'은 동일한 불상임을 알 수 있다.

먼저 경주국립박물관에 옮겨 놓은 장창곡 '석조미륵여래삼존상石造彌勒如來三尊像'에 대해 알아보자.

경주남산 장창곡 석조미륵여래삼존불은 남산 계곡 중 한 지류인 장창곡의 정상부근 석실石室에 있던 불상이다. 관련 기록과 조각 양식 등으로 보아 약 7세기 신라시대 작품으로 추정된다.

1924년 조선총독부朝鮮總督府에서 발간한 『경주남산의 불적慶州南山の佛蹟』에 의하면 본존상은 1924년 10월 10일 남산 장창곡의 무너진 석실에서 발견되었다고 한다.

『삼국유사』에 의하면 선덕여왕 대인 644년에 생의 스님이 찾아낸 미륵불을 봉안하기 위하여 생의사生義寺를 세웠다고 하는 기록과 비슷한 제작 연대의 불상이다.

필자는 '삼화령과 충담사 차 이야기'를 알기 전부터 이 미륵불을 우연히 만났던 적이 있다. 현재의 국립경주박물관으로 옮기기 전 옛 경주 시내에 있던 구 박물관 정원에서 처음 조우했는데, 청소년 시절 경주를 답사하던 중이었다. 그 당시 다른 불상에서 느낄 수 없는 감동을 받았는데, 이후에도 그 감동은 늘 뇌리를 떠나지 않았다. 그러다가 차문화에 심취한 후부터 한국의 차문화 유적을 찾아다니게 되었고, 이 '석조미륵여래삼존상'이 바로 충담사 및 삼화령과 관계된 불상이었음을 알게 되었다. 이 석불과의 인연이 예사롭지가 않다.

이 불상을 불교 전문 학자들은 경주남산 '삼화령 미륵불'이라 믿고 있다.

『삼국유사』 '문무왕文武王 법민法敏' 조를 읽어보자.

> 왕은 처음 즉위 해 남산에 장창長倉을 설치하니 그 길이가 50보, 너비가 15보였는데 미곡과 병기를 쌓아두니 이것이 우창右倉이다. 천은사 서북쪽 산 위에 있는 것이 좌창이다.
>
> 王初卽位置南山長倉 長五十步 廣十五步 貯米穀兵器 是爲右倉 天恩寺西北山上 是爲左倉.

이 기록을 참고삼아 천은사天恩寺 터에서 약 400m쯤 올라가면 남산성南山城 북쪽 고갯마루가 되고, 장창곡에서 불곡佛谷으로 넘어가는 길에서 북쪽으로 약 50m쯤 되는 지점이 바로 이 미륵여래삼존상이 원래 있었던 자리다. 이 석불들이 있었던 남산 북봉 주위는 답사 당시엔 폐허가 되어 있어 이 귀중한 유물이 이곳에 존재했으리란 생각을 하니 안타깝기만 하였다. 발굴 장소와 당시의 상황은 일제 때 발간한 『경주남산의 불적』 등에 기록되어 있으며, 당시 발견될 때의 모습이 사진으로 남아있다. 이 책은 조선총독부에서 발간한 경주남산의 불적을 연구 조사한 책이다.

이 '석조미륵여래삼존상'의 명칭에 대해 그동안 여러 학자들이 다양한 견해를 발표했는데, 열거해 보면 석가여래삼존釋迦如來三尊, 약사여래삼존藥師如來三尊, 아미타삼존阿彌陀三尊, 여래상如來像 등이다. 이 불상은 1925년 4월 옛 경주박물관으로 옮겨졌고, 그 무렵 남쪽 탑동塔洞 민가에서 보관하고 있던 애기보살이라 불리는 두 보살상도 함께 박물관으로 옮겨졌다. 이 보살상들도 원래 본존불과 함께 안치되었던 협시보살脇侍菩薩로 밝혀졌기 때문이다. 그 당시의 경과와 발굴 당시의 모습은 『경주남산의 불적』에 사진과 함께 기록되어 있다.

이 불상들이 발견된 곳을 두고 『경주남산의 불적』에서는 고분이라 하고, 불상을 중심으로 고대 불교미술과 조각사를 연구한 불교학자 황수영黃壽永은 그의 책 『한국의 불상』에서 초기 석굴사원이라고 했다. 1979년에 경주시에서 편찬한 『경주남산 고적순례』에선 이 불상이 처음엔 목조로 된 법당 속에 안치되었다가 오랜 세월이 지난 후 후세 사람들에 의해 석축 건물로 지어진 것으로 보고 있다. 앞으로 이 불상들이 발굴된 장창곡 부근을 조사해서 건물 터나 또 다른 유적과 유물을 찾아내는 일도 필요할 듯싶다.

불상이 발견되었다는 석실 주변을 옛날에 살펴볼 때는 기와 파편들이 널브러져 있었는데 지금은 주위를 정리하여 발견 당시 사진과 함께 안내판도 세워졌다. 서 있는 3개의 자연석 돌기둥과 넘어진 하나의 돌기둥이 보인다.

'현실玄室의 널길[羨道]'로 추정하든 석굴사원石窟寺院의 입구로 보든 앞으로 연구할 과제지만, 경주남산 연구가인 윤경렬尹京烈이 그의 책『겨레의 땅 부처님 땅』에서 주장하듯 오랫동안 경배를 받아오면서 민간신앙으로 자리 잡은 터전으로 보는 것에 견해를 함께하고 싶다. 향토사학자인 고청 윤경렬 선생은 1970년대 중반부터 경주남산을 답사하다가 간혹 남산 유적지에서 우연히 몇 번 만나게 되었고, 어느 날은 동남산 자락에 있는 그의 집에 초대되어 차와 곡차를 마셨던 추억이 떠오른다. 경주남산 연구에 일생을 바친 이런 향토사학자가 존재했기에 후학들은 큰 도움을 받고 있다.

이 '석조미륵여래삼존상'은 고 신라의 불교 조각상 연구에서 독특한 의미가 있다.

단석산斷石山 '신선사神仙寺 미륵불보살彌勒佛菩薩'이 새겨진 암벽의 기록을 보면, '미륵석상일구보살이구彌勒石像一軀菩薩二軀'라 하여, 미륵불 1구, 보살상 2구를 조성했다고 했듯이 삼존三尊 형태로 조형되어 있었다는 것을 알 수 있다. 그리고 신라 불교 조각사에서 처음으로 인공으로 만들어진 석감石龕 안에 안치되었다는 사실도 중요하다. 생의 스님이 생의사를 창건한 해가 선덕여왕 12년 곧 서기 644년에 해당한다. 이때는 황룡사 구층목탑이 준공을 앞둔 시기이기도 했다.

장창곡 미륵불 본존 발굴 당시 모습

장창곡 미륵삼존불 현장(현재 모습)

언제부터인가 이곳 '석조미륵여래삼존상'이 출토된 곳을 불당佛堂이라 불렀다 하니 민간에서나 무속인들이 자주 찾았던 곳이라 생각된다. 이를테면 답사를 위해 자주 경주남산을 찾다 보면 영산靈山경주남산에 꽃 핀 신앙의 향기를 쫓아 양초와 향을 들고 돌부처를 경배하는 여인네들을 심심찮게 만날 수 있기 때문이다. 또 경주 시내에서 가장 접근이 용이한 곳도 이곳인지라, 무언가 신불神佛에게 빌고 싶은 사람들이 낮이나 밤이나 쉽게 찾아올 수 있기 때문일 듯하다. 이렇듯 경주남산 유적을 찾다 보면 민간신앙의 흔적을 자주 접할 수 있다. 예컨대 이 불상 본존의 코를 비롯한 배동 삼존불상 중 본존상 등의 코들은 모두 훼손되어 있음을 알 수 있다. 어디 이뿐이랴. 경주남산에 조각된 불상만 살펴보더라도 사람의 손이 닿는 석불의 얼굴은 오랜 세월 지나면서 거의 깨어진 모습을 볼 수 있을 것이다. 일부러 훼손을 했거나 소원을 빌던 사람들의 어리석은 짓들에 의해 표출된 문화유산들의 현주소이다.

예컨대 경주박물관에 들어서면 바로 보이는 국보 제29호인 성덕대왕신종聖德大王神鐘을 자세히 살펴본 이는 알 것이다. 어리석은 사람들에 의해, 그 국보 중의 국보인 에밀레종을 갉아먹은 상처 자국을. 옛적에 아이 못 낳는 여인들이나 필부필부匹夫匹婦들이 간절한 소원을 빌 때마다 경주남산 등의 신라 불상을 훼손했다 하니 참으로 어처구니없는 작태가 아닐 수 없다. 풍문이지만 일제 때 의도적으로 우리의 문화유산을 파괴하기 위한 술책에 넘어간 일이었다고들 한다.

여기서 짚고 넘어가야 할 일은, 그동안 우리나라 불교미술 전문가들이 경주남산 불교미술에 얼마나 정성을 쏟았는지 자문自問해

볼 때가 되었다는 것이다. 오래 전 경주남산에 심취하여 자료를 수집하다가 대학도서관에서 일제 때 조선총독부에서 편찬한『경주남산의 불적』이란 책을 구해보면서, 그 당시 황폐해진 경주남산을 그들이 건축도면 그리듯이 샅샅이 조사한 모습을 보고는 우리는 그동안 무엇을 했나 싶었다. 최근에야 비로소 제대로 된 조사서나 책들이 나왔다는 것은 찬란한 문화유산을 남긴 선조들에게 부끄러울 뿐이다.

1980년대 초중반에 경주남산 배동 삼존석불 부근에 당시 삼불사三佛寺 주지 종수 스님과 함께 차나무를 심었고 또 산신각 뒤편에 기념식수도 했다. 지금은 울창하게 자라기도 했지만 관리를 하지 않고 때론 유적 발굴로 땅을 파면서 차나무를 방치하기도 하여 그곳을 찾을 때마다 안타깝다.

현재도 새로울 것도 없이 답습만 하는 연구 서적을 볼 때마다 딱하기만 하다. 그리고 한 가지 지적하고 싶은 점이 있으니, 비단 이 유적뿐만이 아니라 발굴 당시의 모습으로 그 오랜 세월을 두고 변천해온 역사적 유물과 유적을 섣불리 학술적 판단을 해서는 안 된다고 본다. 자칫 중요한 부분을 놓칠 수 있기 때문이다.

『한국의 불상』에 실린 〈신라 남산 삼화령 미륵세존〉이란 논문에서는 "신라 불교의 성지인 남산 불적은 지역적으로 왕도王都 중심에서 가장 근접된 곳으로부터 점차 그 이남으로 확대되었다고 확신한다. …… 그러므로 삼국기三國期 조상彫像은 인왕리仁旺里 석조여래좌상石造如來坐像이나 불곡佛谷의 좌상坐像과 배리拜里의 삼존三尊 그리고 이 논문의 주인공인 이 미륵삼존彌勒三尊은 오직 그 북봉령상北峯嶺上과 그 좌우 계곡에서 찾을 수 있는 까닭……. 부처골의 여래좌상과 선방골의 삼존석불 그리고 논고의 미륵삼존상은 거의 같은 시기에 조성된 고 신라 작품으로 보고 있다"고 했다.

불교 진문가가 아니라도 앞에서 언급한 세 곳 불상의 얼굴 모습은 같은 시대에 조성되었으리라 짐작이 갈 정도로 많이 닮아있다.

미륵불인 '석조미륵여래삼존상'을 살펴보자.

본존불本尊佛은 타원형 연화대좌에 편안히 의자에 걸터앉은 자세이며, 오른손은 엄지와 검지를 붙여 반쯤 편 채 앞으로 내밀고, 왼손은 가사 자락을 살짝 잡은 채 손바닥을 위로 하여 무릎에 올려놓

장창곡 출토 석조미륵여래 본존상

앉다. 전체적으로 몸에 비해 얼굴과 손이 크다. 지그시 감은 눈은 꿈꾸듯 선정禪定에 든 모습이다. 코는 길고 높은데 훼손되었다. 풍만한 얼굴 모습과 입가의 은은한 미소는 우미優美하다. 앞에서 이야기한 동시대 작품으로 추정되는 선방곡禪房谷 삼존석불의 본존인 아미타여래阿彌陀如來의 미소와 흡사하다. 흔히 고졸古拙의 미소微笑라고 한다.

삼도三道를 생략한 목과 인중을 비롯한 턱과 입은 짧은 편이다. 이 불상의 두 귀는 일반 불상처럼 어깨까지 드리워졌고, 어깨는 부드러운 곡선으로 마무리되었으며, 두광頭光은 연화문이다. 이 불상의 다리는 짧다. 걸터앉은 자세의 무릎을 강조하기 위한 와선渦線으로 처리한 조각기법이 독특하다.

협시보살입상脇侍菩薩立像을 살펴보자.

이 불상들은 본존인 여래상에 비해 작은 모습이다. 짧은 인중과 작은 입술이 나타내는 미소는 본존보다 더 귀엽다. 본존처럼 몸체에 비해 머리 부분이 크다. 머리엔 앞부분과 좌우에 꽃장식을 한 삼면보관三面寶冠이 새겨졌고, 두 눈은 본존처럼 명상하는 모습이다. 어깨에 걸친 천의天衣는 허리와 다리 부분까지 걸쳐 길고 넓게 드리워져 편안한 느낌이다.

오른쪽 보살상은 오른손으로 긴 줄기의 연꽃을 들어 가슴에 올렸고, 왼쪽 보살상은 오른손 엄지와 검지로 경문經文을 들었는데 두 보살상 모두 수인手印이 독특하다. 흡사 금방이라도 살아 움직일 듯 율동감이 느껴진다. 우 협시보살은 세 줄로 된 목걸이를 걸쳤고, 좌 협시보살은 두 줄로 만든 목걸이를 했는데 본존처럼 코가 훼손되었다.

장창곡 출토 미륵삼존상 좌우협시보살

　보살상들의 전체적인 모습은 간결하면서도 우아하고, 소박하지만 기품이 있어 그 어떤 불상에서도 찾아보기 힘든 현묘함과 조화로움의 조각 솜씨다. 남녀노소 할 것 없이 이 불보살을 만나면 천진스런 동자童子를 떠올리게 되는 까닭이다.

　언젠가 지은 지 얼마 되지 않은 현 경주국립박물관에 들렀다가 이 미륵 삼존불을 다시 만났는데 그때는 무슨 까닭인지 불교미술실이 아닌 진열실 복도에 세워놓았던 것으로 기억된다. 옛날엔 구 박물관이 협소한 관계로 박물관 뜰에 세워두었구나 생각했지만 그때는 왜 이런 우수한 불상을 복도에 두었을까 의아스러웠다.

　여러 연구자들이 이 '석조미륵여래삼존상'을 높이 평가하는 이

유는 좀처럼 보기 드문 형태의 조각 솜씨도 그렇지만, 경주남산에서 발견된 석상石像으로서 초기 신라 불교미술의 큰 획을 긋는 작품이라는 점이다. 나아가 '삼화령 미륵세존'을 연구하는 사람에겐 더할 나위 없는 중요한 문화유산이다. 그래도 현재는 이 '석조미륵여래삼존상'이 경주박물관에서 귀한 대접을 받고 있다. 최근에 보물 제2071호로 지정되었다.

경주 남산 용장계 대연화좌와 장창곡 석조미륵삼존상

경주 남산金鰲山으로 연결되는 산맥 중에서 해발 420m쯤 되는 높은 봉우리가 있다. 『경주시지』에 의하면 이 봉우리는 용장사터茸長寺址 쪽으로 뻗어 내린 산맥과 남으로 뻗어 내린 수리산高位山에 연결되는 산맥과 금오산 정상에서 쭉 뻗은 세 갈래의 큰 산맥을 모아 솟아오른 봉우리이기에 삼화령이라 한다고 했다.

오늘날 향토사학자들 중심으로 '삼화령 연화대'라 일컫는 이곳의 연화대좌는 고개 정상 높은 바위에 복연좌伏蓮座로 새겨져 있는데, 지름이 2m나 되는 상당히 큰 좌대이다.

연화대란 대좌를 말하는데, 대좌는 부처나 보살 등을 안치하기 위한 자리이며, 좌座 또는 좌대座臺라고 부른다. 불상은 불신佛身, 광

배光背, 대좌로 완성되기 때문에 불상 조각에서 중요한 부분이다. 대좌는 부처님이 보리수 아래에서 참선할 때 앉았던 풀방석이 유래가 되었는데 부처님을 신격화하면서 대좌는 다양해지고 대좌의 종류는 사자좌獅子座와 연화좌蓮華座 등 다양한 모습으로 변화되었다. 용수보살龍樹菩薩이 저술하고 중국 오호십육국 시대의 인도 승려 구마라습鳩摩羅什(344~413)이 번역한 론論으로 대승불교의 백과사전 격인『대지도론大智度論』에 언급되어 있다.

당시 일본 학자들은『경주남산의 불적』에서 이 자리에 항마촉지인降魔觸地印의 불상이 상체가 파괴된 채 동쪽으로 앉아 있었고, 그 증거로 연화대 위에 기둥을 세웠던 구멍들이 열 지어 있고 주위엔 기와 파편들이 흐트러져 있었다고 했는데, 경주 향토사학자 윤경렬은『겨레의 땅 부처님 땅』에서 그 말을 믿을 수 없다고 주장한다. 신라 불상은 복련좌覆蓮座 위에 좌불坐佛이 앉은 전례가 없다는 것이다. 그리고 만약 이 대좌 위에 앉은 모습의 불상이 안치되었다면 무릎 너비가 2m가량 되었을 큰 불상으로 보고 있다. 그 당시 그 불상마저도 없어지고 이곳은 경주남산 순환도로 공사로 인해 돌 축대로 덮여 옛 모습을 잃어버렸다. 이곳에서 주목할 유적이 있는데 연화대좌에서 동남쪽 등성으로 약 70m쯤 내려오면 바위 위에 비석은 없고 비대碑臺만 남은 유적을 볼 수 있다. 자연 바위 위에 직사각형으로 흠을 파서 비석을 세웠던 흔적이다. 용장사사적비茸長寺事蹟碑가 아니면 분명 세칭 용장곡茸長谷 삼화령 연화대좌와 불상 등에 관한 내력을 알 수 있을 듯싶은 그 비석은 계곡 아래로 굴러떨어졌거나 땅에 묻혔는지 모른다. 그 비석을 발견하여 비문碑文을 읽을 수 있는 날이 빨리 오기를 기다려 본다.

윤경렬은『겨레의 땅 부처님 땅』에서 이곳 용장계 절터의 봉우리를 삼화령이라 생각하고 그곳의 연화대좌에 안치되었던 불상이 충담사의 차 공양을 받던 미륵불이라 주장하고 있다. 그가 남산성南山城 북쪽에 있는 작은 언덕에서 발견된 삼존을 '삼화령 미륵불'이라 주장하는 여러 불교학자들의 주장에 반박하는 내용을 살펴보자.

"『삼국유사』에는 생의 스님이 돌부처를 파낸 곳이 남쪽이라 했는데 그 불상이 발견된 곳은 북쪽 기슭이다. 또『삼국유사』의 '빈녀양모貧女養母'조에 '효종랑孝宗郎이 포석정 혹은 삼화술三花述에서 노니니…'라고 했는데, 삼화술은 삼화수리로 읽어야 한다. 수리는 정수리 즉 가장 높은 정상을 말한다. 선도산仙桃山을 서수리산이라 하는 것은 서쪽에서 가장 높은 정상을 말한다. 그러면 삼화령이나 삼화수리는 같은 말로써 이곳은 높은 정상에 있어야 한다. 그런데 박물관에 옮겨진 석조미륵삼존불의상石造彌勒三尊佛倚像의 불상이 발견된 곳은 령嶺이나 수리가 될 수 없는 작은 언덕이다. 그렇다면 남산 남쪽 골짜기에 있는 제13절터가 생의사 터가 될 가능성이 많고, 해발 420m 높이에 있는 대연화좌 위에 모셨던 부처가 삼화령 미륵불이었을 가능성이 큰 것이다."

불교학자들과 향토사학자들의 의견이 서로 다름을 알 수 있다.

경주남산 장창곡과 용장계 두 지점을 삼화령이라 서로 주장하는 논리를 정리해 보자.

한국 미술사학계의 거목이었던 황수영을 비롯한 불교미술학자들은 경주남산의 북봉 작은 언덕이 삼화령이고 그곳에서 발견된 여래삼존상이 삼화령 미륵세존이라 주장한다. 그러나 윤경렬을 중심으로 한 향토사학자들은 경주남산 남쪽 골짜기의 세 갈래로 뻗은 봉우리가 삼화령이고 그곳에 안치되었던 불상이 충담사의 차 공양을 받던 미륵불이라고 주장하고 있다.

어쨌든 생의 스님이 현몽現夢을 받고 땅에서 꺼내 삼화령에 안치하고 선덕왕대善德王代 때(644년) 생의사生義寺를 지어 정성으로 공양했던 미륵불이 훗날 충담사와 인연을 맺고 오늘날 대표적인 차문화 유적으로 다시 재조명되는 것이다.

이처럼 삼화령의 위치에 대한 서로 간의 주장은 나름대로 설득력이 있다.

『삼국유사』의 기록으로 살펴보면 미륵불을 파낸 곳이 남산 남쪽 골짜기라 했는데 학자들이 주장하는 세칭 '삼화령 미륵불'은 남산 북봉 기슭에서 발견되었다. 또 '삼화술三花述'을 '삼화수리'로 읽는다면 높은 고개를 의미하는 삼화령이 된다. 그렇다면 삼화령은 높은 봉우리나 정상 지점이 되어야 하니 남산 남쪽 용장계 정상이 해발 420m나 되는 높은 곳, 곧 언양재이기에 그 정상에 위치한 대연화대가 삼화령일 것이라고 향토사학자들은 주장한다. 학술지나 문헌에서 언급하는 세칭 삼화령 미륵불 곧 '석조미륵여래삼존상'의 발견 지점은 령嶺이 될 수 없는 언덕이다. 또『삼국유사』에 미륵세존께 차 공양을 한다고 했지, 미륵삼존彌勒三尊께 차 공양을 했다는 말이 없는 점도 용장계의 대연화좌를 삼화령으로 보는 견해가 일리가 있음을 방증한다.

하지만 남산 북쪽인 장창곡 언덕에서 발견된 미륵여래삼존상이 안치되었던 곳이 삼화령이라는 주장을 무시할 수는 없다. 당시 신라 도성都城에서 보면 그 미륵불상이 발견된 지점은 남쪽이다. 생의 스님이 남산령산南山嶺山에 이르러 풀을 묶어 표시를 하고 남쪽 골짜기에서 돌부처를 파내어 삼화령에 옮겼다면 그 장소를 남산의 남쪽으로 볼 수 있고, 또한 고개 위를 중심으로 골짜기 남쪽일 수도 있다.

『삼국유사』의 '생의사生義寺 석미륵石彌勒'조 기록을 다시 한번 상기해보자.

꿈에 한 스님이 그를 데리고 남산으로 올라가서 풀을 매어 표시를 해놓게 하고는 산 남쪽 골짜기에 이르러 말하기를, 내가 이곳에 묻혀 있으니 나를 꺼내어 고개 위에 편안하게 안치해주시오.
夢有僧引上南山而行 令結草爲標至 山之南洞 謂曰 我埋此處 請師出安嶺上.

이 구절로 볼 때 불상을 안치한 삼화령이 경주남산 남쪽이라는 보장은 없다.

장창곡 출토 미륵여래삼존상이 발견된 장소는 북봉北峯에서 조금 남으로 내려온 산등성 위쪽 지점이다. 그리고 옛 신라 사람들이 동서로 연결된 산언덕을 넘어 다니던 길과 가깝다는 것이다. 오늘날에도 이 고갯길을 맨드리고개라 한다. 그에 비하면 용장계 쪽은 당시 도성에서 상당히 멀 뿐 아니라 오르내리기도 쉽지 않다는 것이다.

삼화령을 용장계 쪽이라 주장하는 이들은 불상이 발견된 장창곡 언덕이 높은 고개가 아니라서 가능성이 희박하다고 하는데, 엉뚱한 발상이지만 약 1,300여 년 전 일이 아닌가. 그리고 높지 않은 고개 또는 재를 령嶺이라고 부르는 경우가 아주 없는 것이 아니다. 상전 벽해桑田碧海란 말이 있다. 예컨대 그 당시엔 낮은 고개가 아닐 수도 있다는 것이다. 이 지구상에 그런 흔적은 곳곳에 존재한다. 현재는 육지지만 옛날엔 바다 혹은 하천인 경우도 많다. 이를테면 나루터 [津]를 의미하는 지명을 아직도 사용하고 있지만 현재는 나루터와 관계없는 곳이 많지 않은가. 문헌을 통해서야 그 당시 바다와 인접한 곳임을 알 수 있고, 심지어는 현재 상당히 높은 곳에 위치한 신라시대 사찰 등도 옛날엔 바다와 인접했음을 짐작할 수 있는 곳도 있다. 현재의 모습으로 그 옛날을 추론한다는 것에서 발상의 전환이 필요하지 않을까 싶다. 그리고 충담사가 헌공했던 미륵불인 '석조미륵여래삼존상'이 발견된 장창곡 언덕이 용장계 위의 연화대좌 위치보다는 낮지만 이곳도 산언덕이다.

『삼국유사』에 언급된 '생의사 석미륵'의 조성연대와 거의 일치하는 세칭 '미륵여래삼존상'이 남산 북봉 고갯마루에서 발견되었다는 점과 또 미륵불상의 명칭과 모습에서도 장창곡 '미륵여래삼존상'이 '삼화령 미륵불'일 확률이 높다.

이 '석조미륵여래삼존상'이 발견되었던 고갯마루 동서쪽 인근 계곡인 불곡과 선방곡禪房谷에 현재 남아 있는 감실여래상과 배동 삼존불상 모두 동시대이면서 상호가 닮았다는 점도 예사롭지가 않다. 그리고 불교학자들이 주장하는 견해에 무게를 둔다면, 삼국통

일 이전의 고 신라의 경주남산 불적은 신라 도성에서 가까운 경주남산 북봉 일대에 존재했었다는 것이다,

충담사와 인연이 있던 '생의사 석미륵' 또한 삼국통일 이전인 선덕여왕 대 무렵임을 기록에서 알 수 있다. 충담사와 인연이 있던 생의사 석미륵은 선덕여왕 시절 곧 고 신라 때 불상이며 그 당시 경주남산 불적은 금오산 북봉 쪽에서 발견되었다는 점을 주목할 필요가 있다.

일제 강점기 당시 일본인 소천小泉이란 고고학자는 경주 유적 조사에 참여한 후 그의 저서 『신라新羅의 석불石佛』에서 이 불상을 두고 "석실의 오벽奧壁(안쪽의 벽)을 뒤로 삼고 올바르게 안치된 채로 매몰되어 있었다"라고 언급했다. 증언에 의하면 석실은 위가 붕괴되어서 비로소 석불의 존재를 알게 되었고, 석실 내에 본존이 안쪽 깊숙한 벽 중앙에 있었으며, 그 좌우에 두 보살상이 각 1구씩 서 있었다 한다. 동네 사람들이 각기 보살상을 지게에 지고 산을 내려와 집에 두었다가 얼마 후 일인 관헌에 발각되어서 자신들이 다시 지게로 경주박물관으로 운반했다는 흥미로운 사연을 전하고 있다. 이때 석실 내부는 천장을 장대석長大石으로 짰으며, 남으로 문이 있었고, 실내에서도 와편이 보였으며, 전면에 고분이 있었다고 한다. 이것으로 미루어보아 이곳은 오늘날 토함산 석굴보다 먼저 조성된 인공석실의 수법이었지 않나 싶다.

불곡의 여래상이 자연 그대로의 큰 바위를 파서 감실龕室 안에 안치한 감실 불이라면, 석굴암이나 여래의 좌상인 미륵여래삼존상이 발견된 이곳은 인공으로 만든 석실 안에 불상을 안치한 경우라 추

석조미륵삼존상(경
주국립박물관 소장)

정할 수 있다.

불상의 봉안을 위한 석감石龕이나 석굴의 조성은 그 시원이 불교의 전래처럼 처음 인도에서부터 중국을 거쳐 우리나라 삼국시대에 전래되었음은 잘 알려진 사실이다. 토함산 석굴처럼 이곳 불상도 오랫동안 매몰되었다가 마침내 빛을 보게 된 것이라 생각하니 인연과 우연이란 말이 다르지 않음을 실감한다. 여러 번 그 자리를 답사했지만 이미 석실은 파괴되었고 주위의 풍경은 옛 사연을 숨기고 있어 안타깝기만 하다.

고문헌의 관련된 기록이나 앞선 학자들의 연구서를 토대로 하여 삼화령 미륵불에 대한 연구를 고찰해본다.

13

경주남산 삼화령
미륵불에 관한 고찰

경주남산 생의사 석미륵은 경덕왕 대에 충담사가 삼월 삼짇날과 중구일에 '팽다(烹茶)'하고 헌공(獻供)하던 삼화령의 미륵세존(彌勒世尊)'이다. 『삼국유사』 '생의사 석미륵'조에, 생의 스님이 현몽을 받아 남쪽 골짜기[南洞]에서 석미륵을 꺼내어 친구와 함께 삼화령 위로 옮겨놓았다고 했다. 그러면 몇 사람의 힘으로 운반할 수 있는 석상(石像)일 것이고 남산에서 쉽게 볼 수 있는 바위새김불상[磨崖佛像]은 아님을 알 수 있다. 그렇다면 용장계 대연화좌를 삼화령이라 하는 설에 의문이 간다. 왜냐하면 충담사가 헌다(獻茶)했던 미륵세존이 그 연화대좌에 안치되었다면 석굴암 불상보다는 작지만 비교적 큰 불상으로 보아야 하는데, 그렇게 큰 불상을 생의 스님과 그 친구(들)가 골짜기에서 고개 위까지 옮겨놓을 수 있었겠는가 의문이 드는 것이다.

그리고 충담사가 헌공했던 삼화령 불상의 명칭을 충담사가 단순히 미륵이나 미륵존상으로 호칭하지 않고 미륵세존이라 한 것에 대해 불교학자 황수영은 "곧 여래상을 가리킨다"며 "본존이 여래형인 경우 양쪽에 협시보살을 넣어 삼존三尊을 이루는 것은 당시의 정형"이라고 설명한다. 그 근거로 황수영은 『삼국유사』 '무왕武王' 조에 나오는 다음과 같은 구절을 제시한다.

> 어느 날 무왕이 부인과 함께 사자사에 가려고 용화산 밑 큰 못가에 이르니 미륵삼존이 못 중앙에서 나타나므로 수레를 멈추고 절을 했다.
> 一日 王與夫人 欲幸師子寺 至龍華山下大池邊 彌勒三尊出現池中 留駕致敬.

그는 또 생의사의 창건연대를 선덕여왕 12년 갑진甲辰이라고 명기한 사실을 지적하면서 석상의 조성연대가 그 창건연대와 일치한다고 보아야 한다고 했다. 그렇다면 굳이 삼존불이란 용어를 사용하지 않아도 삼존을 이루고 있다는 설명이다. 상식적으로 생각해도 본존과 함께하는 좌우 협시보살까지 굳이 언급할 필요가 있을까 싶고, 비록 삼존상三尊像을 이루더라도 미륵세존이라 존칭했을 듯싶다.

세칭 삼화령 미륵불인 미륵여래삼존상은 의자에 앉은 모습으로 미륵불을 상징하여 표현되었음을 알 수 있다. 그러므로 일연스님이 『삼국유사』 '생의사 석미륵'조에 '석미륵'이라 했고, '경덕왕 충담사 표훈대덕'조에 충담사가 경덕왕의 물음에 삼화령 미륵세존彌勒世

^尊이라 말함은 승려 신분인 충담사가 특별히 '팽다헌공烹茶獻供'하던 부처에 대한 존칭이었을 터. 석미륵이나 미륵세존이나 같은 불상을 지칭하는 용어이기 때문이고 굳이 미륵삼존이라고 할 필요는 없을 듯하다.

경주남산 '삼화령'은 이 글에서 중요한 지명이며 핵심 중 하나이다. 어쩌면'삼화령'이란 명칭에 연연하다 보니 그 굴레에서 자유스럽지 못하고 오히려 시각을 넓히지 못하는 딜레마에 빠져버렸는지 모른다.

삼화령이란 말의 뜻은 무엇일까.

삼화령은 삼화수리라고도 하는데 수리는 높은 곳을 의미하기도 하며 남산에는 여러 수리가 있는데 금오봉金鰲峯과 고위봉高位峯 등이다.

삼화령을 굳이 지명으로만 한정해서 풀이할 필요가 있을까 싶다. 삼화령이란 이름을 다양한 각도와 다각적인 해석으로 고찰해볼 수 있을 것이다. 이를테면 '세 화랑[三花郎]이 심신 수련을 위해 수양하고 노닐던 산언덕'으로 해석해 본다면 어떨까? 또 비슷한 개념인 술 또는 수리는 『삼국유사』 '빈녀양모貧女養母'조의 "효종랑孝宗郎이 남산 포석정鮑石亭 혹은 삼화술三花述에서 놀 때"라는 기록을 참고한다면 삼화술은 삼화령으로 읽어도 무리가 없을 듯하다. 그렇다면 삼화술의 위치는 경주남산 포석계鮑石溪의 포석정 근처 언덕이었을 것이다. 그곳은 신라 화랑들이 자주 찾아가 풍류를 즐기던 장소다.

강단 학자들이 주장하는 세칭 삼화령 미륵불인 미륵여래삼존상이 발견된 곳은 신라 도성과 가까운 거리다. 그 당시 화랑이 낭도들을 불러서 쉽게 찾을 수 있는 곳에서 풍류도風流道를 즐겼다면, 그곳은 신라 화랑과 인연이 있던 장소일 것이다. 그곳에 인연된 화랑과 연관된 미륵부처를 안치해 놓고 기도를 했다고 본다면 화랑의 낭승郎僧인 충담사는 그 미륵불에게 일년 중 가장 기운 좋은 날 곧 '삼진날[重三日]과 중구일[重九日]'을 택해 차 공양을 하며 무언가를 기원했으리라.

신라 제26대 진평왕眞平王(재위 579~633) 때의 승려 융천사融天師가 지은 10구체 향가인 〈혜성가彗星歌〉를 주목해보자. 이 향가는 『삼국유사』 권5 '융천사혜성가진평왕대融天師彗星歌眞平王代'조條에 실려 있다.

제5 거열랑居烈郎, 제6 실처랑實處郎, 제7 보동랑寶同郎 등 삼화랑三花郎이 풍악楓岳(금강산)으로 유람을 떠나려고 하는데, 마침 혜성이 나타나 심대성心大星을 범하는 성괴星怪가 일어났다. 이런 괴변은 가끔 나라에 불길한 재앙을 가져오므로, 세 화랑은 금강산 유람을 포기하려 했다. 이때 융천사가 향가를 지어 불렀더니 하늘의 괴변은 간 곳이 없고 신라를 침범한 왜병倭兵들이 모두 달아나버려 도리어 경사가 되었다. 임금이 기뻐하여 낭도들을 풍악에 보내서 유람하게 했다.
第五居烈郎, 第六實處郎[一作突處郎], 第七寶同郎等, 三花之徒, 欲遊楓岳, 有彗星犯心大星, 郎徒疑之, 欲罷其行. 時天師作歌歌之, 星怪卽滅. 日本兵還國, 反成福慶, 大王歡喜, 遣郎遊岳焉.

여기 나오는 〈혜성가〉는 해학적인 가풍歌風으로 구성되어 있어 향가 중에서도 우수한 작품이다. 향가는 주술呪術의 힘이 있다고 생각했던 당시 신라인의 유풍을 엿볼 수 있다. 〈혜성가〉의 내용은 다음과 같다.

舊理東尸汀叱 乾達婆矣游烏隱城叱肹良望良古 倭理叱軍置來叱多 烽燒邪隱邊也藪耶 三花矣岳音見賜烏尸聞古 月置入切爾數於將來尸波衣道尸掃尸星利望良古 彗星也白反也人是有叱多 後句 達阿羅浮去伊叱等邪此也友物比所音叱彗叱只有叱故

다른 향가들처럼 이 향가도 양주동梁柱東(1903~1977)을 비롯한 여러 학자의 풀이가 다양하다.

> 옛날 동해 물가 건달바가 놀던 성을 바라보니
> 왜군이 왔다고 봉화를 사른 변방이 있어라
> 세 화랑의 산유람 간다는 말을 듣고
> 달도 부지런히 밝히는데
> 길 밝히는 별을 바라보고
> 혜성이여, 말한 사람이 있구나.
> 아아, 달이 아래로 떠가고 있더라.
> 이와 어울릴 무슨 혜성이 있을는지.

불길한 징조라고 여기는 혜성을 오히려 '길을 밝혀주는 별'이라 노래함으로써 오히려 길조로 전환시킨, 긍정의 주술적 기능을 이용한 작품이면서 또한 탁월한 서정성을 지니고 있는 향가 작품이다. 이 향가는 세 화랑의 공덕을 칭송하여 부른 노래이면서, 혜성의 출현과 왜구의 침입을 막아 화가 복이 되는 이야기이다. 곧 재앙을 쫓고 복을 비는 주사呪詞의 성격을 갖췄다.

이 향가의 내용 중에 '삼화지도三花之徒'란 곧 거열랑居烈郎, 실처랑實處郎, 보동랑寶同郎 등 삼화랑三花郎를 말한다. '삼화랑과 삼화령', 어쩐지 친근감이 든다.

충담사의 차 공양은 순국한 화랑과 낭도를 위한 위령慰靈 의식이었을지도 모른다.

삼국시대 때 신라는 백제군과의 전쟁으로 힘들었던 시기였다. 신라를 지키기 위해 장렬하게 싸우다 전사한 화랑과 낭도들을 위무하는 의식을 팽다헌공으로 마음을 내었던 충담사를 떠올려본다. 기파랑耆婆郎의 기상을 생생하게 노래한 충담사는 국선의 한 일원이었다고 봐야 한다.

『삼국유사』에 '화랑 효종랑이 남산 포석정 혹은 삼화술에서 노닐었다孝宗郎遊南山鮑石亭, 或云三花述'고 한 것을 상기하면, 삼화술, 곧 삼화령은 화랑들의 본거지며, 당시 화랑의 풍류도를 위한 도량道場이었지 않나 싶다. 또 포석정과 삼화술을 말하면서 '포석정鮑石亭, 혹운或云 삼화령三花述'이라고 동격으로 말하는 것을 보면 삼화술은 포석정의 인근으로 봐야 한다. 포석계鮑石溪의 정상은 금오산의 최고봉이다. 위치가 확실한 포석정의 위쪽이 남산성과 가깝다. 그 근처가 경주남산 계곡 중 한 지류인 장창곡이며, 정상 부근 석실石室에 안치되었던 불상이 세칭 삼화령 미륵불이라는 미륵여래삼존상이다.

그 당시 경주남산 전체가 화랑들이 호연지기를 기르기 위한 도량이었다는 것을 떠올려본다면 연관 관계를 고찰해볼 수 있으리라.

다시 불교미술 전문가의 생각을 떠올리며 정리해 보면, 미륵삼존상이 삼국시대 말로 추정된 고분들과 나란히 그 남북에 자리 잡고 있었으며, 이 삼존불은 반드시 그 앞의 같은 시대의 고분과 직접 관련시켜서 고찰되어야 한다고 생각한다고 했고, 또 삼화령이라 부르던 그 당대의 통칭을 해석해 삼화三花는 삼화지도三花之徒, 즉 삼화랑三花郎을 가리키는 것으로 이곳 여러 곳의 고분과 또한 이들 화랑들과 어떠한 관계를 추정할 수는 없을까라고 의문을 갖고 있음을 알 수 있다.

어쩌면 이곳에 있었다는 고분들은 당시 화랑들의 무덤인지도 모른다. 〈찬기파랑가讚耆婆郎歌〉의 주인공인 기파랑이나 득오得烏가 지었다는 〈모죽지랑가慕竹旨郎歌〉의 화랑 죽지랑 등이 그 주인공일 수도 있으리라.

『삼국유사』 권2 '효소왕대孝昭王代 죽지랑竹旨郎'조에 나오는 대목을 읽어보자.

죽지령에 이르니 한 거사가 그 고갯길을 닦고 있었다. 공[述宗公]이 칭찬하니 거사도 공의 위세를 보고 서로 마음이 통했다. 공이 임소에 부임하고 한 달이 지났을 때 꿈에 거사가 방으로 들어왔는데 공의 아내도 같은 꿈을 꾸었다. 예사롭지 않은 꿈이라 사람을 시켜 거사의 안부를 물으니, 그곳 사람들이 거사는 죽은 지 며칠 되었다고 했다. 그가 죽은 날이 꿈을 꿨던 날과 같은 날이었다. 공이 말하기를 '반드시 거사는 우리 집에 태어날 것이다'라며 군사를 보내 고개 위 북쪽 봉우리에 장사지내고 돌미륵을 만들어 무덤 앞에 세워놓았다. 공의 아내는 그 꿈을 꿨던 날로부터 태기가 있어 아이를 낳으니 죽지竹늡라고 불렀다.

行至竹旨嶺 有一居士 平理其嶺路 公見之歎美 居士亦善公之威勢 赫甚 相感於心 公赴州理隔一朔 夢見居士入于房中 室家同夢 驚怪 尤甚 翌日 使人間其居士安否 人曰居士死有日矣 使來還告 其死與夢 同日矣 公曰 殆居士誕於吾家爾 更發卒修葬於嶺上北峯 造石彌勒一 軀 安於塚前 妻 氏自夢之日有娠 旣誕 因名竹旨.

여기서 '죽지령竹旨嶺'이란 말과 '장어영상북봉葬於嶺上北峯 조석미륵일구造石彌勒一軀 안어총전安於塚前'이란 말에 주목해볼 필요가 있다. 죽지령이라는 고개[嶺]를 따서 화랑의 이름을 지었듯이 '삼화령'이란 말도 곧 '삼화랑三花郎'을 기리기 위해 세 화랑의 무덤을 고개 위에 안치하고 삼화령이라 불렀지 않았나 싶다.

화랑 죽지랑을 노래한 〈모죽지랑가〉의 이야기를 『삼국유사』에서 살펴보자.

득오가 죽지랑을 사모하여 지었다는 이 향가는 『삼국유사』 권2 '효소왕대 죽지랑'조에 관련 설화와 함께 가사가 전한다. 삼국통일 후 화랑도가 세력을 잃어가는 과정을 드러내 보여주는 향가이다.

『삼국유사』는 먼저 이 향가를 짓게 된 동기 등을 다음과 같은 설화로 전한다.

화랑 죽지랑의 무리에 득오곡이라는 사람이 있었는데, 매일 죽지랑을 모시다가 갑자기 열흘 가까이 나오지 않으므로 죽지랑이 그의 어머니를 불러 연유를 물었다. 이에 그의 어머니가 모량리牟梁里의 익선益宣 아간阿干이 부산성의 창고지기로 급히 임명하여, 미처 인사도 못 여쭙고 떠나게 되었음을 고하였다.

죽지랑이 낭도 137인을 거느리고 떡과 술을 가지고 득오곡을 위로하러 가서는 밭에서 일하고 있는 득오곡을 불러 떡과 술을 먹이고 익선에게 휴가를 주어 함께 돌아갈 수 있도록 해줄 것을 청하였으나 익선은 굳이 허락하지 않았다.

이때 사리使吏 간진侃珍이 세금으로 곡식 30석을 거두어 성중으로 돌아가다가 죽지랑의 낭도를 아끼는 인품에 감동을 받고 익선의 융통성 없음을 못마땅하게 여겨 곡식 30석을 주면서 낭의 청을 허락해줄 것을 청하였지만, 그래도 익선이 거절하자 다시 말과 안장까지 주자 그때서야 득오곡을 놓아 주었다.

이토록 자기를 아껴주는 죽지랑의 마음 씀씀이에 감복하여 득오곡은 이후 더욱더 열성을 다하는 낭도가 되었다. 그리고 죽지랑을 사모하는 향가 〈모죽지랑가慕竹旨郎歌〉를 지었다.

『삼국유사』는 이러한 기록 아래 〈모죽지랑가〉의 가사를 수록하고 있다. 향찰로 표기된 원문과 그 해독 및 현대어 풀이는 다음과 같다. 현대어 풀이는 무애无涯 양주동의 해독으로, 그가 이 향가에 〈모죽지랑가〉라는 제목을 달았다. 양주동은 신라 향가 등 한국 고가를 연구하여 국문학계에 큰 업적을 남긴 학자다.

去隱春皆林米 毛冬居叱沙哭屋尸以憂音 阿冬音乃叱好支賜烏隱 貌史年

數就音墮支行齊 目煙廻於尸七史伊衣 逢烏支惡知作乎下是 郎也 慕理
尸心未 行乎尸道尸蓬次叱巷中宿尸夜音有叱下是

간봄 그리매 / 모든 것사 우리 시름 / 아름 나토샤온 즈싀 / 살쯈디니져 /
눈 돌칠 스이예 / 맞보옵디지소리 / 랑郎이야 그릴 ᄆᆞᄉᆞ미녀올 길 / 다봊
ᄆᆞᄉᆞᆯ희 잘 밤 이시리.

간 봄 그리매 / 모든 것사 설이 시름하는데 / 아름다움 나타내신 얼굴이
/ 주름살을 지니려 하옵내다 / 눈 돌이킬 사이에나마 / 만나뵙도록 (기회
를) 지으리이다 / 랑이여, 그릴 마음의 녀올 길이 / 다북쑥 우거진 마을에
잘 밤이 있으리이까.

간 봄 그리워하니

모든 것이 울게 하는 시름

아름다움 나타내신 모습이

주름살 지는구나

눈 돌릴 사이에

만나 뵘을 이루리

낭郎이여 그리워할 마음의 갈 길

다북쑥 마을에 잘 밤 있으리

향가 내용을 보면 지나간 봄을 그리며 시름에 젖고, 또 죽지랑의
아름답던 모습이 쇠퇴함을 바라보는 득오곡의 안타까움과 그리움
이 주된 내용이다.

이 향가의 제작 연대에 관해서는 죽지랑의 생존 시에 지어진 작

품이라는 설과, 그의 사후에 그를 추모하여 지은 노래라는 설이 학계에 제기되어 있다.

죽지랑은 부원수로서 김유신 장군과 함께 전쟁터에 나가 삼국통일의 대업을 이룩한 인물이다. 이후 여러 대에 걸쳐 존경을 받았던 노화랑老花郎의 쇠잔한 모습을 안쓰러워하는 득오곡의 심정을 노래했다. 죽지랑이 통일전쟁에 큰 공헌을 했음은 옛 기록에서 구체적으로 드러나고 있다. 고매한 인품의 죽지랑에 대한 변치 않는 마음과, 행여 저 세상 어느 곳에서라도 다시 만날 수 있으리라는 소망을 담고 있다.

물론 삼화령이란 지명은『경주시지慶州市誌』등에서 말한 대로 "세 갈래의 산맥을 모아 꽃송이처럼 솟아난 봉우리이기에 삼화령이라 한다"는 것이 일관된 주장이지만, 지명에 너무 집착하지 말고 다각도로 시각을 넓혀야 한다.

도교사상에 나오는 삼화三花를 고찰해보면, 도교 수련의 최고 경지를 삼화취정三花聚頂이라 한다. 정수리에서 연꽃이 하늘로 치솟고, 그 줄기가 세 갈래이고, 그 위에 연꽃이 있으며, 연꽃 안에 부처가 앉아 있다는 것이다. 불가佛家에선 육신을 허망한 것으로 보지만 도가道家에선 몸을 중요하게 생각한다. 또 도교의 연단술煉丹術에서는 '정精, 기氣, 신神'을 세 송이 꽃 혹은 세 가지 보물로 본다. 세 송이의 꽃이 정수리에 모였다는 것은 완전한 신체의 경지를 뜻한다고 한다.

14

화랑도와
풍류사상

화랑花郎의 풍류정신을 한마디로 정리한다면, 풍류도는 곧 한민
족의 고유사상이며 원형이라고 할 수 있다.

신라의 화랑과 낭도들은 호방한 기개로 도의를 연마하고 악樂을
즐겼으며 자연에 노닐며 풍류도를 수행했다. 그리고 다도茶道 생활
로써 덕을 쌓았다. 화랑의 수련체계는 노래와 춤으로 흥과 신명을
일으키고[相悅歌樂], 도의로서 연마하는[相磨道義] 교육과정으로 구성
되었다.

화랑도의 풍류와 수행은 놀이문화로 나타나는데 화랑지유花郎之
遊 등이 그것이고, 화랑도는 경덕왕대景德王代에 오면 무사武士의 기
상이 사라지고 그들의 문화인 차 생활과 향가 등을 지으면서 유오

산수_{遊娛山水} 무원부지_{無遠不至} 하였을 것이다. 충담사가 차 달이는 도구를 앵통_{櫻筒}에 지고 다녔던 것을 보아도 짐작할 수 있다.

화랑도는 풍류도를 수행할 때 속되지 않은 고상한 인격을 도야했다. 진흥왕 대의 사다함_{斯多含}이 화랑으로 추대될 수 있었던 것은 그의 풍채와 용모뿐 아니라 뜻이 곧았기 때문이었다. 그는 전투에서 세운 공으로 나라로부터 받은 토지를 병사들에게 나눠주고 포로 300명을 양민으로 풀어준 미덕도 가졌다.

응렴_{膺廉}은 신라 제48대 왕위에 오르기 전에 일찍이 국선_{國仙}이었다. 전 왕인 헌안왕_{憲安王(857~861)}이 불러 나라 안을 돌아다니면서 본 일을 묻자 그는 선행_{善行}한 세 사람을 말하였는데, 첫째는 남의 윗자리에 있을 만하나 겸손해 남의 밑에 있는 사람이요, 둘째는 부자이면서 검소하게 옷을 입은 사람이요, 셋째는 세력가이면서 그 위엄을 보이지 아니한 사람이라 하였다. 이 말을 들은 헌안왕이 그의 인품을 알고 사위로 삼고자 해 두 딸 가운데 한 사람을 택하게 하였다. 헌안왕은 아들이 없었다. 이에 승려 낭도인 범교사_{範敎師}의 조언을 받아들여 헌안왕의 큰딸과 결혼해 왕위에 올랐는데 그가 바로 경문왕_{景文王(재위 861~875)}이다. 이처럼 화랑도의 인격이 서리 모를 잣나무처럼 고상했던 것은 그들의 풍류정신 연마에 기인했음을 알 수 있다.

"즐거우면서 음란하지 않고, 슬프면서 비통하지 않으니 가히 아담하고 바르구나"라고 감탄했던 가야인 우륵_{于勒}의 말처럼, 당시 신라인들의 음악에 대한 생각은 예악사상_{禮樂思想}의 가치를 인식하고 있었고, 향가의 내용을 통해 천지신명_{天地神明}도 감동시킬 수 있다고 보았던 것이다.

조선 후기의 문신인 홍만종洪萬宗(1643~1725)은 역대 인물들을 통해 도가와 신선사상 연구에 도움이 되는『해동이적海東異蹟』을 편찬했는데, 여기에 화랑들의 행적이 상세하게 실려 있다. 신라의 화랑들인 사선四仙, 곧 술랑述郎, 남랑南郎, 영랑永郎, 안상安詳은 동해안 최남단 언양을 시작으로 경주남산을 거쳐 북쪽으로 금강산에 이르고, 서쪽으로 바다에 접하고, 내륙으로 태백산맥의 깊은 곳까지 다니면서 심신을 단련했다고 한다. 신라시대의 오래된 차 유적지인 강릉 한송정寒松亭의 다천茶泉, 연단석구鍊丹石臼 등이 지금도 남아있음을 미루어 볼 때 그 당시 화랑들이 차를 일상에서 즐겨 마셨고, 다도 수련을 했음을 추정할 수 있다.

그리고 고려의 문인 이곡李穀(1298~1351)이 지은『동유기東遊記』에는 "화랑들은 차를 나누어 마시며 서로 깊게 결속했고, 윗사람과 아랫사람이 예로써 화합할 수 있었다"는 내용이 있다. 또 "신라 화랑들이 사용했던 다구들과 돌솥[石釜] 등이 동해 바닷가 여러 곳에 남아있는 것을 보았다"는 증언도 실려 있다. 이처럼 신라에서는 화랑들의 차 생활과 아울러 불교의 헌다 의식이 성행하면서 스님들의 수행 생활에도 차문화가 자리 잡았고, 귀족이나 관리, 문인들의 일상에서도 자연스레 차문화가 보편화 되었다.

대표적인 예로 신라의 원효 스님과 사복蛇福 성인聖人의 감천설화甘泉說話 이야기가 있다. 고려의 문신文臣이자 차인茶人인 이규보가 쓴『동국이상국집東國李相國集』에 실린「남행월일기南行月日記」중에 나오는 이야기다. 이에 따르면 사복은 할 일을 마치고 원효 스님을 따라가 함께 살았는데, 원효 스님에게 차를 달여 드리고자 하였으나 물이 없었다. 사복이 걱정하던 중 갑자기 바위틈에서 샘물이 솟았고, 사복은 이 물로 차를 달였다고 한다. 이것이 그 유명한 '원효방元曉房 이야기'다.

신라는 중국 춘추전국시대(BC 770~BC 221)에 걸친 여러 학자의 여러 학파처럼 제자백가諸子百家와 버금가는 시대였다.

다른 자연적 존재들보다 우월하고 귀한 존재로 파악하는 인간 중심 사상의 토대에서, 어떻게 해야 더욱 인간다운 삶을 살 수 있을까 하는 고민이 이어졌으며, 여러 분야 인물들의 입장에서 사회와 인간의 삶에 도움이 되는 사상과 학문을 제기했다. 강수强首·설총薛聰·김대문金大問·최치원崔致遠 같은 여러 학자의 출현과 자장慈藏·의상義湘·표훈表訓 등 왕사王師 급의 승려들과 민중 속으로 들어가 대중불교 운동을 펼친 원효元曉·혜숙惠宿·혜공惠空·대안大安·사복蛇福 등 사상가들이 출현한 시대였다.

『삼국유사』에 기록된 당대의 대표적인 인물인 원효 스님과 당대 가장 미천한 신분이던 사복蛇福의 설화는 신라인 이야기의 압권壓卷으로 기억될 것이다.

삼국시대와 통일신라시대를 살다간 원효 스님은 불교를 대중화하고 백성들의 정신을 통합하기 위해 온몸과 정신으로 노력을 기울였던 한국 최고의 사상가였다. 그리고 사복蛇卜(蛇巴, 蛇伏, 蛇包)의 도력은 원효 스님을 뛰어넘었다.

서라벌 만선북리萬善北里에 사는 홀어미가 남편도 없이 아이를 낳았는데 나이가 열두 살이 되어도 말을 못하고 일어나지도 못한 채

기어만 다니기에 그 아이를 '뱀아이[蛇童]'라 불렀다. 그가 자라 홀어 미를 지극히 봉양했다.

어느 날 사복의 어머니가 죽자, 사복은 고선사高仙寺에 주석하고 있던 원효를 찾아갔다. 원효는 예로써 맞이했는데 그는 답례도 하지 않고 말했다.

"스님, 우리가 전생에 경經을 싣고 다니던 암소가 이제 죽었으니 나와 함께 장사지냄이 어떻소?"

원효가 좋다고 했다. 원효는 사복과 함께 그의 움막으로 갔다. 원효는 사복이 원하는 대로 선善을 기르고 악惡을 없애 주는 의식을 치르며 그 주검 앞에서 빌었다.

"세상에 태어나지 마라, 죽는 일이 괴롭구나. 죽지를 마라, 세상에 나는 일이 괴롭도다[莫生兮其死也苦 莫死兮其生也苦]." 그 간단하고 훌륭한 염불을 사복이 듣고 너무 번거롭다 하니, 원효는 다시 고쳐서 짧게 말했다. "죽고 사는 게 모두 괴로움이로구나[死生苦兮]."

그제야 두 사람은 상여를 메고 활리산活里山 동쪽 기슭으로 갔다. 원효는 요령을 흔들며 염불을 했다. "산하대지 삼라만상이 내 마음의 장난이로구나. 콩 심어 콩 나고 팥 뿌려 팥 거두니 인과응보는 분명하구나."

사복을 따르는 천민의 무리가 행렬을 이루며 뒤를 따랐다. 어느 벌판에 이르자 사복은 여기서 쉬어가자며 주검을 내려놓았다. 사복은 게偈를 지어 "옛날 석가모니 부처님께서는 사라수 사이에서 열반하셨네. 지금 또한 그와 같은 이가 있어 연화장 계관에 들어가려 하네[往昔釋迦牟尼佛, 婆羅樹間入涅槃, 于今亦有如彼者, 欲入蓮花藏界寬]."라고 말을 마치고 띠풀을 뽑으니, 그 밑에 명랑하고 청허淸虛한 세계가 있는데, 칠보七寶로 장식한 난간에 누각樓閣이 장엄하여 인간의 세계는 아닌 것 같았다. 사복이 죽은 어머니를 업고 그 속으로 들어가니 갑자기 그 땅이 합쳐져 버렸다. 이것을 보고 원효는 그대로 돌아왔다. 일연一然은 그 대목 마지막에 이렇게 말한다.

후세 사람들이 그를 위해서 금강산金剛山 동남쪽에 절을 세우고 절 이름을 도량사道場寺라 하여, 해마다 삼월 십사일이면 점찰회占察會를 열었다. 사복이 세상에 영검을 나타낸 것은 오직 이것뿐이다. 그런데 민간에서는 황당한 얘기를 덧붙였으니 가소로운 일이다. 찬讚해 말한다.

잠자코 자는 용이 어찌 등한하리?
세상 떠나면서 읊은 한 곡조 간단도 해라.
고통스런 생사가 본래 고통이 아니니,
연화장 세계는 넓기도 하여라.

사복의 일화는 신라 대중불교의 또 다른 특색을 보여주고 있으며 아울러 신라 불국토 사상을 나타내고 있다. 민간에 떠도는 도인들의 설화는 무척이나 많았던 것으로 보인다.

성인과 범부가 누구인가. 부처 아닌 이 어디 있을까. 미혹할 때 범부요 깨달으니 부처라는 것이다. 지옥과 천당이 어디인가. 집착을 놓아버리고 선도 악도 생각하지 않는 본래 청정淸淨의 자리로 돌아갈 때가 진정 걸림이 없는 자유인의 길이다.

고선사高仙寺지 삼층석탑(국보 제38호, 경주국립박물관)

고려 때 일연 스님은 사복을 이야기하며 '사복불언蛇福不言'이라 했다.

『노자老子』의 '지자불언知者不言 언자부지言者不知' 곧 '제대로 아는 사람은 말을 하지 않고 말을 하는 사람은 제대로 알지 못한다'는 구절이 떠오른다. 도를 아는 자는 말을 아끼는 법. 천하의 도인道人 원효의 법문法問을 번거롭다며 일침을 가하던 사복이 아니던가.

원효 스님과 사복은 전생의 도반이었고, 두 사람이 경전을 싣고 다니던 암소가 사람으로 태어나자 사복은 그의 아들로 다시 태어나 업보든 보답이든 그의 어머니를 봉양했고 그의 어머니가 죽자 원효 스님과 함께 연화장 세계로 인도한 것이다. 일연 스님은 사복이 그 어머니와 함께 땅속 연화장 세계로 사라져버렸다고 했는데 과연 그랬을까.

고려 차인 이규보의 「남행월일기南行月日記」에 기록된 '원효방元曉房' 이야기에, 원효가 와서 살자 사포가 와서 모셨는데 차를 달여 원효에게 드리려고 했으나 샘물이 없어 딱하게 생각하던 중, 물이 갑자기 바위틈에서 솟아나왔는데 물맛이 매우 좋아 유천乳泉과 같으므로 늘 차를 달였다고 했다. 그 사복이 백제 땅에 나타나 원효방에서 원효 스님과 함께 살았다는 기록이다. 원효와 사복은 한바탕 무애춤無碍舞을 추었을 것이다. 깨달음에 이르는 무애가無碍歌를 불렀을 것이다. 그리고 무애차無碍茶를 함께 마셨을 것이다.

'원효방 이야기'를 생각하면 사복은 그렇게 덧없이 세상을 떠나지 않았을 것이다.

『삼국유사』에서 사라져버린, 그 사복이 과연 땅속의 연화장 세계

원효스님 진영(15세기, 일본 고산사高山寺 소장)

로 가버렸을까?

나고 죽는 일도 자유자재하던 도력道力의 소유자인 사복은 할 일을 마치고 전생의 도반인 원효 스님 곁에서 그림자처럼 시자侍者로 살았으리라. 주연 옆에서 뛰어난 연기를 보인 탁월한 조연처럼.

전설 같은 이야기지만 이미 신화가 되어버린 옛사람의 흔적이다. 이르는 곳마다 도인道人은 숨어 있다고 했는데 우리 시대에 이런 사복 같은 도인을 어디서 만날까 싶다.

사복은 힘없는 백성들과 함께 살았던 민중불교 운동가였다. 서라벌이라는 사바세계를 무대로 원효와 사복은 주연과 조연이었다. 조연의 내공이 탄탄해야만 주인공이 단연 돋보인다는 것을 알게 한다. 신라 사회는 다양한 사상을 지닌 인물들의 각축장인 철학의 황금시대라 할 수 있으리라.

사복은 경주 흥륜사興輪寺 금당십성金堂十聖 중 한 사람으로 원효와 함께 추앙받던 성인이었다. 동경흥륜사東京興輪寺 금당십성金堂十聖을 소개하면, 동쪽 벽에 앉아서 서쪽으로 향한 이상泥像(진흙으로 만든 상)은 아도我道·염촉厭髑·혜숙惠宿·안함安含·의상義湘이다. 서쪽 벽에 앉아서 동쪽을 향한 이상泥像은 표훈表訓·사복蛇福·원효元曉·혜공惠空·자장慈藏이다. 흥륜사는 신라 최초의 사찰이다.

화랑의 차 생활은 한국 차문화의 원형이자 원류라 할 수 있다.

화랑들이 무리를 지어 명산대천을 돌며 다도 수련을 했던 흔적들을 고려의 문인 안축安軸(1282~1348)의 〈한송정寒松亭〉 차시茶詩에서 찾아볼 수 있다.

題寒松亭	한송정에서 쓰다

四仙曾會此	네 국선이 이곳에 모였을 때
客似孟嘗門	따르는 객들이 맹상군의 문전 같았지
珠履雲無迹	구슬신 신은 이들 구름처럼 자취 없고
蒼官火不存	울창하던 관송官松도 불에 타 없네
尋眞思翠密	신선 찾으려니 그윽이 푸르렀던 솔밭 생각나서
懷古立黃昏	옛날을 회상하며 황혼이 지도록 서 있노라니
惟有煎茶井	오직 차 끓이던 우물만이
依然在石根	예전 그대로 돌 뿌리에 남았구나

이 시를 지은 안축은 어떤 연고로 이 시를 지었으며, 어떤 사람일
까? 잠깐 더듬어 보면 고려 후기의 학자이자 문인으로, 본관은 순
흥順興이고 자字는 당지當之이고 호는 근재謹齋이며 시호는 문정文貞
이다. 그가 강릉도江陵道 존무사存撫使(1330년 5월~1331년 9월 17일)로 갔을
때 지은 시이다. 그의 성품을 알기 위해 그가 부임할 때와 임기를
마치고 돌아갈 때의 시로 짐작을 해보자. 먼저 안축이 강릉도 존무
사의 명을 받고 강릉으로 출발하던 즈음에 지은 시이다.

천력 3년(1330) 5월에 강릉도 존무사의 명을 받았다. 이달 30일에 송경
을 출발하여 백령역에서 묵었다. 한밤중에 비가 내려 감회가 일었다.
天曆三年五月受江陵道存撫使之命是月三十日發松京宿白嶺驛夜半雨
作有懷.

讀書求道竟無成	글을 읽고 쓰며 도를 구했지만 끝내 성취 없는데
自愧明時有此行	태평성대인가 이 행차 있게 되니 스스로 부끄러워라
但盡迂踈施實學	다만 못난 재주 다하여 실학을 베풀어야지
敢將崖異盜虛名	어찌 괴이한 행적으로 헛된 명성을 쫓으랴
民生塗炭知難救	도탄에 빠진 백성의 삶은 구제하기 어렵고
國病膏肓念可驚	고질병이 된 나라의 병은 놀랍기만 한데
耿耿枕前眠未穩	베갯머리에서 걱정으로 잠 못 이루다가
臥聞山雨注深更	깊은 밤 쏟아지는 산의 빗소리를 누워서 듣노라

다음은 임기를 마치고 돌아갈 때 자신의 행적을 돌아보며 지은 시이다.

지순 2년(1331) 9월 17일 임기를 마치고 서울로 가다가 순충관을 지나다.
至順二年九月十七日罷任如京過順忠關.

杖節入關口	지팡이를 부절 삼아 관문에 들어갔다가
還從此路歸	다시 이 길을 따라 돌아가노라
朔風吹列戟	북풍은 늘어선 창처럼 불어오고
落葉滿征衣	낙엽은 군복 위에 가득하구나
未救民間病	백성들의 병을 구제하지 못하고
寧敎國體肥	어찌타 가르침은 나라만 살찌웠나
縱傾東海水	설령 동해의 물을 쏟아 붓더라도
難洗二年非	두 해의 죄를 씻기 어려우리라

안축은 이 시문에서 피폐한 백성의 삶에 대한 안타까움을 토로하며 이를 구제할 방법이 없는 자신을 질책하기도 하였다. 이러한 그의 〈제한송정題寒松亭〉 시는 많은 것을 느끼게 한다. 우리나라 선비들의 올곧은 차인정신茶人精神이라 할 수 있다.

또 고려 명종 때 기행문을 많이 남긴 문인인 김극기金克己(1150~1204)도 "화랑들이 유람하던 이곳에 지금도 남은 자취 기이하구나. 주대는 쓰러져 풀 속에 숨었고 차 화덕만 나뒹굴어 이끼만 무성하네"란 내용의 시를 남겼다.

孤亭枕海學蓬萊	홀로 선 정자 바닷가에 놓여 봉래산 같고
境淨不許栖片埃	지경마저 깨끗하여 먼지 하나 용납 않네
滿徑白沙步步雪	길에 가득한 흰 모래 걸음마다 눈 밟는 듯하고
松聲淸珮搖瓊瑰	솔바람 소리 맑아 옥구슬 흔드는 듯하다
云是四仙縱賞地	여기가 네 신선이 유람하던 곳이라니
至今遺迹眞奇哉	지금에도 남은 자취 참으로 기이하구나
酒臺欹傾沒碧草	술 마시던 대臺는 기울어 푸른 풀 섶에 잠겼고
茶竈冷落荒蒼苔	차 끓이던 부엌 허물어져 푸른 이끼에 덮였어라
雙岸野棠空釘餖	양쪽 언덕 해당화는 부질없이 포개져서는
向誰凋謝向誰開	누구를 위해 지고 누구를 위해 피었는가
我今探歷放幽興	내 지금 좋은 경치 찾아 그윽한 흥에 취하며
終日爛傾三雅盃	온 종일 취토록 삼아배三雅盃를 기울이네
坐知機盡已忘物	앉은 채 기심機心을 모두 알아 물욕을 잊으니
鷗鳥傍人飛下來	갈매기들이 사람 곁으로 날아 내리네

김극기는 고려의 뛰어난 차인이었다. 고도 서라벌을 여행하며 기행시紀行詩를 여러 편 남겼기에 오늘날 사라진 그 당시 황룡사와 구층탑 등 화려했던 경주 풍경을 그의 글을 통해 느낄 수 있다. 아마 차인답게 충담사처럼 차통茶桶을 들고 다니며 불전佛前에 헌다를 하고 향기로운 차를 마시며 서라벌을 그리워했으리라.

層層梯繞欲飛空	층층 계단은 빙 둘러 허공을 나는 듯하고
萬水千山一望通	깊은 산과 여러 갈래 냇물이 한눈에 들어오네.
俯視東都何限戶	굽어보니 서라벌에 수없이 많은 집들
蜂穴果蟻穴轉溟	벌집과 개미집처럼 아득히 보이네

이 시는 그가 지은 황룡사 9층 목탑에 관한 시이다.

그의 호는 노봉老峰이며 뛰어난 문장가로서 특히 농민반란이 계속 일어나던 시대에 핍박받는 농민들의 모습을 측은지심으로 표현하였으며 자신의 일처럼 고민했던 양심적인 지식인이었다. 당시 문인들이 김극기의 시를 평하여 "문장의 표현이 맑고 활달하며 말이 많을수록 내용이 풍부하다"고 하였으며, 문장이 뛰어났던 이인로李仁老(1152~1220)는 김극기의 문집 『김거사집金居士集』의 서에서 "참으로 난새鸞鳥나 봉황鳳凰 같은 인물이었다"고 하여 벼슬에 연연하지 않는 그의 고고한 행적을 찬양했다.

김극기의 〈황룡사黃龍寺〉 시 한 부분을 살펴보자.

活火試芳茶	불 피워 우려낸 향기로운 차

花瓷浮白乳	꽃무늬 청자 사발 흰 젖빛 감도네
香茗味尤永	향기롭고 달아서 맛은 더욱 좋구나
一啜空白慮	한 잔 마시니 모든 시름 잊는다
暮色入平林	들 숲에 석양이 깃드니
長廊鳴法鼓	긴 행랑에는 법고가 운다

신라 천년 왕조의 영고성쇠를 느끼며, 불 피워 차를 우리고 향기로운 차를 음미하며 온갖 시름을 잊는 노봉老峰이었다. 그가 다녀간 후 고려 고종 25년(1238)에 몽골의 6차 침입으로 신라 최대 사찰인 황룡사는 소실되고 이후 복원되지 못한 채 황량한 터전만 남았다. 황룡사 구층목탑은 오늘날 아파트 21층 높이인 약 73미터였다고 하니 그 높이가 상상된다.

화랑과 관련된 유물 중에 경주시 현곡면 석장사石丈寺 부근에서 발견되어 경주박물관에 보관되어있는 '임신서기석壬申誓記石'이란 비석이 있다. 신라 청소년들이 맹세를 하는 글이 새겨져 있는데, 다섯 줄로 다음과 같은 내용의 74자가 새겨져 있다.

임신년 6월 16일에 두 사람이 함께 맹세함을 기록한다. 하늘 앞에 맹세한다. 지금부터 3년 이후에 충도忠道를 굳게 지켜 허물이 없기를 맹세한다. 만일 이 서약을 어기면 하늘에 큰 죄를 짓는 것이라 맹세한다. 만일 나라가 편안하지 않고 크게 세상이 어지러워지면 모름지기 충도를 행할 것을 맹세한다. 또한 따로 신미년 7월 22일에 크게 맹세하였다. 즉, 시·상서·예기·전(左傳 혹은 春秋傳)을 차례로 습득하기를 3년으로 맹세하였다.

壬申年六月十六日 二人幷誓記 天前誓 今自三年以後 忠道執持 過失无
誓 若此事失 天大罪得誓 若國不安大亂世 可容行誓之 又別先辛未年 七
月十二日 大誓 詩尙書禮傳倫得誓三年.

비문에 보이는 임신년은 확실히 알 수 없으나, 비문 내용 중에
『시경詩經』,『상서尙書』,『예기禮記』등 신라 국학의 주요한 교과목 습
득을 맹세한 점으로 보아 651년 국학이 설치되고 한층 체제를 갖
춘 682년 이후의 어느 임신년, 곧 732년일 것으로 보기도 한다. 하
지만 국학이 생겨나기 이전부터 유교 경전이 신라에 수용되었을
것이라는 점이나 특히 비문 내용 중에 충도忠道를 실천할 것을 맹세
한 점으로 보면, 이것이 화랑도의 근본정신임을 고려해 화랑도가
융성했던 신라 중고中古 후반 무렵의 임신년, 곧 552년 또는 612년
의 어느 한 해일 것으로 보는 견해가 보다 유력하다. 신라 융성기에
화랑 혹은 청소년들의 강렬한 유교 도덕 실천 사상을 엿볼 수 있는
귀중한 자료이다.

『삼국사기』「열전列傳」에, 화랑의 낭도인 '검군'에 관한 이야기가
나온다.

검군劍君은 구문仇文 대사大舍의 아들인데, 사량궁의 사인舍人으로 있었
다. 건복建福 44년 정해(627) 가을 8월에 서리가 내려 각종 곡식이 죽었고
이듬해 봄과 여름에 큰 기근이 들어 백성들이 자식을 팔아 끼니를 때우
는 형편이었다. 이때 궁중의 여러 사인들이 함께 모의하여 창예창의 곡

임신서기석壬申誓記石(경주 국립박물관 소장)

식을 훔쳐 나누었는데 검군만 홀로 받지 않았다.

여러 사인들은 "여러 사람들이 모두 받았는데 그대만이 그것을 물리치니 어떤 이유인가? 만약 양이 적어 불만이라면 더 주겠다"라고 말하였다. 검군은 웃으면서 "나는 근랑近郎의 낭도로 있으며 풍월도의 마당에서 수행하고 있습니다. 만약 그것이 의로운 것이 아니면 비록 천금의 이익이라도 마음이 흔들리지 않습니다"라고 말하였다. 당시 대일 이찬의 아들이 화랑花郎이 되어 근랑近郎이라고 불렀기에 이렇게 말한 것이다.

劍君仇文大舍之子, 爲沙梁宮舍人, 建福四十四年丁亥秋八月 隕霜殺諸穀, 明年春夏大飢, 民賣子而食 於時 宮中諸舍人同謀. 盜唱翳倉穀分之 劍君獨不受 諸舍人曰 衆人皆受 君獨却之, 何也 若嫌小 請更加之 劍君笑曰, 僕編名於近郎之徒. 修行於風月之庭. 苟非其義 雖千金之利, 不動心焉. 時大日伊湌之子 爲花郎, 號近郎 故云爾.

이는 풍류도를 수행하고 있던 화랑이나 낭도들이 얼마나 정의롭게 살기를 다짐했는가를 알려주는 일화이다.

동양사상에서 도교와 불교의 만남은 선禪의 황금시대를 구가하는 큰 산맥이 되었다.

요컨대 선승들의 불교사상은 동양철학을 만남으로써 그 꽃이 활짝 피었기 때문이다. 유명한 불교의 선어록인『벽암록碧巖錄』등을 살펴보면 이해가 되리라. 이 책은 설두雪竇 중현重顯(980~1052)이 『경덕전등록景德傳燈錄』공안 중에서 100칙을 골라서 송頌을 달고, 원오圓悟 극근克勤(1063~1135)이 각칙各則을 붙여 이루어진 불경으로 선 수행에 지침서가 되는 전적이다. 원오 극근 선사가 '다선일미茶禪一味'

를 최초로 말한 이후 차와 선은 불가분의 관계가 되어 오늘날에도
회자되고 있다.

15

화랑도와
미륵사상

화랑은 선랑仙郎, 국선國仙 또는 풍월주風月主 등으로도 불렀다. 그 기원을 원시공동체 사회와 성읍국가 시대에 걸쳐 청소년들의 인위적인 공동체가 차츰 발전해 이뤄진 것이라 전문 학자들은 보고 있다.

공동체를 중심으로 발전해온 청소년들의 심신 수련 단체 기능을 중앙정부가 흡수하면서 제정된 것이 원화源花제도였다. 얼마 후 원화제도는 결국 실패로 끝났다.

신라는 진한 사로국에서 시작하여 신라라는 국호로 바뀌어 박, 석, 김 3성이 왕위를 계승하다가 내물왕奈勿王(재위 356~402) 때 강력한 왕권을 위한 중앙집권 국가를 이룩함에 따라 김씨 왕위 세습으로 중앙집권 국가의 기틀을 마련했다.

특히 6세기 전반의 신라는 가야국 그리고 고구려, 백제 같은 국가를 상대로 전쟁을 벌이고 있었고, 그에 따라 대규모 군대가 필요했다. 이에 진흥왕眞興王(재위 540~576) 시대에 화랑도를 정식으로 제정하여 그 조직을 통해서 인재를 양성한다는 원대한 계획을 갖게 되었다.

화랑도의 성립 시기에 대해 『삼국사기』는 진흥왕 37년(576)이라고 기록하고 있으나 『삼국사절요三國史節要』, 『화랑세기花郎世記』, 『동국통감東國通鑑』 등에서는 진흥왕 원년에 창립된 것으로 기록하고 있다.

선화禪花제도란 것이 있었다. 덕이 높은 귀족 남성을 지도자로 삼고 그 아래에 수백 명의 낭도 조직을 형성한 집단을 말하는데, 이 지도자를 선화라고 했다. 선화는 왕이 지명했으며 휘하의 낭도들을 통솔했고 이 선화제도는 기본적으로 선도禪道의 전통에 따라 참선과 무예, 학문을 닦고 유사시에는 전쟁에도 참여하는 복합적인 기능을 하였다.

선화의 무리들을 풍월도風月徒라 하였고 그 우두머리를 풍월주風月主라고 했다. 초대 풍월주는 위화랑魏花郎이었다.

화랑도는 삼국 항쟁이 치열하게 전개되기 시작한 진흥왕 때에 만들어져 삼국통일을 이룩할 때까지 왕성하게 활동하였고 이러한 중요한 때에 국가가 필요로 하는 인재들을 많이 배출했음을 기록을 통해 알 수 있다. 통일신라 때의 정치가요 문장가인 김대문金大問은 『화랑세기』에서 화랑도를 평하기를 "현명한 재상과 충성된 신하가 여기서 솟아 나오고, 훌륭한 장수와 용감한 병졸들이 이로 말미암아 생겨났다"고 했다. 『삼국사기』에 수록된 화랑과 낭도들의 생애를 보면 그들은 조국을 위해서 목숨을 아끼지 않았다고 했다. 그 까닭은 화랑 집단이 철저하게 국가에 대한 충성과 애국을 강조하는 단체였기 때문이다. 또 일상생활에 있어서도 불의不義와 타협하지 않고 정의를 택했다는 일화 등을 전하고 있다.

신라가 삼국을 통일한 후 화랑도의 성격은 차츰 변질되어 갔으며 그후 화랑도의 근본정신은 유교, 불교, 도교의 융합적인 모습을 보이면서 신라 말의 최치원이 규정한 현묘한 풍류도風流道의 모습을 보이게 되었다.

이처럼 오랜 세월을 거치며 달도 차면 기울듯이 쇠퇴와 더불어 차츰 변질되어 가던 화랑도는 신라의 멸망과 함께 그 제도마저 사라져버렸다. 하지만 화랑도의 도풍道風마저 사라지지 않았음을 다음 왕조인 고려시대의 팔관회八關會 등 의식에서 그 유풍을 볼 수 있다. 조선시대에 접어들어서는 화랑도의 유풍이 거의 사라졌다고 본다.

화랑도 조직의 특징을 살펴보면, 화랑 1명과 승려낭도 1명, 그리고 화랑을 따르는 다수의 낭도로 구성되었다. 이 낭도의 숫자는 일정하지 않았으나 700~800명 정도의 낭도로 구성되었다 한다. 화랑은 이 집단의 중심인데, 진골 귀족 가운데 용모가 단정하고 믿음이 깊으며 사교성이 풍부하면서 학문도 깊은 사람을 뽑았다.

또 화랑의 조직은 풍월주를 우두머리 삼고 그 화랑 밑으로 중간계층인 낭두가 있는데 낭두는 일반 귀족 출신으로 구성되었고 낭두 아래에 있는 낭도들은 대개 작은 귀족이나 서민들이며 숫자상으로 가장 많았다.

신라시대를 통해서 화랑은 모두 200여 명이나 되었다고 한다. 이 화랑의 무리 속에서 활동하는 승려낭도들은 주로 학문적 교양이 풍부한 승려가 뽑혀 지식과 정신적인 분야에서 화랑도를 지도하는 입장에 있었다. 이처럼 화랑도는 위로는 진골 귀족에서부터 아래로는 일반 평민에 이르기까지 여러 신분의 청소년들로 편성되었다. 다만 화랑도의 구성원은 자신의 의사에 따라 자발적으로 참여했다.

화랑도는 일정한 기간을 정해놓고 단체생활을 했는데, 화랑도의 수련 기간은 3년 정도로 짐작되며 대개 15~18세의 청소년으로 구성되었다. 화랑 집단은 이 기간 동안 경주남산을 비롯하여 멀리는 금강산이나 지리산 같은 명산대천을 순례하면서 태어난 나라의 대자연을 느끼고 호연지기를 기르는 한편 도의를 연마했다.

한편 화랑도의 수련에서 빼놓을 수 없는 것이 노래와 춤이었다. 화랑도가 즐긴 풍악은 그들의 명승지 순례와 더불어 풍류놀이의 성격을 강하게 띠고 있는데, 자연과 어우러진 풍류놀이는 젊은 화랑도의 인격 형성에 큰 영향을 주었으리라 생각된다.

화랑도 제도가 왕성된 진평왕 때는 불교가 신라 사회에서 전성기를 맞고 있었다. 그러다 보니 화랑도 집단도 불교의 영향을 받아 그 당시 유행하던 미륵신앙과 깊은 관계를 맺었다. 당시 신라인들은 화랑을 미륵보살이 머무는 도솔천兜率天에서 내려온 미륵으로, 낭도를 미륵과 함께하는 무리로 여겼다. 화랑 김유신金庾信(595~673)

의 낭도를 용화향도龍華香徒로 불렀다는 기록이 이를 단적으로 보여준다.

화랑도는 귀족자제 출신인 화랑과 민간 출신인 낭도가 모인 청년 집단으로 인식되며 또한 종교적 성격도 갖고 있었다. 이를테면 화랑이 신궁제사神宮祭祀에 참여하거나 국선國仙 혹은 용화향도龍華香徒라는 기록 등에서 그 근거를 찾아볼 수 있다.

화랑도는 신라라는 한 국가와 그 시대를 반영하는 총체적인 집단이라고 보는 것이 옳을 것이다.

미륵신앙과 화랑의 관계는 옛 문헌에서 찾아볼 수 있다. 대성大聖이라 일컫는 미륵불이 화랑으로 화생하는 설화가 있는가 하면, 노힐부득努肹夫得이 불도를 잘 닦아 연화대에 미륵존상彌勒尊像으로 앉아 미륵불로 현신한 이야기들은 모두 그 당시 현실에 정토사상을 표현한 것이리라.

미륵불이 인간 세상으로 내려와 화랑으로 화생하는 설화를,『삼국유사』'미륵선화彌勒仙花 미시랑未尸郎 진자사眞慈師'조는 한 편의 연극처럼 만들어 놓았다.

신라 진지왕眞智王 때 흥륜사興輪寺 승려인 진자眞慈가 법당의 미륵불상 앞에 나아가 간절한 기도를 올렸다.

"미륵부처님이시여, 부디 화랑의 몸으로 이 세상에 화생하셔서 언제나 얼굴을 뵙고 따르게 해주십시오."

간절한 기원이 날로 두터워지니 어느 날 밤 꿈에 어떤 스님이 나타나서 "네가 웅천熊川(公州) 수원사水源寺에 가면 미륵선화彌勒仙花를 볼 수 있을 것이다" 하였다.

그 길로 지극한 마음으로 찾아가 미시랑未尸郎을 만나 왕에게 주청해 국선國仙으로 삼았다는 이야기다.

선덕여왕 때 생의生義 스님이 꿈에 나타난 노인의 이야기를 듣고 미륵불상을 만났다는 이야기, 진지왕 때 진자眞慈 역시 꿈에 나타난 스님을 통해 화랑으로 화신한 미륵불을 만났다는 이야기, 그리고 경덕왕 때 월명사에게 하사한 차와 염주를 동자가 들고 미륵상 앞에 가져다 놓았다는 이야기를 종합하면 모두 동자로 표현된 미륵부처가 등장하고 있다.

"동자는 내원 탑 속으로 숨고, 차와 염주는 남쪽 벽화인 미륵상 앞에 놓여 있었다童人內院塔中而隱 茶珠在南壁畵慈氏像前"는『삼국유사』의「월명사月明師 도솔가兜率歌」에 나오는 기록도 예사롭지 않다. 그리고 '품차일습品茶一襲'을 그대로 해석하면 '좋은 차와 차도구 한 벌'이라 할 수 있는데, 뒷부분 기록에는 '차와 염주[茶珠]'라는 말이 계속 나온다. 그렇다면 질 좋은 차로 보는 게 자연스럽다. 내원內院이란 말도 도솔천에 있다는 법당 또는 미륵불이 상주하며 설법하는 곳을 지칭하니 아마 당시 신라 사회에선 미륵불을 모신 법당이 많았으리라.

월명사가 경덕왕에게 "소승은 다만 국선國仙의 무리이기에 겨우 향가만 알 뿐입니다"라고 한 대목을 주목해보면 짐작할 수 있을 듯싶다. 화랑도들이 숭배했던 미륵불보살이나 화랑도 중에 승려가 적지 않았음을 단편적이나마 짐작할 수 있으므로 불교, 특히 미륵사상과 화랑은 밀접한 관계가 있다고 본다. 월명사는 자신이 국선, 곧 화랑도였음을 밝혔고, 〈도솔가兜率歌〉의 내용을 통해 그가 미륵신앙을 가졌음을 짐작할 수 있다. 마찬가지로 미륵세존께 차 공양을 했던 충담사도 미륵신앙의 소유자이며 화랑도와 관계된 인물일 것이라 생각된다.

당시 차는 중요한 하사품이었고 미륵불보살에게 차를 헌공하는 일 또한 자연스런 불공의 한 형태임을 알 수 있다.

앞에서 언급했던 장창곡 미륵삼존 역시 동자의 모습이다. 지금 경주국립박물관에서 언제나 천진한 미소로 우리를 반기는 세칭 삼화령미륵삼존상의 모습을 본다면 알리라. 꿈 이야기를 설화로 만든 것일까, 아니면 현실의 이야기를 설화로 각색한 것일까. 자면서 꾸는 꿈도 꿈이요, 눈 뜨고 원하고 원하는 간절한 바람도 꿈이다. 꿈이 현실이요, 현실이 꿈같은 세상사다. 옛날 신라인이나 지금 한국인이나 사람 사는 모습은 같았을 터. 다만 그 시절 신라인의 생각을 보고 들을 수 없는 우리의 한계를 인정할 수밖에 없다.

화랑 김유신金庾信의 낭도를 '용화향도龍華香徒'라 했다. 용화란 미래 세상에 미륵이 나타날 때 용화수 아래서 성불하기 위해 설법하고 수행하는 미륵부처를 신앙하는 모임을 뜻한다.

한국의 미륵신앙은 어느 시대 어느 곳에서나 민중과 함께했던 우리 민족의 기층문화 신앙이라 할 수 있다. 미륵신앙은 우리나라에 전해진 때부터 다양한 모습과 내용으로 전개되었고 이 사상은 우리 고유의 민속신앙과 융합해 형식과 내용 등이 다채롭게 발전되었다. 어느 시대든 인간의 삶은 버겁기 마련인지라, 미륵신앙은 억압받고 핍박받는 민중들의 숨 쉴 수 있는 구원의 등불이었다. 미륵사상은 조선조의 억불정책에도 사라지지 않고 미륵하생 신앙으로 전래되고 있다.

　미륵신앙은 당래불로서 이상세계를 기원하면서 기층문화로 퍼져나갔는데 불교의 여러 신앙 가운데 미륵신앙이 민중 속으로 파고들어 갔던 것은 바로 현실에서 용화세계를 구현시키려는 믿음이 있었기 때문이다.

　신라 미륵신앙의 특징은 미륵불을 석가불의 미완을 보완하는 당래불로 생각하고 새로운 세상을 열 이상적인 부처로 받아들였다는 점이다. 신라 미륵사상과 화랑의 관계를 주목하는 학자들이 있듯이 미륵신앙에 의한 화랑도의 성립도 간과할 수 없는 문제다. 화랑도가 활발했던 그 시기에 미륵반가사유상이 많이 만들어졌고, 『삼국유사』 등의 기록에서 알 수 있듯이 미륵과 화랑의 상관된 이야기가 자주 나오기 때문이다. 아름다운 남자를 뽑아서 이를 곱게 단장하고 화랑이라 명명하고 낭도들이 받들게 하였다고 한 것으로 보아도 짐작할 수 있다.

　화랑을 미륵선화라 하였고 또 화랑의 낭도를 용화향도라고 했다. 용화는 곧 미륵의 세계요, 향도는 용화의 미륵을 따르는 무리라는 뜻이니 곧 화랑이 미륵선화이다.

　신라 경덕왕 대 월명사月明師는 향가를 지어 미륵부처를 감응시켰고, 충담사는 차를 바쳐 미륵부처를 감동시켰다. 석가불이 현재불이면 미륵불은 미래불이라 할 수 있다. 미륵은 깨끗한 용모로 태어난다는 신앙을 갖고, 그중에서 임명된 화랑은 신라 젊은이들의 꽃이었으리라.

　미륵이 하생하면 세상은 풍요롭고 안락하며 온갖 재난이 물러간다는 생각은 신라 때나 지금이나 한결같다. 미륵신앙이라는 민중적 사상으로 무장한 화랑들이 삼국통일의 과업에 큰 역할을 했다는 일이나, 통일 이후 화랑제도가 유명무실해진 사실도 간과해선 안 된다. 당시 신라인들은 천상의 도솔천兜率天에서 언젠가 내세에 나타날 미륵을 천상의 불보살로 우러러 받들지 않고, 현실 속에서 함께 웃고 생활하는 선택된 인간의 모습으로 만나고 싶었으리라 생각된다.

우리가 생각하는 미륵불의 '미륵'은 산스크리트어 마이트레야 Maitreya를 소리 그대로 음역한 것이라 본다. 그 뜻은 자비로운 자, 곧 자씨慈氏라는 것이다. 미륵불을 모신 전각을 용화전龍華殿, 미륵전彌勒殿, 자씨전慈氏殿이라 하듯이 미륵은 사랑과 자비의 상징이다.

사회가 혼란스럽고 불안할 때는 많은 사람이 새로운 지상낙원의 세계를 꿈꾸게 된다. 미륵은 도솔천을 다스리며 그곳에서 항상 설법하고 있지만, 미륵불은 석가모니불이 미처 제도하지 못한 중생들을 모두 구제하기 위해 언젠가는 이 세상 나타나리라는 믿음을 주는 구세주다.

16

남산 어디엔들
삼화령 아닌 곳이 있으랴

경덕왕과 충담사의 역사적 만남이 이루어진 경주 월성月城 귀정
문歸正門 터를 찾아보자. 충담사가 서기 765년 삼월 삼짇날 남산 삼
화령에서 미륵세존께 헌다獻茶하고 걸어온 길을 순례자가 되어 답
사해 보자.

이 이야기는 경주 남천南川(蚊川)이 감싸 도는 남산 북쪽 기슭의 신
라 왕궁 월성에서 일어난 역사 이야기이다. 월성은 반달처럼 생겼
다 하여 반월성으로 불린다. 이곳은 신라 4대 임금인 석탈해왕昔脫解
王(재위 57~80)이 어린 시절 꾀를 써서 자신의 집으로 삼았던 곳이다.

석탈해는 자라서 제2대 남해왕南解王(재위 4~24)의 사위가 되고
62세에 3대 유리왕儒理王(재위 24~34)의 뒤를 이어 제4대 임금이 되어

24년간 재위하였다.

그리고 다음 왕인 5대 파사왕婆娑王(재위 80~112) 때부터 궁성을 쌓고 궁궐로 사용한 성으로 신라 사직을 지켜보았던 천혜의 장소였다.

서라벌의 첫 궁성은 남산 서쪽 기슭에 있던 금성金城이다. 월성 귀정문은 남산을 한눈에 볼 수 있는 문루 가운데 하나였다. 귀정문은 경주 월성 궁궐 서쪽에 있었다고 전해진다. 월성에서 우측으로 성 위를 따라 걸어가면 서편에 경주향교가 보이고 나무가 무성한 언덕 같은 성곽이 있는 곳을 귀정문이라 추정하고 있다.

월성 안에는 귀정문歸正門, 인화문仁化門, 현덕문玄德門, 무평문武平門 준례문遵禮門 등과 월상루月上樓, 망덕루望德樓, 명학루鳴鶴樓, 고루鼓樓 등의 누각과 왕이 정사를 돌보던 남당南堂과 신하의 조하朝賀를 받고 사신을 접견하던 조원전朝元殿, 그리고 내성內省 등 많은 건물이 있었으나 지금은 없어지고 1738년에 축조된 석빙고石氷庫만 남아있다.

경덕왕과 월명사月明師의 인연이 된 반월성 청양루靑陽樓 터는 귀정문 터에서 오른쪽 끝부분의 높은 언덕 지점이 아닐까 싶다. 귀정문 터에는 기와와 토기 파편들이 즐비했고, 그 옛날 충담사가 남산 쪽에서 걸어오는 모습을 볼 수 있는 자리는 귀정문 터보다 청양루 터가 지금은 더 좋다. 언젠가 남산 북쪽 봉우리에서 월성을 바라보며, 빼어난 명당이란 생각이 들었다. 토함산 동령에서 발원해 월성을 보호하듯 도도히 흘렀을 남천이 성을 싸고돌며 당시 신라 사람들의 젖줄이 되었을 것이다. 이곳에서 바라보는 남산은 정답고 푸근한 모습이다. 남산 북봉 쪽에 자리 잡은 해목령蟹目嶺은 고속도로를 빠져나와 경주를 찾을 때 버릇처럼 남산을 쳐다보게 되는데 그

때 눈에 먼저 들어오는 곳이다. 그 언저리 장창곡 고갯마루에서 세
칭 삼화령 미륵불상이 발견되었다.

　반월성 앞 남천에 월정교月淨橋 다리가 있었고 현재 복원하여 다
시 옛 모습과 같지는 않지만 아름다운 모습으로 재탄생되었다. 『삼
국사기』에 경덕왕 19년(760) 2월에 궁궐 남쪽 문천에 월정교月淨橋,
춘양교春陽橋 두 다리를 축조했다는 기록이 보인다. 월정교는 후세
에 한자가 바뀐 월정교月精橋로, 춘양교는 일정교日精橋로 불렀다. 일
정교는 대궐로 들어가는 큰 다리이고, 월정교는 성 앞을 지나 도심
으로 들어가는 큰 다리[石橋]였다고 한다. 고려 제25대 충렬왕忠烈王
6년(1280)까지 교량 기능이 유지되었으나, 조선 현종顯宗 10년(1669)경
에는 이미 교량이 폐교廢橋되었음을 기록하고 있어서 월정교는 최
소 520여 년간 신라 도성에서 남산을 비롯한 남쪽으로 연결되는
통로 역할을 한 교량이었음을 알 수 있다.

　고려 명종明宗(재위 1170~1197) 때 차인茶人인 김극기金克己는 "반월성
남쪽 토끼재에 무지개다리 그림자 문천蚊川에 비치네 [半月城南兎嶺邊
虹橋倒影照蚊川]"란 시를 남기기도 했다.

　조선시대 이 교대橋臺에 지방 선비(생원과 진사)들이 모여 정치와 학
문을 토론하던 사마소司馬所 자리가 남산을 바라보며 있었는데 장
소를 옆으로 옮겨 놓았다. 월정교는 다리 너비 14m에 길이 63m로,
돌로 짜올린 다리인 석교로는 최대 규모라 한다. 새로운 월정교가
세워지기 전 답사 중에 이곳 월정교 유적지에서 적당히 다듬은 돌
에 새겨진 통일신라시대의 명필이며 해동의 서성書聖이라 불린 김
생金生(711~791)의 글씨라 추측되는 음각으로 된 '영광대影光臺'란 글

경주 월정교月精橋 복원 모습

을 보았다. 글씨도 예사롭지 않고 월정교와 관계된 유적이라 생각
되어 탁본을 해 보기도 했다. 훗날 알아보니 영광대는 1860년 가을
에 경주 선비들이 무너진 월정교 석재를 운반해 대를 쌓은 것이라
한다. '영광影光'은 남송南宋 때 주희朱熹(1130~1200)의 시 '하늘빛 구름
그림자 함께 오고가네[天光雲影共徘徊]'에 나온 것으로 보인다.

　월정교는 반월성에서 남산 쪽으로 가는 길목에 있는 남천 위에
놓인 석교로 충담사가 남산 삼화령에서 내려와 도심으로 가기 위
해 이 월정교를 이용했을 터이다. 흥미로운 것은 이 월정교 다리가
세워지기 전에 남천에는 유교楡橋라는 나무다리가 있었다는 점이
다. 원효 스님이 이 다리에서 일부러 강물에 빠져 옷을 말린다는 핑
계로 근처 요석궁瑤石宮에 머물다 요석공주와의 사이에서 설총薛聰

(655~?)을 낳은 일화가 생각나는 곳이다.

충담사는 어떤 인물이었을까. 그는 당시 귀족화된 신라불교의 여느 승려들과는 언행이 달랐을 것이다. 부처와 중생의 마음을 제대로 읽었던 진솔한 구도자였을 것이다. 승려로서 최고의 명예인 왕사의 자리에도 연연하지 않던 덕 높은 다승이었다.

『삼국유사』에는 충담사처럼 소박한 옷을 입었지만 그 법력이 대단했던 인물들이 나온다.

신라 신문왕神文王(재위 661~692) 때 일이다. 국사인 경흥憬興법사가 화려한 말을 타고 어느 날 대궐에 들어가려 하는데, 행색이 남루한 한 사문沙門이 손에 지팡이를 짚고 등에 광주리를 이고 와서 하마대 위에서 쉬고 있었다. 광주리 안을 보니 마른 생선이 있었다. 경흥법사의 시종이 그를 꾸짖어 "너는 중의 옷을 입고 있으면서 어찌 더러운 물건을 지고 있는 것이냐"라고 하였다. 그러자 그가 말하기를 "살아 있는 고기를 양 넓적다리 사이에 끼고 있는 것과 삼시三市의 마른 생선을 등에 지는 것이 무엇이 다르단 말인가?"라고 말하며 일어나 가버렸다. 경흥법사가 그 말을 듣고 사람을 시켜 그를 쫓게 하니 경주남산 문수사文殊寺 문밖에 이르러 광주리를 버리고 숨었는데 지녔던 지팡이는 문수보살상文殊菩薩像 앞에 있고, 마른고기는 소나무 껍질이었다. 그 이야기를 들은 경흥법사는 이를 듣고 "문수보살文殊菩薩이 내가 말 타고 다니는 것을 경계한 것이구나!" 하며 탄식하고 그 후로 평생 말을 타지 않았다고 한다.

또 하나의 이야기를 『삼국유사』는 전한다.

신라 제32대 효소왕孝昭王이 어느 날 망덕사望德寺 낙성식에 친히 참석했다. 재齋를 올리던 중 행색이 남루한 승려가 찾아와 자신도 참여케 해달라고 청했다. 왕은 할 수 없이 말석에서 참여토록 허락한 후 재를 마치고 나서 희롱조로 물었다. "비구는 어디에서 왔는가?" 그 승려는 "소승은 남산 비파암에 삽니다"라고 대답했다. 이에 왕이 비웃듯이 "돌아가거든 왕이 친히 참석한 불사에 함께했다고 말하지 말라"라고 말하자 그 승려가 말하기를 "왕께서도 진신 석가를 친견했다고 말하지 마십시오"라고 하고는 몸을 솟구쳐 남쪽 하늘을 향해 날아가 버렸다. 이에 왕은 놀랍고 부끄러워 그 승려가 사라진 방향으로 수없이 절을 한 후 신하들에 모셔오라 명했지만 찾지 못했다.

첫 번째 이야기는 『삼국유사』「감통感通」의 '경흥우성憬興遇聖'조에 나오는 내용으로, 경흥법사의 사치스러움과 비교해 거사沙彌는 남루한 수행자의 모습으로 표현했다. 두 번째 역시 『삼국유사』「감통」'경흥우성'조에 나오는 이야기인데, 망덕사 낙성회에 참석하고 남산 비파암으로 떠난 비구, 곧 석가진신釋迦眞身의 모습은 남루하다. 역시 충담사도 위의威儀 있는 승려와 비교해 남루한 모습으로 표현되는데, 여기에 나오는 승려들은 두타행頭陀行을 실천하는 진정한 수행자의 모습처럼 그려졌다.

문일평文一平(1888~1939)은 『차고사茶故事』에서 신라차를 논하면서 "신라인들은 우리 차와 중국차를 함께 마셨고 가루차와 더불어 잎차도 있었다"라고 했다. 그 외 여러 승려의 비문碑文을 통해 신라인의 차생활을 엿볼 수 있다.

다시 미륵 삼존불이 발견된 남산 북봉 장창골 쪽으로 걸음을 옮겨 충담사의 행적을 살펴보자. 세칭 '전傳 삼화령미륵삼존불'이 있던 자리가 삼화령이라면, 충담사가 헌공을 마치고 월성 쪽으로 걸어왔다면 가까운 거리다. 지금도 그렇지만 아마 당시에는 누구나 오르내리는 경주남산의 산길이었으리라.

충담사가 걸었음 직한 남천을 건너 논밭 길을 걸어 도로를 지나면, 고운 최치원의 영정을 모시고 향사享祀를 지내는 상서장上書莊을 만난다. 최치원崔致遠이 머물며 공부하던 곳으로 왕에게 글을 올렸다고 한다.

상서장 옆으로 난 뒷문을 지나 남산 길을 오르면 맨드리고개가 나오고 얼마 가지 않아 남산 성터에 이르기 전에 미륵삼존불이 출토된 곳을 만날 수 있다. 허물어진 석실石室은 온전한 모양을 찾을 수 없고 제각기 모습으로 서 있는석주石柱들이 보일 뿐이다. 이 지점은 경주남산 복봉에서 약간 남쪽으로 내려온 산허리 부분이다.

이곳에서 산길 따라 계속 오르면 금오산정을 향하고 마을 쪽을 향해 동남산으로 내려가면 경주남산에서 보기 드문 감실龕室 여래좌상如來坐像을 바로 만날 수 있다. 이 얼마나 즐거운 유적답사 산행길인가.

또 다른 답사길로 경주남산 장창곡長倉谷을 오르는 행로가 있다. 서라벌 첫 임금인 박혁거세가 태어난 나정蘿井을 지나 남간사南澗寺 터를 보고, 천은사지天恩寺址를 돌아보며, 근처 창림사지昌林寺址나 일성왕릉逸聖王陵 등도 살펴보고, 고갯마루를 오르면 불곡佛谷으로 넘어가는 길이다. 이 고개에서 북쪽으로 조금 떨어진 곳, 석주石柱들이 있는 곳이 석조여래의상石造如來椅像, 곧 세칭 미륵삼존상이 출토된 곳이다.

이곳을 찾는 또 다른 길도 있으니, 동남산 불곡의 감실 여래불을 만나고 산언덕을 넘어 상서장 쪽으로 산길을 타면 바로 만날 수 있다.

다음으로, 오늘날 향토사학자들이나 경주시에서 기정사실화해버린 또 다른 삼화령을 찾아 떠나보자.

이곳 용장계茸長溪 정상은 신라 도성과 반월성에서 상당히 거리가 먼 지점이다. 경주남산 곧 금오산 북쪽에서 남쪽 끝 지점이다. 만약 충담사가 이곳에서 도성 쪽으로 산길로 걸어왔다면 무척 힘든 산행이었으리라. 용장계라 하는 것은 용장사茸長寺라는 가람伽藍이 존재했기 때문인데 어귀에 있는 마을도 용장리다. 용장계의 남쪽 편은 통칭 경주남산이라 지칭하는 수리산高位山인데 기암괴석奇巖怪石들이 장관을 이룬다. 그 옛날 용장사가 자리 잡은 봉우리와 계곡 또한 장관을 이뤄 서로 산세를 자랑하고 있는 듯하다.

또 다른 답사길을 소개하면, 경주에서 언양으로 가는 국도를 지나다가 용장리에서 용장계곡을 따라 오르는 길이 있다. 곧장 바위산을 타고 용장사 여러 절터와 운치 있는 삼층석탑三層石塔과 삼륜대좌불三輪臺座佛 그리고 마애여래불磨崖如來佛들을 답사하며 올라가서 세칭 삼화령 연화대좌를 만나는 길이 보편적인 답사길이다.

경주남산 남쪽 고개에는 삼화령 미륵부처의 연화대가 남았고, 경주남산 북쪽 언덕에는 삼화령 미륵부처가 남았으니 참으로 희한한 일이다.

충담사가 헌공하던 미륵불이 안치되었던 삼화령이라는 곳의 양쪽 장소는 경주남산[金鰲山] 남쪽 끝부분인 용장계 정상과 당시 도성과 가깝던 북쪽 언덕이지만, 양쪽 모두 타당성이 있다. 그래서 현장을 확인하지 않은 어떤 학자는 장창곡에서 발견된 미륵삼존이 용장계 연화좌에 안치되었던 불상이라 착각하기도 한다. 오늘날 불교 관련 전문 학자들은 장창곡에서 발견된 미륵삼존불을 삼화령 미륵세존이라 믿고 있기 때문이다. 선학先學의 연구 성과를 확인하지 않고 답습하기 때문이리라.

경주남산 남쪽 골짜기에서 생의 스님이 미륵불을 찾아서 삼화령 고개 위에 안치했다면, 비록 충담사의 차 공양을 받던 미륵세존은 찾을 수 없지만, 세 갈래로 뻗어 내린 산맥 모양 등 정황상으로 보면 이곳 남쪽에 위치한 연화대좌가 충담사가 차 공양을 했던 미륵세존이 자리 잡은 삼화령일 수도 있다. 그리고 『삼국유사』의 기록에 충담사가 미륵세존께 차 공양을 했다고 했지, 미륵삼존이란 말은 없었다는 점도 일리가 있다.

그렇지만 현재 경주박물관에 보관된 장창곡에서 발견된 미륵삼존불상이 삼화령이란 주장도 설득력이 있다.

당시 생의 스님이 삼화령 미륵불을 안치했던 때가 신라 제27대 왕인 선덕여왕善德女王(재위 632~647) 시대이고, 생의사生義寺를 건립한 연대가 서기 644년이라고 『삼국유사』에서 밝히고 있다. 앞에서 이야기했듯이 고 신라인 그 당시는 경주남산 불교 유적이 거의 다 도성과 가까운 남산 북쪽 언저리에서 발견되었다는 점이다.

그리고 꿈에서 깨어나 그 석상을 땅에서 파내어 친구(들)와 함께 미륵불을 고개 위에 옮겨 놓았다면, 적어도 거대한 불상은 아니라는 것이다. 세칭 삼화령 미륵삼존이라 부르는 장창곡 석조미륵 삼존 의상은 그렇게 큰 불상이 아니라 옮기는 데 무리가 없으리라 본다.

생의 스님이 남산 골짜기에서 발견했다는 돌미륵 이야기는 설화 로 읽어야 하리라.

신비한 영험을 바탕으로 탄생시켜 또 다른 신화로 각색된 미륵 불이라 보더라도 분명 몇 사람의 힘으로 옮길 수 있는 불상이었지 않나 싶다. 하지만 현재 안내판까지 세워놓아 삼화령이라 인정하고 있는 용장계 고개 위의 대연화좌를 살펴보면 그 바위에 새겨진 대 좌 너비를 고려할 때 거기 안치했을 불상은 비교적 큰 석상이었을 것이다. 분명한 것은 삼화령 미륵불은 바위에 새긴 마애불은 아니 라는 것이지만, 그렇게 큰 대불大佛을 단 몇 사람이 골짜기에서 고 개 위로 옮겼다는 것은 불가능한 일이다.

그리고 충담사가 미륵세존이라고 했는데 장창곡 출토 미륵불은 삼존상이라는 점에서 의문을 갖고 있는데, 그 당시 만들어진 불상 의 정형이 삼존불로 거의 조성되었다 하니 특별히 의미를 두지 않 아도 무방하리라.

장창곡 쪽에 무게를 두고 다시 정리를 해본다면, '삼화령'을 용장 계 봉우리 모양의 지형을 보고 판단하기보다는『삼국유사』권2에 나오는 '효소왕대孝昭王代 죽지랑竹旨郎'의 기록처럼, 죽지竹旨라는 화 랑의 이름을 따서 죽지령竹旨嶺이라 했듯이, 삼화령 또한 세 명의 화 랑과 관련된 지명으로 볼 수도 있다는 점이다. 그리고 지금껏 살펴 본 결과 미륵불은 화랑과 밀접한 관계가 있다는 점이다.

또한 기파랑耆婆郎을 노래한 내용 등을 참고해보면, 충담사는 기파랑 같은 화랑을 추모하며 『삼국유사』 '효소왕대 죽지랑'의 기록처럼 돌로 조성한 미륵불을 세워놓았듯이, '삼화랑三花郎'을 기리는 삼화령에 세워진 돌미륵인 미륵세존에게 차 공양을 했을 터.

미륵이 화랑으로 화생하는 설화 등을 떠올리면 미륵과 화랑은 둘이 아니다. 충담사가 인연 있는 미륵불 앞에서 생전에 존경하던 세 명 혹은 다수의 화랑을 떠올리며 미륵부처께 헌다하던 곳이 삼화령일 수도 있다는 것이다.

이를테면 삼화령三花嶺과 삼화랑三花郎의 상관관계를 주목할 필요가 있지 않을까.

아울러 신라 진평왕眞平王 19년(597)에 지은 삼랑사三郎寺를 보자.

대대로 왕들의 행차가 잦았던 이름 높은 절이었으나 지금은 당간지주만이 남아있는 신라의 절터인데, 화랑과 관계된 절이다. 국사國師였던 경흥憬興 법사가 이 절에 머무르면서 저술에 힘썼다는 기록이 있다.

경덕왕이 남산에서 차 공양을 마치고 내려오던 충담사를 만난 일을 상기하면, 월성 귀정문에서 가까운 경주남산 북봉 쪽에서 내려왔을 확률이 높다. 당시엔 도성에서 쉽게 오르내릴 수 있는 곳이기 때문이다. 만약 충담사가 경주남산 남쪽인 용장계 쪽에서 차 공양을 하고 내려왔다면, 그 산길은 상당히 길지 않은가. 충담사가 산 능선을 타고 계속 걸어왔을까 하는 의문도 든다. 보통 그 용장계 봉우리의 연화대에서 내려왔다면, 동남산 쪽이든 서남산 쪽이든, 산을 내려왔을 것이다. 남쪽에서 걸어오던 충담사를 경덕왕이 보았다면 분명 충담사는 경주남산에서 내려와 월성 쪽으로 오고 있었을 것이다. 그렇다면 남산 북봉의 미륵삼존불 출토지에서 도당산 쪽으로 내려왔을 확률이 높다. 충담사가 경주남산 남쪽 끝의 용장계 봉우리에서 팽다헌공을 마치고 굳이 능선을 타고 계속 금오산 북쪽으로 걸어올 까닭이 없지 않은가.

도당산은 경주남산의 북쪽 끝이다. 경주남산을 '황금자라[金鰲]'라고 표현할 때 도당산은 그 머리에 해당한다. 도로 공사로 단절되었던 목 부분을 최근 터널로 연결했다. 지금은 월정교에서 출발해 도당산을 지나 금오봉으로 이어지는 등산로가 개설돼 많은 탐방객들이 이용하고 있다. 도당산에서 금오산으로 이어지는 길에는 남산신성南山新城이 지금도 남아 있다. 경주 시내가 시원하게 내려다보이고, 고속도로에서 경주 시내로 들어올 때나 경주시내에서도 조망되는 불거진 게蟹의 눈을 닮은 우뚝 솟아난 해목령蟹目嶺이 있다. 해목령에서 서북쪽으로 흘러내리는 계곡 근처에서 천진난만한 표정의 석조여래의상 삼존불이 발견되었다. 또 하나의 삼화령 미륵세존이다. 장창곡에서 발견된 불상이라 하여 장창곡 석조여래의상 삼존불이라 부른다.

앞에서 언급했던 『삼국유사』 '빈녀양모貧女養母'조에 "효종랑이 남산 포석정 혹은 삼화술에서 놀고 있을 때[孝宗郎遊南山鮑石亭惑云三花述]"의 '삼화술三花述'을 주목해 볼 필요가 있다. 화랑 효종랑이 포석정鮑石亭 혹은 삼화술에서 놀았다고 했는데, 포석정은 그 위치가 확실하다. '포석정 또는 삼화술'이라고 했을 때 그 삼화술은 포석정과 가까운 곳이라 짐작되는데, 세칭 삼화령 미륵삼존의 발견 지점이 포석정 인근 위쪽에 있는 고갯마루다. 다시 말해 남산성南山城 바로 밑이 포석정이다. 남산에서 유명한 유적인 포석정이 존재하기에 포석곡鮑石谷으로 구분하지만, 실상은 부엉골로 불러야 한다. 이 골짜기가 너무 깊이 낮에도 부엉새가 운다 하여 붙여진 이름이다. 포석정은 포석곡鮑石谷의 입구가 되는데 포석정 일대는 그 당시 왕족과 귀족들의 연회 장소로 알려져 있다.

잠시 그 시절을 떠올려볼까 한다.

이 글의 주제에서 벗어나지만, 신라인들의 정신세계를 엿볼 수 있는 신라인 이야기를 잠시 살펴보자.

경주남산 포석정은 신라 55대 경애왕景哀王(재위 924~927)이 여기서 연회를 벌이던 중 경주 영천까지 쳐들어온 후백제 견훤甄萱의 군사들에 의해 왕족과 신하들은 무참히 짓밟히고 경애왕은 자살을 강요받고 자살까지 한 장소다. 927년 그 영화롭던 신라의 수도가 아수라장으로 변했고, 그 중심에 포적정이 있었다. 그런데 한 가지 의문이 생긴다. 후백제의 견훤 군사들이 신라 깊숙이 쳐들어 왔는데, 그것도 동짓달 음력 11월에 포석정에서 술잔을 띄워놓고 잔치를 베풀었다는 것이 이해가 되지 않는다. 이 포석정은 제례를 위한 성스러운 공간이었다는 증거들이 발견되기도 한다. 망국의 한이 남아 있는 유적이라는데 역사 왜곡이 아닐까도 싶다.

다음 왕위를 이어받은 경애왕의 이종사촌 동생 김부金傅는 다시 일어설 국력을 상실하고 재위 9년(935) 만에 고려 태조 왕건王建에게 항복하니, 그가 신라 마지막 임금인 제56대 경순왕敬順王(재위 927~935)이다. 비록 천년 왕조는 망하지만, 이 땅의 백성들은 살리겠다는 당시 신라인의 열린 생각으로 볼 수 있지 않을까 싶다. 이를테면 왕조를 살리기 위한 항쟁 등에 의한 백성들의 고통을 덜어주겠다는 마음이었을까. 그리고 과연 그 당시 신라인들은 같은 생각이었을까. 신라 마지막 임금인 경순왕의 태자는 천년 사직을 하루아침에 버릴 수 없다 하여 끝까지 싸울 것을 주장하다가 뜻을 못 이루자 금강산에 들어가 베옷[麻衣]을 걸치고 풀뿌리와 나무껍질을 먹으며 여생을 마쳤다 하여 마의태자라 불렸다.

서기 935년 10월 경순왕이 신라의 천년 사직을 고려 태조에게 손국遜國하려 하자 불가함을 극력 간하였으나, 받아들여지지 않자 종묘宗廟에 하직 인사를 하고 통한痛恨을 안고 개골산皆骨山에 들어가 입고 있던 비단옷이 부끄러워 찢어버리고 대신 삼베옷을 입고 "고려가 주는 양식을 소돼지처럼 먹고 사느니 차라리 신라 사람으로 칡뿌리를 캐먹고 살겠다"며 끝까지 신라 사람으로 여생을 마쳤다고 한다.

경순왕이 눈물을 흘리며 태자의 손을 잡고 말하기를, "하늘의 명을 따르는 자는 흥하고 하늘의 명을 거스르는 자는 망하게 마련이다. 지금 나라가 고립되어 위태로운데 아무 죄 없는 백성들이 죽는 것을 나는 차마 하지 못하겠다"고 하며 끝내 항복을 청하는 글을 지어 시랑 김봉휴金封休를 시켜 고려에 항복했다.

『삼국사기』는 "나라의 존속과 멸망은 반드시 하늘의 운명에 달려 있으니, 다만 충신 의사들과 함께 민심을 수습하여, 우리 자신을 공고히 하고 힘이 다한 뒤에 망할지언정, 어찌 천년의 사직을 하루아침에 경솔히 남에게 넘기리오國之存亡必有天命 只合與忠臣義士收合民心

自固力盡而後已 豈宜以一千年社稷 一旦輕以與人]"라는 마의태자의 말을 전하고 있다.

신라가 멸망한 뒤 금강산에서 은거하였다는 『삼국사기』의 기록 이외에는 마의태자에 대한 기록이 별로 남아있지 않지만 전설로 떠도는 이야기는 많다.

또 다른 설화에 따르면, 마의태자는 그를 따르던 백성들과 함께 대륙[中國]으로 들어가 신라를 다시 되찾기 위해 부흥운동의 일환으로 새나라를 세웠다는 이야기가 있다. 샛길로 빠지는 이야기지만, 몇몇 중국 사서에는 여진족이 한민족이라는 주장이 등장한다. 여진족女眞族이 세운 나라가 금金(1115~1234)인데, 금나라의 역사서인 『금사金史』에 "금나라 시조는 이름이 함보이다. 처음 고려에서 나올 때 60세가 넘었다. 형 아고호불은 따라가지 않고 고려에 남았다[金之始祖諱函普 初從高麗來 年已六十餘矣 兄阿古好佛 留高麗不肯從]"고 했다. 또 청나라 건륭황제의 명에 따라 최고의 관학자들이 참여하여 편찬 간행된 만주인의 정체성을 밝힌 만주 풍속지리지인 『흠정만주원류고欽定滿洲源流考』 제7권의 "신라 왕의 김씨 성이 나라 이름 금金이 나온 먼 갈래이다[新羅王金姓則金之遠派出]"라는 대목도 예사롭지 않다. 신라와 백제의 강역이 길림성吉林省과 요령성遼寧省 등에까지 미치고 있었다고 기록하여 지속적으로 사학계에서 논란이 되어 온 책이다.

이에 금나라 황족의 성씨인 '애신각라愛新覺羅'와 신라의 연관성을 찾는 사람도 있다. 왜냐하면 '애신각라'라는 뜻을 풀이하면 '신라新羅를 잊지 않고 뼈에 새길 만큼 사랑한다'는 말로 풀이할 수도 있기 때문이다. 그렇다면 신라 경순왕의 태자인 마의태자麻衣太子와 그 후손들이 빼앗긴 천년 제국 신라新羅를 다시 부흥하기 위해 세운 나라와 연관이 매우 깊다는 생각을 해보게 된다.

마치 고구려를 다시 찾기 위해 대조영大祚榮이 중국 땅에서 발해渤海(698~926)라는 독립 국가를 세웠다가 화산 폭발이란 자연재해와 거란족의 침입侵人으로 멸망하였듯이, '애신각라'도 세월이 한참 흐른 후 자연스레 중국 속으로 동화되어버렸을 것이다. 금나라의 주요 영토가 중국 안에 있기는 했지만, 여진족은 자신의 민족정신을 보존하기 위해 노력했다고 기록은 전한다. 그래서 비록 왕조의 이름은 중국식인 '금金'이라는 명칭을 썼지만, 그들은 자신의 문자와 언어를 사용했으며, 중국식 옷 또는 관습을 금지하면서 여진족 고유의 문화를 바탕으로 살았다고 한다. 없는 역사도 만들고 그 후손들이 눈 뜨고 아직도 살아 있는 역사도 왜곡해버리는 어떤 나라들이 있는 한, 우리도 얼간이처럼 살 수는 없지 않은가. 한 줄기 빛이 보인다면 그 어두운 역사의 동굴 속으로 들어가야 하리라.

다시 본론으로 돌아오자. 생의 스님이 꿈에 현몽을 받아 미륵부처를 땅속에서 파내었든, 아니면 새로 조성한 미륵불을 신비화시키기 위해 그럴듯하게 스토리를 만들었든, 하여간 삼화령이란 곳에 안치한 것을 보면 분명 거기엔 신앙적 배경과 역사적 사실이 동반되었으리라. 어쩌면 당시 시대상이나 정치 상황과 관련되었는지도 모른다.

다시 정리를 해보면, 세칭 미륵삼존불이 나왔던 경주남산의 북쪽 언덕도 삼화령일 수 있고, 높은 고개에 불상이 앉을 수 있는 연화대좌가 남아있는 경주남산 남쪽 용장계 봉우리도 삼화령일 수 있다.

이 연구와 관련된 자료를 통해 경덕왕과 충담사가 살았던 시대를 살펴보고 그 당시 신라인의 미륵사상 등을 고찰해 보자. 아울러 차 공양의 의미와 남산에 존재하는 헌공獻供에 관한 유적들을 현장에서 확인해보자.

그 시절 고구려, 백제, 신라 삼국 간에 치열한 전쟁이 진행중이었음을 고려해보면 어떤 연구자들이 말하는 '미륵보살의 화신인 선덕여왕'과 무관하지 않을 수도 있다. 전례 없던 여왕이 된 선덕여왕은 그 자리를 지키기가 쉽지 않았다. 보수적인 세력들이 그 위상에 도전해왔기 때문이다. 이에 선덕여왕이 미륵보살의 화신이라는 사실을 공인받을 필요가 있어 진골 출신 승려로 신라 불교계를 이끌던 자장慈藏(590~658) 율사가 선덕여왕 5년(636)에 당나라로 건너간다. 오대산五臺山에 머물러 살고 있다는 문수보살文殊菩薩을 자장율사가 극적으로 만나서 다시 신라로 돌아오는 이야기가 흥미롭다.

당시 신라인들에게 미륵사상은 그들이 꿈꾸던 이상사회였을 터. 사회가 불안하고 나라가 혼란스러울 때 백성들은 새로운 세상, 곧 정토를 꿈꾸었으리라. 모든 중생의 희망이요 구세주가 바로 미륵이기 때문이다. 결국 미륵신앙은 미륵불이 출현할 때 나라는 안락하고 풍요롭다는 사상의 산물이다. 그러므로 중생으로 하여금 죄악을 짓지 말고 업장과 장애를 없애 자비심으로 미륵불의 나라에 나도록 하자는 데 진의가 있다고 볼 수 있다. 이 미륵신앙은 삼국의 불교 전래와 함께 널리 전파되었다.

17

삼화령
미륵불을 찾아서

신라 경덕왕은 생명의 기운이 넘치는, 삼월이라 삼짇날 좋은 날을 택하여 나라에 필요한 인재를 구하기 위해 좌우 신하를 거느리고 귀정문에 올랐을 것이다.

삼짇날은 봄을 알리는 명절이며 왕성한 양陽의 기운이 넘치는 날이다. 이 날은 강남 갔던 제비가 돌아오며 뱀이 동면에서 깨어나 나오기 시작하는 날이라고도 한다. 또 나비나 새도 나타나기 시작하는데 이날 장을 담그면 맛이 좋다고 한다. 또한 농경제農耕祭를 행함으로써 풍년을 기원하기도 한다. 대표적인 풍속은 화전놀이이며 사내아이들은 물이 오른 버드나무 가지를 꺾어 피리를 만들어 불고 여자아이들은 풀을 뜯어 각시 인형을 만들어 각시놀음을 즐기기도

한다. 또 동쪽으로 흐르는 물에 때를 씻고 몸과 마음을 정결히 하는
날이기도 했다.

천년도 훨씬 이전인 그 시절 충담사와 경덕왕이 펼친 아름다운
찻자리의 향연이 아련한 풍경화가 되었다.

그동안 수없이 남산을 답사하고 여러 문헌이나 유물과 유적 등
을 살펴보면서 유추해보건대, 오늘날 일반적으로 공인되어버린 용
장계의 '대연화좌大蓮華坐'보다 당시 도성 가까운 남산 북쪽 장창곡
에서 발견된 세칭 삼화령 미륵삼존인 '미륵삼존의상'이 발견된 곳
이 삼화령일 확률이 높다는 것이다.

경주남산 삼화령 미륵불은 우리에게 숙제를 주었다. 혹여 우리
가 찾는 삼화령 미륵불이 아직 세상에 나타나지 않고, 경주남산 어
느 곳 땅속에 묻혀 발견되지 않은 채 햇빛 볼 날을 학수고대 기다
리고 있는지도 모른다. 언제나 그렇듯 신라유적은, 특히 경주남산
의 문화유산은 불현듯 우리 곁에 기적처럼 나타나는 일이 자주 있
었으니까 말이다.

어쩌면 충담사가 경주남산의 미륵세존께 팽다헌공烹茶獻供 했던
사실이 중요한 일이지 미륵불이 있던 삼화령이란 장소에 너무 집
착할 필요도 없을 듯싶다. 미륵 세상을 꿈꾸던 당시 신라인들에게
있어서 경주남산의 불보살은 그 존재 자체가 헌공의 대상이었을
것이다.

심정적이라는 것이지 어느 한 곳을 확연히 주장할 수 없는 안타
까움에 더욱더 앞으로 계속해서 이 부분을 연구해야 할 사명감도
가져본다. 주관적 판단이지만 앞에서 언급했듯이 아득한 그 시절을

현재의 지형 모습이나 발굴된 유물과 유적으로만 섣불리 추론한다는 자체가 자칫 관점을 흐릴 수 있다는 점을 염두에 두어야 할 것이다. 양쪽 현장을 찾아 여러 번이나 궁리를 하고 자료집을 살펴보았지만 어느 한쪽도 명확한 결론이 나지 않는다.

생의사生義寺 명문이 새겨진 기와 편이나 '생의사 석미륵'과 관계된 유물을 찾아보거나 또 용장계 대연화좌 아래 골짜기 절터를 살살이 뒤져 용장계 대연화좌에 안치되었던 불상 내력이 적힌 비신碑身을 찾는 일이 선행되어야 하리라. 마치 천년의 신화 속을 헤매는 것 같지만 오리무중 같은 신화가 반드시 역사가 되는 그날이 도래할 것이라 믿는다. 오히려 박물관과 같은 전문기관보다 민가나 우연찮은 곳에서 그 자료나 실물이 발견될 확률도 있다. 경주의 오래된 민가들에서 수없이 보게 되는 경주남산의 다양한 유물들을 떠올렸기 때문인지도 모른다. 문화유산의 보고요 지붕 없는 박물관이라 일컫는 경주남산을 우리는 오랜 세월 동안 방치된 채로 내버려두었다. 흘러간 과거는 지나간 오늘이다. 그래서 문화유산은 낡은 옛날이 아니라 살아 있는 현재라 부르고 싶다.

이 글의 관점이 때론 주관적이라 관념적으로 흐를 수도 있겠지만 주관이 없으면 객관성도 결여될 수 있다고 본다면, 결국 주관에 의해 객관성이 확립된다고 생각한다. 확고한 주체성을 바탕으로 한 접근만이 객관적 정체성을 쌓는 초석이리라.

『삼국유사』「탑상」편에서는 보덕普德 화상의 생애를 전하고 있는데, 산방山房의 노승老僧이 찾아와서 경전을 강의해줄 것을 요청하자『열반경涅槃經』40권을 강의했다. 이 강의를 마치고 평양성 서쪽의 대보산大寶山 암혈嵓穴 아래에서 선관禪觀을 수행하였다. 신인이 와서 이곳에 주석하는 것이 좋겠다고 하며 석장錫杖을 앞에 놓고 그 땅을 가리키며 이 땅 아래에 팔각 칠층 석탑石塔이 있을 것이라고 하였다. 파보니 과연 그 말과 같았다. 그래서 절을 세우고 영탑사靈塔寺라 이름 짓고 그곳에서 지냈다고 한다.

신라에서 유독 반가사유상이 많이 조성되었음을 알 수 있다. 신라에서는 화랑을 미륵과 연관하여 흔히 미륵보살반가상이라고 불렀다. 삼국시대인 6세기 후반부터 유행하기 시작하여 통일신라 초기까지 많은 반가사유상이 금동 또는 석조로 만들어졌다.

반가사유상이 유행하던 7세기 전반에 승려들의 선관 수행이 활발했던 것과 무관하지 않은 듯하다. 원효 스님도『대승기신론소기회본大乘起信論疏記會本』에서 선관 수행 자세의 하나로 반가좌半跏坐를 언급하고 있다.

"먼저 편안히 앉아 있을 곳이 항상 안온하여 오랫동안 방해가 없게 한다. 다음엔 다리를 바르게 해야 하는데, 반가좌라면 왼다리를 오른다리 허벅지 위에 올린 후 몸 가까이에 끌어당겨서 왼발 발가락을 오른다리 무릎과 나란하게 한다."

4세기 말부터 승려들은 선관 수행을 통하여 도솔천兜率天에 태어나 미륵보살의 가르침을 받아 깨달음을 이루고자 하였는데, 그들은 선관의 대상으로서 반가좌, 교각좌交脚坐, 의좌倚坐 자세를 한 미륵상을 조성하였다. 신라에서도 이러한 영향을 받아 7세기부터 본격적으로 선관 수행의 대상으로서 미륵보살반가사유상이 조성되었던 것으로 생각된다. 그리고 장창곡 미륵여래삼존상은 '의좌倚坐 자세' 를 하고 있음에 주목해보자.

신라 승려들은 반가사유상을 관觀하며 자신도 그와 같은 자세로 앉아 수행함으로써 깨달음을 이루고자 하였다.

경주남산엔 분명 충담사가 '팽다헌공烹茶獻供'하던 삼화령 미륵부처가 존재했었다.

이미 오랜 세월이 지났지만 우리는 삼화령에 미륵부처를 찾아 다시 안치해야 한다. 그리하여 그 옛날 아름다운 차 공양의 역사와 그 정신을 온전히 재현할 수 있었으면 한다. 이 일이야말로 잃어버리고 빼앗긴 우리 역사와 혼뿐만 아니라 훌륭한 우리 차문화 역사를 다시 세우는 일이 될 것이다. 그리고 다시 한번 강조하지만, 신라 경덕왕 대 충담사의 차 이야기는 우리 차문화의 원형이라 내세울 만하기 때문이다.

신라는 삼국 중에 국력이 가장 약했지만 결국 가야를 포함한 고구려와 백제 세 나라를 통합하여 통일신라 곧 우리나라를 탄생시켰고 우수한 문화를 창조하여 그 안에 차문화가 자연스레 녹아들었다. 그중에 충담사의 차 이야기는 고대 정신문화의 꽃이 되었으며 오늘날 한국의 아름다운 인문정신으로 높이 살만하다.

장창곡 석조미륵여래삼존상과 관련한 흥미로운 연구가 있는데, 이 불상의 모습과 발견 당시 석실의 봉안과 같은 특징을 고려했을 때 이 불상은 선관수행禪觀修行의 목적으로 조성했다는 것이다. 승려의 수행법 중 하나인 선관은 특정한 대상을 관觀하여 수행하는 방법으로 미륵불의 친견이 궁극적인 목적이라 할 수 있다.

경주남산 삼화령 미륵불에게 충담사가 헌다獻茶할 때 그 당시 이미 야외용 차도구를 담은 앵통櫻筒이 있었다는 점에서 신라의 발달된 차생활 모습을 짐작할 수 있다. 앞에서 언급했던 교각 스님의 다화茶話에서 살펴보았듯이 그 전부터 우리 땅에 차가 있었다는 증거다.

첫 신라 왕궁 터에 세워진 창림사지昌林寺址에서 발견된 기와 조각에도 '다연원茶淵院'이란 글이 보이고, 안압지雁鴨池로 더 잘 알려진 임해전지臨海殿址에서 출토된 유물 중에 찻잔으로 쓰였을 다양한 토기 그릇과 도자기들이 발견되었다. 특히 눈길을 끄는 그릇이 보이는데, 찻사발[茶碗]이었는지는 확실치 않다. 신라의 도기인지 판별은 안 되지만 몸체에 '정貞 언言 영榮'의 글자와 함께 '차茶'라는 문자가 쓰인 명문이 있다. 그 당시 찻그릇으로 쓰였음직한 중국 도자기들도 만날 수 있다. 1974년 경주 종합개발계획에 따라 문화재관리국에서는 경주의 신라 왕경 유적지에 대한 대대적인 발굴조사를 시작했고, 동궁 터와 안압지 등에서 상당한 수량의 도자기들이 출토되었다. 경주 안압지 출토 유물에는 당나라 시대의 형요邢窯, 월주요越州窯, 장사요長沙窯 백자와 청자 찻사발 유물들이 비교적 많이 발견되었다. 그렇다면 당시 신라인들은 특히 궁궐이나 귀족층에서는 비교적 문명이 발달한 대륙으로부터 차도구를 구해 와서 사용하지 않았나 싶다.

경덕왕이 충담사를 귀정문 문루에서 만나 "나에게도 차 한 잔을 나누어 주겠소[寡人亦一甌茶分乎]?"라고 했다는 기록에서 사발을 지칭하는 '구甌'가 등장하는데, 사발 '완碗' 자와 같은 뜻이다. 또 사발이나 주발을 뜻하는 '완椀'과 '완盌'은 옛 문헌에 자주 보인다.

충담사와 경덕왕 이야기를 다시 들어보자.

화랑도에는 한 집단의 지도자인 화랑과 승려 낭도 한 사람, 그리고 많은 인원의 낭도가 있었다고 하니 충담사도 화랑 기파랑의 승려 낭도였을 것이다.

경덕왕 때, 하늘에 해가 둘이 나란히 나타나서 열흘 동안 없어지지 않았다. 이 변고를 일관들이 아뢰면서 인연 있는 승려를 청하여 산화공덕散花功德을 행하면 재앙을 물리칠 수 있다고 하여, 왕이 친히 나가 인연 있는 승려를 기다렸고 지나가는 월명사月明師를 만나 기도를 하게 했다. 그러자 월명사는 "저는 국선의 무리에 속해 있습니다. 그래서 단지 향가만 알 뿐이고 범성梵聲에는 익숙하지 못합니다"라고 한다. 왕이 "이미 인연 있는 승려로 뽑혔으니 향가라도 좋소"하자, 이에 월명사가 〈도솔가〉를 지어 읊었다는 이야기기가 『삼국유사』 '월명사 도솔가'조에 실려 있다. 이 작품은 하늘에 해가 두 개 나타난 괴이한 현상을 해결하기 위한 의식에서 불린 향가다.

오늘 여기 궁궐에서 산화가를 부르며
청운青雲에 꽃을 뿌려 보내네.
정성껏 올곧은 마음으로 간절함을 실었으니
도솔천의 미륵님을 모시게 하라.
龍樓此日散花歌 挑送青雲一片花重直心之所使 遠邀兜率大僊家

경덕왕이 경자년庚子年에 월명사를 만난 것은 나라에 괴이한 일을 해결함이요, 왕이 나라를 다스린 지 24년에 충담사를 만난 것은 앞으로 닥칠 난국을 지혜롭게 풀어나가기 위한 인재 등용과 같은 것으로 볼 수 있다.

『삼국유사』에 언급된 충담사가 지은 〈찬기파랑가〉란 향가의 내용을 보면 기파랑耆婆郎이란 화랑과 함께 생활하며 기파랑의 기개와 인품을 몸소 체득해 노래한 것이라 볼 수 있다. 또 충담사는 경덕왕을 만나 또 하나의 향가 〈안민가〉를 노래했다. 당시 어려운 국정과 다음 왕위를 이을 왕자 때문에 경덕왕은 좋은 날(삼월 삼짇날)을 택해 나라의 인재를 구하기 위해 귀정문 문루에서 좌우 신하를 거느리고 인재 등용을 시도했다가 극적으로 충담사를 만났다. 충담사의 다도茶道를 통한 내공과 문장을 통해 인격과 경륜을 알아보고 왕사王師가 되어달라고 간청했지만, 충담사는 왕의 간절한 부탁에도 "왕은 왕답게, 신하는 신하답게, 백성은 백성답게 한다면 나라는 태평하리라"는 불변의 정치철학만을 남긴 채 초연히 역사 저편으로 사라졌던 것이다.

그리고 우리가 주목해야 할 장면이 있는데, 경덕왕과 충담사의 대화 내용이다.

인도에서 중국으로 건너와 선종禪宗의 초조初祖가 되는 달마대사와 중국 남북조 시대 양梁나라 무제武帝(502~549)의 선문답이 생각나는 대목이다. 불심이 뛰어나고 불사佛事도 많이 하여 불심천자佛心天子란 칭호를 받는 양무제와 통일신라 전성기의 임금으로 문화예술 특히 불사를 많이 한 경덕왕은 닮았다. 경덕왕은 불심佛心이 깊은 군주로, 미륵신앙이 강했던 진표眞表(734~?) 율사에게서 보살계를 받기도 했다. 또 고승대덕을 궁으로 불러 불법을 강론하게 하면서 특히 국가 중대사를 직접 논의하면서 불가의 힘으로 해결을 하려고 했음을 '경덕왕과 충담사' 연구를 통해 짐작할 수 있다.

달마와 양무제의 대화는 선문답이었지만 충담사와 경덕왕의 대화는 화두話頭가 아니라 정이 넘치는 따뜻한 대화였고 그 속에는 인문정신이 담겨있다. 그리고 또 하나 우리가 주목해야 할 것은, 이미 그 짧은 만남 속에서 충담사가 궁에서는 맛볼 수 없는 독특하고 향기로운 차, 다시 말해 매우 향기가 진한 욱렬郁烈(향기가 강렬함)의 묘미를 품은 충담차忠談茶를 경덕왕께 대접했고 〈안민가〉를 지어 나라를 다스릴 정치철학을 법문처럼 베풀었다는 것이다.

경덕왕 당시로 돌아가서 경덕왕이 처한 상황을 떠올려보자. 이 당시의 경덕왕에 대한 『삼국유사』의 기록에서는 두 가지 모습이 드러난다. 백성을 위한 지도자인 왕으로서의 모습과 후사를 잇기 위한 한 평범한 아버지로서의 간절한 모습이 그것이다.

경덕왕은 충담사와 극적으로 만나 왕사王師로 삼고 싶었지만 사양하는 그를 떠나보내고 귀정문에서의 차회茶會 석 달 후 세상을 떠났다. 왕위를 이어받은 태자는 겨우 나이 여덟 살의 제36대 혜공왕惠恭王(재위 765~780)이었다. 나이가 어리니 정사政事를 제대로 다스리지 못했고, 도적의 무리가 떼 지어 민심을 흉흉하게 하더니 결국 군사를 일으킨 김양상金良相 등에 의해 젊은 나이에 왕비와 함께 목숨을 잃고 만다. 인재를 한눈에 알아볼 지혜를 가진 경덕왕도 훗날 그렇게 참혹하게 죽을 아들의 앞날은 내다보지 못했던 것이다. 옛날이나 지금이나 인간의 어리석은 정은 어쩔 수 없는 법이다.

『삼국유사』 기록에 보면, 그 당시는 가뭄, 지진 등의 천재지변과

외척 중심의 정국 운영 등으로 총체적 어려움이 있었음을 알 수 있다. 경덕왕은 불교 문화예술을 꽃피우던 신라 전성기의 왕이지만 왕권을 강화하려던 그의 정책은 실패했고, 충담사를 극적으로 만나고 난 후 약 3개월 후에 세상을 떠나고 말았고 다음 왕인 혜공왕 대는 왕권 중심의 신라 중대中代 사회가 귀족 연립의 신라 하대下代 사회로 넘어가는 전환기이기도 했다. 급기야는 780년, 아들인 혜공왕이 임금에 오른 지 16년 만에 죽임을 당하여 김춘추金太宗武烈王의 직계의 중대 왕실은 역사 속으로 사라져갔다. 이찬 김지정金志貞이 반란을 일으켜 왕궁을 포위하자, 김양상이 이찬伊飡 김경신金敬信과 함께 군사를 일으켜 진압했다. 혜공왕은 이 난 중에 살해되었으며 내물왕계의 김양상이 왕위에 올라 태종무열왕 직계의 왕통이 단절되었던 것이다.

당시 경덕왕과 신라 왕실을 비롯한 정치 상황을 조금 더 살펴보자.

통일신라의 전성기였던 경덕왕 시대는 문화예술의 꽃은 활짝 피었지만 정치는 어지러웠다. 또 왕실이나 귀족들을 위한 사찰 건립이 성행했는데 이런 사찰을 원찰願刹이라 한다. 오늘날 신라문화의 진수를 즐길 수 있는 것도 그 시절 덕을 많이 보는 편이다. 하지만 나라의 국운을 알리기라도 하듯 대궐 뜰에는 오악五嶽 삼산三山의 신神들이 나타나 왕을 모시거나 춤을 추는 기이한 일들이 벌어졌다. 만월滿月 왕비와의 사이에서 늦게 낳은 유일한 태자는 아직 어렸고, 본인은 죽음을 코앞에 두었으니 경덕왕의 심정이 어떠했으랴.

이순李純처럼 충성스런 신하는 입산入山을 하거나 대궐 주위에서 멀어지고, 다음 왕위에 오를 태자는 너무도 어렸다. 왕을 따르는 왕당파王黨派와 왕의 정책에 불만을 품은 반 왕당파의 대립은 그 골이 깊었다.

『삼국유사』 권2 「기이紀異」편篇에 실린 '경덕왕景德王 충담사忠談師 표훈대덕表訓大德' 조를 읽어보자.

> 왕은 아들이 없어 왕비를 폐하고 후비 만월부인을 맞이했는데 의충依忠 각간角干의 딸이었다. 어느 날 왕은 표훈대덕에게 말했다. "내가 복이 없어서 아들을 두지 못했으니 대덕은 상제上帝께 청하여 아들을 두게 해주오." 표훈 스님은 천제를 만나 후 돌아와 왕에게 말했다. "상제가 말하기를, 딸을 구한다면 될 수 있지만 아들은 될 수 없다고 합니다." 왕은 다시 간청했다. "원컨대 딸을 바꾸어 아들로 만들어주시오." 표훈 스님은 다시 하늘로 올라가 천제께 청하니 천제가 말했다. "그렇게 할 수는 있지만 아들이면 나라가 위태로울 것이다."
>
> 無子 廢之 封沙梁夫人 後妃滿月夫人 諡景垂太后 依忠角干之女也 王一日昭表訓大德日 朕無祐不獲其嗣 願大德請於上帝而有之 訓上告於天帝 還來奏云 帝有言 求女卽可 男卽不宜 王日 願轉女成南 訓再上天請之 帝日 可則可矣 然爲南則國殆矣.

표훈 스님은 상제로부터 하늘과 사람 사이의 천기를 다시는 어지럽히지 말라는 꾸지람을 듣고 왕에게 알아듣도록 말했지만 경덕왕은 "나라는 비록 위태롭지만 아들을 얻어 대를 얻는다면 만족하겠소"라며 말을 듣지 않았다.

경덕왕도 선왕先王이며 친형인 효성왕孝成王이 대를 이을 후사가 없어 아우로서 왕위에 올랐기 때문일까. 그런 후 만월왕후가 태자를 낳았고 태자 나이 여덟 살에 경덕왕이 죽으니 다음 왕위를 이었고, 여자로 태어날 아이가 아들로 바뀌어 태어났으니 여자아이처럼 놀았다 한다. 어린 나이에 정사를 올바르게 다스리지 못하고 곳곳에 도적의 무리들이 벌떼처럼 일어났다.

이런 정치 현실과 다음에 왕위를 이을 어린 나이의 왕자 등의 난제에 경덕왕은 나라와 왕실을 다시 세울 생각으로 인재를 구하려고 했을 듯싶다. 경덕왕은 민심을 수습하고 국내 정세의 위기에서 벗어나기 위해 인재를 기다렸을 것이다. 삼국통일의 원천이 되었던 화랑정신의 부활과 화랑도의 출현을 꿈꾸며 삼월 삼짇날 경주남산 삼화령의 미륵세존께 팽다헌공하고 내려오는 충담사를 월성 귀정문루에서 기다리고 있었을 터. 경덕왕과 충담사의 주고받은 대화 속에는 많은 복선이 깔려있지 않던가. 경덕왕은 충담사를 처음 보지만 이미 그의 사람됨을 알고 있었을 것이다. 화랑 기파랑을 노래한 사뇌가를 지은 사실을 알고 다도 수련으로 형성된 인품의 격을 흠모했으며 화랑도의 일원이었다는 충담사를 만나기 위해 좌우 신하들에게 영복승을 천거해달라는 부탁을 하고 신하들이 천거하는 대덕을 물리치고 남쪽에서 걸어오는 누더기의 충담사를 지목했던 사실을 간과해서는 안 될 일이다. 그때 그 자리는 차향茶香와 함께한 역사적인 찻자리였다.

'끽다거喫茶去'란 화두를 남겨 오늘날 전 세계의 차인들에게 마음 공부를 시킨 조주趙州(778~897) 선사는 『무빈주화無賓主話』란 어록을 남겼다. 조주선사는 주인과 손님이 없는 이치에 대한 다른 부연적인 설명을 전혀 하지 않았다. 오직 이 네 글자만을 들어서 "여기에 대해 30년 동안 내게 와서 묻는 자가 아무도 없었다"고 말하고 있다. '무빈주화無賓主話'는 '손님과 주인이 없는 이치'에 관한 화두다. 남송시대 보제普濟(1178~1253) 선사가 기존의 『전등록傳燈錄』 등을 정리 재편집한 『오등회원五燈會元』에 '화로두무빈주火爐頭無賓主'란 말이 나온다. 풀이하면 '화롯가에 손님도 주인도 따로 없다'는 뜻인데, 이 경지를 '주인과 손님이 앉은 차회엔 주인도 손님도 따로 없다'라고 풀어본다면, 다선일여茶禪一如의 경지가 아니겠는가. 아마 그 옛날 충담사와 경덕왕의 차회는 이러했을 듯싶다. 옛날이나 지금이나 우리가 꿈꾸는 이상적인 찻자리의 원형일 것이다. 원효 스님과 천태天台 덕소德韶(81~972) 선사의 심외무법心外無法으로 가는 정신세계일 것이다. 그리고 심외무차心外無茶의 시공간으로 들어가는 문이다.

충담사와 경덕왕의 차회茶會는 특별한 의미를 갖는다. 우선 차문화의 온갖 것들이 융합되어 이루어진 만남이었다. 고매하고 검소한 덕을 지닌 충담사가 주관하는 차회는 차인의 품격으로 나타나고, 다양한 문화의 어울림에서 일기일회一期一會의 철학으로 귀결된다.

서기 765년 봄 삼월 삼짇날에, 신라 왕성 귀정문루에서 펼쳐진 차회는 우리나라 차문화사에 귀중하고 역사적인 장면으로 기억될 것이다.

충담사 차 이야기는 옛날 신라 때 일이다. 그 당시 야외에서 차를 다룰 수 있는 차도구, 요즘으로 치면 야외용 차도구가 있었음을 알 수 있다. 앵통櫻筒이란 이름의 차도구 함函도 기록에 남아있으니 충담사가 경주남산 삼화령 미륵불전에 공양하기 위해 고안한 것인지 아니면 당시 유행하던 풍습이었는지 모르겠지만, 신라 사회 차문화의 단면을 엿볼 수 있다. 화랑의 음다飮茶에서는 사선四仙 즉 술랑述郎, 남랑南郎, 영랑永郎, 안상安詳이 낭도郎徒를 이끌고 전국의 명승지를 돌면서 풍류도를 즐기고 차를 달이던 다구茶具들을 통해 한민족 고유사상인 풍류정신을 읽을 수 있다. 옛 서라벌이었던 경주와 그 인근, 특히 안압지雁鴨池에서 발굴된 유물 중에는 차도구들도 발견되는데 대부분 그 당시 당唐나라 유물이 많다. 신라와 당의 활발한 문물 교류에서 대체적으로 차문화가 발전되었던 당에서 차도구 등이 신라 궁궐이나 귀족 사회로 흘러왔으리라 싶다.

엉뚱한 생각이지만, 달뜨는 저녁에 경주남산에 올라 온밤을 보내리라. 꿈에 어떤 스님이 나타나 생의 스님을 이끌었듯이 내 꿈에도 충담사가 나타나 그 옛날 차 공양하던 삼화령 그곳을 정답게 손잡고 안내해주리라는 희망을 가져본다.

경주남산에 가면 남산은 고향이 된다. 아득한 추억처럼 그 옛날을 보여주고 들려주는데 육안으로 볼 수 없고 귀로 들을 수 없다. 천안통天眼通과 천이통天耳通이 열리지 않으면 볼 수도 들을 수도 없다. 경주남산에서는 누구나 신화 속으로 걸어 들어가야 한다. 아니 신화가 되어야 한다. 신화는 이성과 논리로만 읽기는 어렵다. 감성과 정리情理로 다가가야 한다. '무리지지리불연지대연[無理之至理不然之大然]'이란 원효스님의 정신세계로 들어가야 한다.

충담사는 일 년 중 삼월 삼짇날과 중구일을 골라 삼화령 미륵세존에게 차를 올리며 무엇을 염원했을까. 신라인들이 그 옛날 이 땅에 미륵정토彌勒淨土를 희구했듯이 충담사도 그런 뜻이었을까. 그렇다면 미륵불이 화랑으로 화생한다는 생각을 충담사는 믿고 있었고, 삼화령 미륵부처에게 화랑의 화신을 축원하거나 자신이 도솔천 미륵정토에 왕생하고자 하는 염원을 담았는지 모른다. 어쩌면 더 큰 원을 가진 대원본존 지장보살地藏菩薩처럼 차 공양을 했을지도 모를 터. 지장보살이란 석가여래의 부탁을 받고 부처가 입멸한 후 미륵불이 세상에 나타날 때까지 육도중생을 제도하는 보살이 아니던가.

예나 지금이나 미륵신앙은 민중의 삶에서 가장 친근한 구심점이었다.

돌로 만든 석미륵 이야기가 여러 옛 문헌에 자주 등장하는데 그 미륵불은 정교하지 않고 세련되지 못한 모양을 하거나, 누구나 좋아할 친근한 모습으로 다가온다. 투박하면서 고졸한 불보살의 모양새는 경주남산에서 쉽게 만나볼 수 있다. 그 당시 귀천에 관계 없이 누구나 찾아 포근히 안길 수 있는 남산은 그들의 영원한 안식처였고, 불국토를 염원하던 신라인에게는 불보살이 사는 부처의 땅이었을 것이다. 어쩌면 현실의 고달픔을 위로해주고 감싸 안아줄 그 어떤 존재를 남산과 미륵에서 찾았었는지 모른다.

그리고 여러 고전들에 의하면 그 당시 신라 사회는 미륵의 성지로 불릴 만큼 미륵신앙이 만연했으며 또 화랑들은 미륵의 화신을 자처하면서 미륵의 이상세계를 구현하기 위한 의식이 팽배했다고

보리사 석불좌상

추론할 수 있다.

충담사는 왜 미륵불에게 차를 공양했을까 하는 의문을 가져본다면 충담사의 생각과 풍류정신을 읽을 수 있으리라.

신라의 차문화와 관련된 유물과 유적도 중요하지만, 더 중요한 것은 그 역사를 관통하며 그 안에 담긴 신라차의 정신을 고찰해보는 것이다. 충담사는 차인茶人으로서의 덕목을 갖추고 있음을 『삼국유사』의 기록에서 알 수 있다. 돌이켜 보면 우리 차문화의 차 공양 역사는 신라의 충담사로부터 비롯되었다 해도 과언이 아니리라.

석굴암 본존

18

신라의 차 정신과
사상에 관한 고찰

신라인의 차 정신과 사상이란 무엇인가.

'참됨을 지키고 속됨을 멀리함[守眞忤俗]'에서 찾아야 하리라.

경남 하동군 쌍계사雙溪寺에 있는 국보 제47호 '진감선사대공탑비眞鑑禪師大空塔碑'는 고운 최치원이 비문을 짓고 쓴 탑비로, 진감선사 혜소慧昭(774~850)의 행적과 사상을 기록하고 있다. 최치원의 사산비명四山碑銘 중 하나이다.

이 비문은 우리나라 불교사 등의 연구에 중요할 뿐만 아니라 불교음악인 범패梵唄 이야기 등 사찰의 역사와 진감선사의 일생을 살펴보는 데 큰 도움이 된다.

비문은 서序와 명으로 구성되어 있는데, 첫 대목에 유불선 삼교

하동 쌍계사 진감선사대공탑비眞鑑禪師大空塔碑

사상三敎思想의 근원은 서로 다를 것이 없다고 했다. 이어 진감선사의 생애를 서술했으며, 끝부분에서는 비문을 짓게 된 경위와 자신의 심경을 적었다. 이 비는 887년 정강왕定康王(886~887) 2년에 완성되었으며 사비四碑 가운데 가장 먼저 이루어졌다. 비문의 글씨는 최치원의 친필이다.

그 비문에 차 생활과 관련된 글자인 '한명漢茗' 자와 돌솥을 지칭하는 '석부石釜' 등이 나온다.

관계된 비문 내용을 살펴보자.

> 중국차漢茶를 공양하는 사람이 있으면 돌솥石釜에 섶으로 불을 지피고 가루로 만들지 않고 달이면서 "나는 이 맛이 어떤지 알지 못하겠다. 뱃속을 적실 뿐이다"라고 하였다. 참된 것을 지키고 속됨을 멀리함이 모두 이러하였다.
> 以漢茗爲供者則以薪爨石釜不爲屑而煮之曰吾不識是何味濡腹而已守
> 眞忤俗皆此類也

진감 선사가 차를 몰라서 맛을 모르겠다고 하지 않았을 것이다. 비문 내용을 보면 그의 성품은 질박함과 무관하지 않았다.

그리고 최치원은 진감선사의 진솔한 생애를 한마디로 요약하여 '수진오속守眞忤俗'이라 표현했다. "참됨을 지키고 속됨을 멀리함이 이와 같았다"는 뜻이리라. 신라의 덕 높은 진감선사의 인품을 언급한 이 '수진오속'을 신라 차문화의 정신으로 보아도 손색이 없을 듯싶다.

경주남산 암벽에 새겨진 차와 관련된 유적을 살펴보자.

신라의 흥망성쇠興亡盛衰를 지켜본 경주남산에는 특이한 유적이 있는데 삼릉계三稜磎 선각육존불線刻六尊佛이 그것이다. 선각육존불은 자연 암벽의 동서에 각각 마애삼존상을 선으로 조각한 상으로, 그 조각 수법이 정교하고 우수하여 우리나라 선각 마애불 중에서는 으뜸가는 작품으로 평가된다.

서편 아미타삼존상阿彌陀三尊像의 좌우 협시보살인 관세음보살觀世音菩薩과 대세지보살大勢至菩薩은 본존인 아미타불을 향해 한쪽 무릎을 세운 자세[輪王坐]로 연꽃 모양의 사발에 차를 올리고 있다. 차에 관한 기록들이 금석문 등을 통해 현재까지 전해 내려오는 일례이다.

동편 암벽에는 석가삼존상釋迦三尊像이 새겨져 있고, 석가삼존상의 석가모니 본존은 연꽃 위에 앉았고 좌우에는 문수文殊보살과 보현普賢보살이 협시보살로 서 있다.

서편 아미타삼존상은 본존인 여래가 연꽃 위에 서 있고 양쪽 협시보살인 관세음보살과 대세지보살은 연꽃 위에 무릎을 꿇었는데 여래를 향해 각각 한쪽 무릎을 세워 앉는 자세인 윤왕좌輪王坐를 하고 있다.

유래를 찾기 힘든 이 경주남산 선각육존불상 중에서 서편 아미타삼존상에서는 보기 드문 헌공獻供의 모습을 볼 수 있다. 불교학자들은 여래如來를 향한 이 공양물이 단순히 꽃 쟁반인지 혹은 다기茶器인지 그 기물器物이 무엇인지 잘 모르겠다고 한다.

이 글에서 다루는 중요한 주제는 경주남산 삼화령 미륵세존께 올렸던 충담사의 차 공양에 관한 연구이다. 경주남산 답사를 위해 이곳 유적을 수없이 찾았던 사람으로서 아전인수 격인지 몰라도 아미타불께 올리는 두 협시보살의 공양물은 차茶일 것이라 믿는다.

신라인은 특히 미륵불과 아미타불을 사랑했다. 이곳 선각육존불을 보기 위해 자주 이곳을 찾았는데 볼 때마다 그 공양물이 차라는 것을 느꼈다. 왜냐하면 단순히 연꽃 모양의 그릇이나 쟁반을 올릴 까닭이 없다. 분명 그 그릇에는 여래에게 올리는 공양물이 들어 있을 것이다. 신라나 고려 시대의 유물을 살펴보면 연꽃 모양의 찻잔을 많이 발견할 수 있다. 그리고 바위에 새겨진 그 연화문 그릇은 찻사발[茶碗]로 봐야 한다.

우리가 불보살께 헌공하는 종류는 대체로 여섯 가지 정도이다. 곧 차茶, 꽃花, 과일果, 향香, 쌀米, 등촉燈燭 등으로 육법공양六法供養이 그것이다. 이 중에 차와 향과 꽃은 중요한 공양물이다.

불가佛家에는 〈다게茶偈〉라는 게송이 있다. 새벽 예불문의 첫 구절인 〈다게〉는 차를 올릴 때 외우는 게송이다.

아금청정수 변위감로차 봉헌삼보전 원수애납수(3번)

我今淸淨水 變爲甘露茶 奉獻三寶前 願垂哀納受

"저희가 지금 맑고 깨끗한 물로 감로차를 달여 삼보 전에 올립니다. 원하옵건대 받아주소서. 원하옵건대 받아주소서. 원하옵건대 자비로 받아주소서"란 내용이다.

이처럼 헌다의식은 신라 때 충담사가 미륵불彌勒佛께 헌다했듯이 불가의 가풍이었으리라. 오늘날엔 그 전통을 잇는 곳보다 그 정신을 살려 청청수淸淨水만 담아 올리는 다기茶器란 공양구供養具만 불전에 놓여있다.

지금은 예전의 어느 시절처럼 차가 귀하던 시절이 아니니 사찰마다 제대로 된 차를 올렸으면 좋으련만.

삼국시대에 유행된 미륵신앙을 배경으로 발달한 반가사유상 양식의 유물로 보물 제368호로 지정된 비암사미륵보살반가사유상碑巖寺彌勒菩薩半跏思惟像의 좌대에는 향로를 중심에 놓고 좌우에서 꽃과 차를 올리는 모습이 조각되어 있다.

이 선각 삼존상의 불상은 차 공양을 올리는 모습으로 봐야 할 것이다.

토함산 석굴암의 문수보살상을 눈여겨 본 사람은 알 것이다. 문수보살이 오른손으로 찻잔을 들고 있는 모습은 자연스럽고 우아하다. 신라 때 차 생활은 불교문화와 불가분의 관계이고 더불어 불보살께 올리는 차 공양은 일상다반사였으리라 본다. 석굴암의 문수보살상뿐 아니라 옛 문헌에서도 불보살께 차 공양하는 기록들을 쉽게 찾을 수 있다.

경주남산 삼화령 미륵세존께 차 공양을 하던 충담사와 삼릉계 유적인 선각으로 조각된 차 공양 상들은 무엇을 의미할까. 충담사가 팽차헌공 했던 미륵세존이 장창곡에서 발견되었던 미륵삼존상이라고 본다면, 이 두 곳은 조성연대도 거의 비슷한 시기라 이 시대의 미륵신앙과 아미타신앙의 상관관계를 유추해볼 수 있다.

삼릉계 선각육존불線刻
六尊佛 중 아미타 삼존
상 차 공양상

석굴암의 문수보살상文殊菩薩像

기림사祇林寺 약사전藥師殿 급수봉차汲水奉茶 벽화

　　그리고 경주 기림사祇林寺 경내 대적광전大寂光殿 옆 약사전藥師殿
의 벽화에 차를 부처님께 올리는 급수봉차汲水奉茶의 장면이 있다.
〈기림사사적기祇林寺寺蹟記〉에 '물을 길어 부처님께 차를 올리는 사
람[以爲汲水奉茶之人也]'란 기록이 나온다. 그리고 신라 차문화 유적답
사 중에, 기림사에서 당시 주지스님으로부터 〈기림사사적기〉에 관
한 이야기와 함께 오종수五種水 이야기를 직접 들었다. 기림사에 찻
물로 사용하기 좋은 물이 나오는데 곧 명안수明眼水, 화정수華井水,
장군수將軍水, 오탁수烏琢水, 감로수甘露水의 5종수가 그것이다. 현재
는 오종수 모두 기능이 사라졌지만 화정수 옆에 석조로 된 우물이
화정수를 대신하고 있다. 얼마 전 모 대학 차문화경영학과 학생들
에게 강의 차 오랜만에 기림사에 들려 그 물맛을 맛보왔는데 물맛
이 맑고 시원했다.
　　기림사는 조선 전기의 차인인 김시습金時習(1435~1493)과 관련이

있는 고찰이다. 기림사에는 매월당의 영정을 모신 사당이 있는데 매월당영당梅月堂影堂이다. 초의 스님도 서른 두살 때인 1817년에 기림사에서 3개월간 머물렀다.

일찍이 삼국을 통합한 통일신라의 차 정신은 이러한 다도 철학의 바탕에서 이루어졌으며, 이런 사상이 고려 지성인들의 차 생활을 통한 풍류정신과, 조선의 올곧은 선비들에 의한 차 철학 등을 거쳐 끊임없이 이어져 오늘에까지 면면히 계승되어 왔으리라 생각된다.

19

그림으로 읽는
차문화

신라인 충담사의 인문정신은 고려와 조선 선비들에게 정신문화의 영역을 넓혀주었다.

고려와 조선의 차문화는, 그 시대 차인들의 의해 그 영역이 시문詩文뿐만 아니라 도자기, 그림 등 다방면의 예술작품으로 확대되었다. 특히 차생활은 문인이나 선비들에 의해 그들의 글이나 그림에 풍류의 삶으로 표현되고 있다.

조선시대 차문화를 간략하게 살펴보면, 조선을 건국했던 통치세력은 고려시대의 정신적 신앙이었던 불교의 영향력을 약화시키기 위해 억불숭유抑佛崇儒 정책의 일원으로 사원寺院을 철폐시켰다. 또 사찰이 소유했던 토지를 몰수해 국가에 귀속시켰을 뿐 아니라 불도를 닦는 승려들에게는 도성 출입도 금지시켰다.

이는 차생활이 일상이던 승려뿐 아니라 문사文士 그리고 사대부들의 여유로운 차생활을 피폐하게 했다. 고려시대는 문사들이 승려들과 자주 만나 차를 나누는 일들이 많았음을 고려 문사들의 시문에서 찾아볼 수 있는데, 이런 시대적 상황 등이 자연히 차생활에서 멀어지게 했고 심지어 불가의 예불 행사나 민간의 제례 등에 올리던 차가 물과 술로 바뀌게 되면서 차문화가 쇠퇴의 길로 접어들었다. 요즘도 불전에 올리는 다기茶器 안엔 주인공인 차가 없고 맑은 물만 들어있음을 볼 수 있다.

이렇듯 차문화가 위축된 조선시대에는, 『조선왕조실록朝鮮王朝實錄』 등에 다례茶禮란 용어가 자주 나오듯이, 주로 왕실이나 민간의 의식용으로 차가 쓰였음을 짐작할 수 있다.

또 고려시대에 성행하던 가루차[末茶抹茶] 위주의 발달된 차문화가 잎차 위주의 차문화로 전환되던 시기가 조선시대였다.

조선 중기에 이르면 임진왜란과 병자호란 등의 국난으로 사회가 더욱 힘들어져 문화생활은 침체되었으며, 이 어지러운 사바세계와 그 시대상으로 인해 선비와 문인들의 내면적 갈등이 그림 등에 표출되었다.

선비의 지조志操와 절개節槪를 상징하는 대나무와 매화 등이 주요 소재가 되었고 또한 이 시기에 그려진 차가 있는 그림들도 대부분 은일과 관련된 주제로 그려진다. 차문화의 정신적 가치를 승계해온 문인과 선비들이 혼탁한 세속에서 잠시라도 벗어나 은일할 수 있는 방편 중 하나가 바로 차생활이었을 것이다.

차를 그린 대표적인 조선의 다화茶畵를 몇 점을 읽어보자.

우리나라에서 산수화山水畵는 단순히 자연을 그린 것만이 아니다. 선비들이나 문인들이 자연을 통해 자신의 감정을 드러내고 삶의 모습을 표현하는 방식으로써의 수단으로 볼 수 있다. 이런 까닭에 조선의 선비들이 자연에 들어가 책을 읽고 차를 마시며 그 속에 깃든 우주의 이치를 깨닫고 대자연을 통한 정신수양의 수단인 차 풍류를 즐겼음을 짐작할 수 있다.

교교한 달빛 아래 차를 마시는 선비의 모습을 표현한 대표적인 그림이 〈월하탄금도月下彈琴圖〉로, 문인화가 낙파駱坡 이경윤李慶胤(1545~1611)의 차생활을 그림으로 표현한 수작이다.

고요한 산속의 평온하면서도 여유롭고 한적한 분위기가 느껴진다.

이경윤은 왕실 출신의 문인화가이다. 조선 중기의 대표적인 차 그림인 그의 〈월하탄금도〉는 고요한 달빛 아래 홀로 거문고를 타는 선비와 그 뒤에서 찻물을 끓이는 차동茶童을 그렸는데 탁족濯足, 조어釣魚, 바둑 등 속세를 떠난 선비의 모습들을 그려낸 〈산수인물화첩〉 열 폭 중 한 폭의 그림이다.

이 그림 우측 하단에 찻물을 끓이는 동자의 모습이 보이는데, 입구가 크고 둥근 풍로 위에 둥근 몸체와 주구注口를 가진 탕관이 올려져 있고, 더벅머리 동자가 이 풍로 앞에 앉아 차를 다루는 뒷모습을 그렸다. 두 인물의 모습을 간결한 필치로 그려 배경이 된 달밤의 산속과 어울려 소박한 정경을 연출하고 있다.

이 그림 속 차 달이는 동자의 모습을 보면, 주인공인 금琴을 타는 선비의 단순한 조연이 아니라 '금琴과 차茶'가 세속을 벗어났듯이

이경윤의 〈월하탄금도月下彈琴圖〉

선비와 동자 역시 동격으로 표현되었다. 달밤에 무현無絃의 거문고를 타는 은일隱逸한 선비와 차를 무심히 달이는 동자는 도인의 모습이었을 터. 그리고 어쩌면 교교하지 않고 은은한 달밤이 배경이었으니 일러 무엇하겠는가.

차생활은 조선의 선비와 문인들에게 어떤 의미였을까?『채근담茶根譚』후집後集을 인용함이 좋을 듯하다.

좋은 차만 굳이 찾지 않는다면 차 주전자 마르지 않을 것이고, 맛있는 술만 찾지 않는다면 술 단지 비지 않을 것이다. 장식 안 한 거문고는 줄이 없어도 언제나 고르게 소리 나고 단소는 구멍이 없어도 저절로 맞나니 비록 복희씨를 뛰어넘기는 어려워도 혜강嵇康 완적阮籍처럼 죽림칠현에 필적할 수는 있으리.

茶不求精而壺亦不燥 酒不求冽而樽亦不空 素琴無絃而常調 短笛無腔而自適 縱難超越羲皇 亦可匹儔嵇阮.

이〈월하탄금도〉그림에 나타낸 거문고는 무현금無絃琴이다. 중국의 대표적 문인으로 동진東晉 말기부터 송末 초기에 걸쳐 생존했던 도연명陶淵明(365~427)의 '무금無琴의 고사古事'와 연관이 있어 보인다. 『진서晉書』'도잠전陶潛傳'에 나오는 말이다.

도연명은 천성적으로 음을 이해하지 못했으나, 줄과 기러기발이 없는 소박한 금琴 하나를 갖고 있었는데, 술자리를 가질 때마다 그것을 어루만지면서, "금의 멋을 알면 되지, 어찌 줄로 소리를 내려고 애쓰리오" 하였다.

淵明不解音律 以畜無絃琴一張 每酒適 輒撫弄以寄其意 蕭統.

그 당시 조선의 선비들은 중국 고사에 나오는 이야기나 책들의 영향을 많이 받았음을 알 수 있다.

이경윤은 동자를 데리고 깊은 산 속을 찾아 속진을 벗어나 내면의 자유를 추구하면서 자연과 동화된 삶을 사는 이상적인 공간을 그렸다. 어지러운 세상에서 그가 추구했던 삶의 희망은 고요한 달빛 아래 차를 마시는 일이었을 것이다. 차는 혼탁한 세상을 정화하고 청빈을 추구했던 당시 조선 선비들의 위안이었고 정신세계를 지탱해주는 안락이었을 것이다.

조선 후기에 살았던 유춘有春 이인문李寅文(1745~1821)은 차 생활을 즐겼다. 그의 〈선동전다도仙童煎茶圖〉란 작품은 〈한중청상첩閒中淸賞帖〉에 장첩粧帖되어 있는데 제목 그대로 차를 주제로 한 그림이다. 이인문은 도화서圖畫署의 화원으로 남종화와 북종화 등의 화법을 혼합하여 특유의 화풍을 보였다.

조선 후기 차 그림에서는 오로지 차 달이는 모습을 주요 소재로 삼아 묘사했는데 그 전례를 찾아볼 수 없는 독특한 양식이다.

〈선동전다도〉는 바위 절벽에서 쏟아져 내리는 폭포를 배경으로 오래된 소나무 아래에서 더벅머리의 선동仙童이 다로茶爐 앞에 앉아 찻물을 끓이며 부채질 하는 모습을 그린 것이다.

다로 위에는 탕관湯罐이 얹혀 있고, 동자의 바로 옆에는 사슴 한 마리가 친근하게 앉아 있다. 휘늘어진 소나무 아래는 불로초 영지靈

이인문의 〈선동전다도仙童煎茶圖〉

꽃와 사슴 등의 풍경을 넣어 신선세계를 표현했다.

이 작품에 묘사된 선동과 풍로, 탕관은 이인문의 차 그림에 보편적으로 등장하는 기법인데 찻물 끓이는 동자를 선동이라 표현함으로써 차의 세계가 신선의 경지임을 드러냈다.

그림의 제목을 〈선동전다도仙童煎茶圖〉라 한 까닭이 무엇일까? 정조와 순조 때의 문신이었던 홍의영洪儀泳이 쓴 '여여록구면汝與鹿俱眠 항약지화후과시訐藥之火候過時'란 화제畵題가 있는데, "그대와 사슴이 함께 잠들면 약 달이는 불길이 지나치리라"는 뜻이다. 여기에서 약은 선약仙藥을 말하며, 예부터 도교에서 지향하던 불로장생의 단약丹藥이 곧 차이고, 차를 마시는 일이 불로장생의 신선사상과 합일됨을 보여주는 것이다. 특히 차를 노래한 여러 선비의 글에서는 차의

약리적 효능을 자주 이야기했고 또 차가 인류에게 알려진 이후 초
창기엔 차를 양생養生의 선약仙藥으로 여겼기 때문이다.

조선의 대표적인 풍속화가 단원檀園 김홍도金弘道(1745~?)의〈초원
시명도蕉園試茗圖〉그림을 읽어보자.

파초 잎을 배경으로 마당에서 동자가 차를 달이고 있다. 질화로
에 탕관을 올려놓고 쪼그려 앉은 채 부채질을 해대며 숯불을 피우
는 모습이다. 파초 아래에는 마당의 돌 위에 나무판을 올려서 만든
질박한 서탁書卓이 놓였고, 그 위에 은사隱士의 조촐한 살림으로 보
이는 책 두 권에 작은 원형 벼루 등과 족자 몇 점 그리고 무현금과
찻잔 세 개가 놓여있다.

김홍도의 〈초원시명도蕉園試茗圖〉

숨어 사는 선비의 누실陋室답게 시원한 파초가 마당에 심어졌고, 선비는 어디로 갔는지 보이지 않고 서탁 옆에 사슴의 모습만 평화롭다. 세속을 떠난 깊은 산속의 선계仙界이다. 질박한 풍경의 이 그림은 혼탁한 세상을 피해 유유자적하며 무심히 차를 끓이는 시명試茗을 표현한 것이다.

김홍도의 특기인 유려한 화풍은 없고 고졸古拙함만 있는 이 작품은 노자老子의 『도덕경道德經』에 나오는 대교약졸大功若拙의 미학을 보여준다.

이재관의 〈오수도午睡圖〉

또 다른 차 그림을 읽어보자. 조선 후기 소당小塘 이재관李在寬(1783~1837)의 차 그림인 〈오수도午睡圖〉와 〈전다도煎茶圖〉는 은거하는 선비의 유유자적한 모습을 보여주는 더할 나위 없는 풍속화라 볼 수 있다.

〈오수도〉에는 서재에서 독서하다가 책을 베고 잠든 선비와 바위 아래에서 차를 달이는 동자, 그리고 차도구들과 노송 밑에서 노닐고 있는 한 쌍의 학이 등장한다. 왼쪽에 소나무 한 그루를 그리고 오른쪽에는 암벽을 그렸는데, 그 사이에 창이 활짝 열린 모옥茅屋에서 선비가 비스듬히 누워 낮잠을 자고 있는 모습이다. 찻물을 끓이고 있는 다동茶童은 마치 주인이 깨어났는지 확인이라도 하려는 듯 고개를 살짝 돌아보고 있어 생동감이 느껴진다.

수묵담채水墨淡彩로 그려진 풍경이나 선비와 동자 두 인물의 묘사는 짜임새 있는 조화로운 구도이다. 이 그림의 배경은 세속에서 벗어난 고즈넉하고 청아淸雅한 곳임을 넌지시 드러내고 있다.

그림 오른쪽 위에 '금성상하오수초족禽聲上下午睡初足'이라는 화제畵題가 있다. "지저귀는 산새 소리에 비로소 낮잠에 드네"란 뜻이다.

〈전다도〉는 흔히 〈산정일장도山靜日長圖〉라고 불리는 8폭 병풍 그림 가운데 한 폭으로, 〈산정일장도〉란 송宋나라 문인 나대경羅大經(1196~1242)의 〈산정일장〉이라는 시를 제재로 삼아 그린 그림을 말한다. 〈전다도〉는 8폭 병풍 그림 가운데 〈농필전첩도弄筆展帖圖〉 혹은 〈농필창간도弄筆窓間圖〉로 불리는 부분에 해당하는 그림이며, 나대경의 〈산

이재관의 〈전다도煎茶圖〉

정일장〉 가운데 다음 구절을 그림으로 그린 것이다.

창가에 앉아 붓 가는 대로 작고 큰 글씨 수십 자를 써보기도 하고, 갈무리해 둔 법첩法帖이나 필적筆蹟 두루마리 그림을 펼쳐 놓고 마음껏 보다가 흥이 나면 짤막한 시도 읊조리며 간혹 학림옥로鶴林玉露 한두 단락 쓰기도 하네. 다시 차 한 잔을 달여 마시네.
弄筆窓間 隨大小作數十字 展所藏法帖墨蹟畵卷 縱觀之興到 卽吟小詩 或艸玉露一兩段 再烹苦茗一杯.

이재관은 이 부분을 〈전차도〉로 형상화한 것이며, 시에 시작 부분에 나오는 '농필창간弄筆窓間(창가에서 붓을 희롱함)'과 끝 부분에 나오는 '재팽고명再烹苦茗(다시 쓴차를 달임)'을 합쳐서 화제로 썼다.

〈오수도〉와 〈전다도〉두 작품 모두 깊은 산 속의 은거지가 아니라 누옥陋屋인 모옥茅屋을 등장시켰고 그곳을 생동감 있게 표현하여 숨어 사는 선비의 유유자적悠悠自適을 나타냈다. 또 노송老松 아래 선비의 은거와 함께 차를 달이는 차동의 모습을 비중 있게 그려 넣어 신선의 경지를 은연중에 나타냈음을 읽을 수 있는 그림이다.

20

경주남산
차문화 기행

충담사가 걸었음직한 남천南川(蚊川)을 건너 논밭 길을 걸어 도로를 지나면 상서장上書莊을 만난다. 이 신작로는 경주남산 북록과 도당산 사이의 맥을 끊은 지점이다. 상서장을 지나 남산을 오르면 맨드리고개가 나오고 남산성 터에 이르기 전 세칭삼존상이 출토된 곳을 만날 수 있다.

앞에서 언급했던 여러 곳의 산길로 답사하며, 석조미륵삼존상이 발견된 장창곡 언덕도 만날 수 있고 또 용장계 연화대좌도 만날 수 있다.

무엇보다도 신나고 즐거운 답사의 묘미는 남산 삼릉계三陵溪라 부르는 냉곡冷谷에서 시작하는 길이다. 경주남산 골짜기 중에 가장 많은 유적을 볼 수 있다. 먼저 냉곡 옆에 위치한 배동 선방곡禪房谷의 삼존석불을 찾아보고 떠나는 것이 아쉽지 않은 답사기행이다. 이 배동 삼존석불은 이 글에서 가장 많이 언급한 세칭 삼화령 미륵 삼존과 동시대의 작품이기에 더욱 애정이 간다. 흔히들 '나무아미타불 관세음보살'이란 말을 가장 많이 사용하는데 그 부처의 명호를 가슴 깊이 새길 수 있는 매력적인 불상이다.

중앙 본존상이 아미타불阿彌陀佛이고 좌우에 관세음보살觀世音菩薩과 대세지보살大勢至菩薩이 입불立佛로 서 있는 입상立像인데 천진한 미소가 일품이다.

어떤 어려움도 막아주고 어떤 소원도 들어줄 것 같은 모습이다. 아닌 게 아니라 본존의 수인手印을 보면 오른손은 두려움을 없애준다는 시무외인施無畏印이고 왼손은 무슨 소원이든 다 들어주겠노라하는 시여원인施與願印이다.

아미타불은 무량수불無量壽佛이라 부르는데 서방정토에 머물면서 중생을 극락으로 이끈다는 부처이다. 다섯 구원불 가운데 하나로 '무한한 수명'이라는 뜻을 가졌다. 아미타불을 믿고 그 이름을 부르는 사람들이 모두 정토에 태어나 복을 누리며 산다는 믿음을 주는 부처이다. 아미타불 신앙은 선덕여왕 때 자장慈藏 율사의 『아미타경소阿彌陀經疏』를 계기로 정토신앙이 시작되었으며 이후 불교 신앙의 일반적인 형태로 정착되었다.

아미타불 왼쪽의 관세음보살은 자비를 맡고 오른쪽의 대세지보살은 지혜로 중생의 어리석음을 없애준다고 한다. 답사할 때마다 느끼는 것이 있다.

삼존석불三尊石佛

흥미로운 건 배동 삼존불의 본존 모습이 아버지 또는 할아버지라면 동시대의 동남산 감실 불상은 어머니 또는 할머니 상이다. 그리고 장창곡에서 발견된 미륵여래삼존은 동자를 닮은 아이와 같다. 그러면서도 세 곳의 불상은 닮았다. 우연의 일치일까. 어쩌면 어느 솜씨 좋은 신라의 석공이 의도적으로 만든 것일까. 물론 이 세 곳 불상들은 동시대 작품이다.

약 35년쯤 전에 이 불상 주위 삼불사三佛寺 근처에 당시 주지스님과 함께 차나무를 심어놓았는데 유적 발굴한다고 많이 사라졌지만 아직도 절 입구와 산신각 뒤편에 제법 무성하게 자라는 모습을 볼 수 있다. 가을에 차나무 꽃인 소화素花를 감상하며 찻잎을 입에 물고 답사를 즐긴다면 금상첨화이리라.

삼불사 옆 망월사望月寺를 지나 오솔길을 따라 남쪽으로 걸으면 본격적인 경주남산 답사길이다. 삼릉三稜을 스쳐 지나며 남산 솔숲의 아름다움을 만끽하다 보면 언제나 가슴이 뛴다. 개울을 따라가다 보면 첫 번째로 석불좌상石佛坐像을 맞이하는데 머리가 없는 불상이다. 만약 불두佛頭를 찾아 제자리를 찾아준다면 통일신라의 당당한 걸작이 될 것인데 하는 아쉬움이 앞선다. 어디 남산에서 이 불상뿐이랴. 유적 중에 완전한 모습을 보기가 힘들다. 이 불상의 특징은 왼쪽 어깨에서 가사袈裟 끈을 매듭지어 아래로 드리워진 두 줄의 수실과 매듭장식이다. 방금 조각한 것 같은 섬세함은 신라 매듭문화의 백미를 엿볼 수 있게 한다.

언젠가 답사 팀을 이끌고 이 불상 앞에서 설명을 하는 중에 지나가던 어느 무녀巫女 같은 여인이 "이 부처 머리는 앞 계곡에 파묻혀 있어요"라고 하며 스쳐 지나갔다. 아마 그럴 수도 있겠지 싶었다. 얼마나 많은 유물이 오랜 세월 훼손되고 땅속에 파묻혀있을까. 남산에 숨어드는 무속인들을 심심찮게 만나게 되는 것을 보면 역시 이 남산은 영험이 서린 겨레의 땅이다.

이 여래상에서 북쪽 산등성을 쳐다보면 햇볕을 온전히 받고 있는 기둥바위들이 있고 그 바위 중에 관세음보살상이 입상으로 새겨져 있다. 이 마애관음보살의 자비스런 얼굴과 도톰한 붉은 입술로 미소 짓는 모습은 따뜻하다. 삶이 우리를 속이거나 사는 게 버거울 때 위안을 주는 부처다.

우리는 끊임없는 미망과 망상에서 스스로 진면목을 잊고 살아간다. 여기 이 순간 이 자리에서 참되게 살라는 진리를 일깨워주는 불보살이다. 비록 속진俗塵을 벗어날 수 없다 해도 속물은 되지 말라고 일러주는 관음보살이다.

이 관음상을 지나 남산 속으로 조금 들어가면 계곡 바로 위에 나지막한 절벽 바위가 동서로 두 곳에 병풍처럼 서 있다. 이곳이 앞에서 차 공양상供養像으로 언급한 선각육존불線刻六尊佛의 현장이다. 다듬지 않고 주름 많은 화강암 자연 바위에 새겨진 이 조각은 조각이라기보다 차라리 활달한 필치로 그려진 그림과 같은 수법이다.

이 선각여래상이 새겨진 바위 위쪽에는 빗물이 아래로 흐르지 못하도록 절수구를 파놓았고 바위에 새긴 불상을 보호하기 위한 건물 흔적도 남아있다. 그리고 산길 따라 아니면 길을 벗어나 여러 유적들인 냉골 선각마애여래좌상과 삼릉계 아미타여래좌상들을 살펴보며 남산 정상 쪽을 오르면 경주남산의 대불大佛인 마애여래불磨崖如來佛이 순례자를 반길 것이다. 이곳 자연 암벽에 돋을새김으로 조각한 거대한 부처를 만나면 우리 인생을 다시 한번 돌아보게 한다. 그 당당하고 위엄 있는 부처의 모습에서 당시 신라인들의 불국토를 염원하던 정신세계를 느낄 수 있다. 이 삼릉계 상선암 마애여래좌상 앞에 서면 경주남산에서 만날 수 있는 최고의 승경勝景이 한눈에 들어온다.

차도구茶道具를 들고 와서 문화원 회원들과 함께 이 대불 차를 공양하던 일을 떠올리며, 산길을 따라 금오산 정상을 밟고 능선 길을 걸어 용장계와 고위산을 바라보며 또 다른 삼화령을 만나는 환상의 산행길은 단연 경주남산 답사의 압권이리라.

오늘날 기정 사실화해버린 또 다른 삼화령은 유적이 많은 용장계로 내려가지 말고 순환도로를 따라 조금 걸어가다가 위쪽 자연 바위를 타고 오르면 만날 수 있는데, 그 둥글고 평평한 바위에 연화좌를 새겨놓았다. 고개 위 큰 바위 위에 복련화伏蓮華의 기법으로 조

삼릉계 상선암 마애여래좌상

각된 연화대 바위가 또 다른 삼화령이다. 자연석을 연화대로 썼는데 직경이 1.5m, 둘레는 5.5m이다. 언젠가부터 도로에 충담사 차 공양 이야기를 담은 삼화령 안내판이 있어 찾기가 쉽다.

재차 언급하면 이곳을 삼화령이라 주장하는 쪽은 세칭 삼화령 연화대좌 고개 아래 소나무 숲이 생의사生義寺가 있던 절터였다고 한다. 용장계 연화대좌에서 남쪽을 바라보면 용장 골짜기와 건너편 고위산은 그 오묘한 풍광이 경주남산의 매력을 보여준다.

연화대좌 아래로 열여덟 군데나 절터가 발견된 이곳 용장골 바위산은 불국토를 그대로 옮겨 놓았던 신라인의 이상향이었으리라.

연화대좌를 답사하고 용장계로 내려가면 여러 유적을 차례로 만나게 된다.

우리나라에서 찾아보기 힘든 원형 삼륜대좌불圓形臺座佛, 이 대좌불臺座佛 옆 동쪽 바위에 새겨진 마애여래좌상磨崖如來坐像은 바위새김 불상으로는 완벽에 가까운 수려한 모습이다. 단아한 상호에 머리엔 나발이 선명하다. 그리고 거대한 바위산이 기단부基壇部가 된 훌륭한 삼층석탑三層石塔을 만날 수 있다.

경주에서 언양으로 가는 국도로 가다가 용장리에서 용장계곡을 따라 오르다 설잠교雪岑橋를 건너 곧장 바위산을 타며 용장사茸長寺 여러 절터와 삼층석탑三層石塔과 원형 삼륜대좌불 그리고 마애여래불을 답사하며 올라가서 또 다른 삼화령 연화대좌蓮花臺座를 만나는 길이 일반적인 답사길이다.

그 옛날 삼화령 미륵세존께 차 공양을 하던 신라인 충담사의 그 정신을 떠올리며 남산 답사에 들어서면, 길지도 짧지도 않은 금오

용장계 마애여래좌
상(위)과 용장계 삼
층석탑(아래)

산 능선을 타고 오다가 건너편 고위산을 바라보며 용장골로 내려와 보통 용장리 계곡 따라 내려오기도 하지만, 설잠교를 건너 갈림목에서 다시 동쪽으로 산을 오르며 이영재를 지나 동남산으로 넘어 가는 산길에서 경주남산의 그윽한 풍경을 만나는 기쁨이 있다. 그리고 멀리 토함산吐含山이 한눈에 보이는 신선암神仙庵 암벽에 새겨진 마애보살상磨崖菩薩像과 칠불암七佛庵 마애불군磨崖佛群을 답사하고 서출지書出池를 지나 미륵곡彌勒谷의 보리사菩提寺 석불좌상石佛坐像과 탑곡塔谷의 부처바위와 불곡佛谷의 감실여래좌상을 만나고 산을 내려오는 산행길도 경주남산에서 잊을 수 없는 즐거움이다.

이 경주남산 답사의 또 하나의 묘미는 매월당梅月堂 김시습을 떠올리는 일이다. 용장계의 유적 답사에서 설잠雪岑 스님 곧 매월당 김시습의 경주남산 시절을 생각하면, 조선의 한 인물을 통해 우리는 문사철文史哲의 큰 산맥을 만날 수 있으리라.

21

경주남산과
매월당 김시습의 인문정신

신라의 충담사는 경주남산 삼화령 미륵세존께 차 공양을 하고, 경덕왕과 차회를 열고, 향가를 통해 우리 정신문화의 기틀을 마련해주었다. 이런 정신과 기풍을 이어받아 조선의 매월당은 경주남산 용장계에 은거하며 우리 차 사상을 확립했다.

조선의 이단아, 매월당 김시습은 우리 차문화사에서 아주 중요한 인물이며 그의 차 사상은 인문정신을 한층 높였으며 이웃 나라 일본의 다도 문화에도 큰 영향을 주었다.

생육신生六臣의 한 사람으로 조선 단학丹學을 이끌었던 매월당은 유학자이자 승려이며 많은 차시茶詩를 남긴 조선의 대표적인 차인茶人이었다.

그는 서른한 살 되던 해(1465년)에 고도 서라벌을 찾아 경주남산[金鰲山] 용장계에 오랫동안 머물렀다. 신라인의 정신이 축적된 서라벌, 그것도 금오산의 그 무엇이 그를 오랫동안 그곳에 머물게 했을까? 이곳에서 그는 『금오신화金鰲新話』를 비롯하여 『유금오록遊金鰲錄』과 『산거집구山居集句』 같은 훌륭한 작품들을 남겼고 주옥같은 차시를 통해 우리 차문화사에 금자탑을 세웠다. 『금오신화』는 그의 나이 34세 때인 1468년에 완성했다.

매월당이 최초로 초암차草庵茶 정신을 일으켰으며, 당시 일본에서 온 준장로俊長老와 오늘날 울산에 있었던 불일암에서 만났다. 준장로는 매월당에게서 조선의 초암차 정신을 배웠으리라. 매월당은 초암의 차실에서 차를 대접하며 초암차 정신을 전해주어 일본의 대표적인 차정신인 와비차[佗茶]의 바탕이 되었음을 여러 연구자들이 밝히고 있다. 일본 승려 준 장로와 다담을 나누며 읊은 시를 읽어보자.

遠離鄕曲意蕭條	고향을 멀리 떠나오니 감회가 쓸쓸도 하여
古佛山花遣寂廖	옛 부처와 산꽃들로 적적함을 달래노라
銕鑵煮茶供客飮	쇠 다관에 차를 달여 손님에게 대접하고
瓦爐添火辨香燒	질화로에 불을 지펴 향을 사르네
春深海月侵蓬戶	봄 깊으니 바다 위에 뜬 달 쑥대 문에 머물고
雨歇山麖踐藥苗	비 그친 산속에는 사슴들이 뛰놀겠구나
禪境旅情俱雅淡	선의 경지나 나그네 마음 모두 아담하니
不妨軟語徹淸宵	밤새워 맑은 이야기 나누어도 좋으리라

이뿐 아니라 당시 매월당이 썼던 우리나라 최초의 소설인 한문 단편소설집 『금오신화金鰲新話』는 탈고되자마자 일본으로 흘러들어 갔으며 1653년에 일본에서 처음 발간되었다. 일본에서 전해오던 목판본을 최남선이 발견하여 1927년 한국에 처음 소개하였다. 당시 일본에서 우리 문화에 대한 관심이 어땠는가를 알 수 있다.

매월당이 남긴 주옥같은 차에 관한 글을 보면 매월당이 뛰어난 차인이었음을 알 수 있다. 고려나 조선의 대부분 선비들은 차를 마시며 떠오른 시상을 읊는 일이 보통인데 그의 글에서는 차나무 기르는 일부터 차에 관한 온갖 다사茶事와 다도 등을 통달하고 있음을 느낄 수 있다. 우리나라 차의 성인聖人이라 불러야 할 인물이다. 매월당이란 아호도 자신의 한시 '매화 그림자 창에 가득하고 달이 처음 밝아오네[滿窓梅影月明初]'라는 문구에서 가져온 것이라고 한다.

세속을 떠나 산속에서 한가하게 살아가는 은일자隱逸者의 담담한 소일消日을 읊어 떠돌이 인생에서도 철학적 깨달음을 보여주는 시 한 편을 다시 읽어보자.

〈산거집구山居集句〉는 '산에 살면서 시구를 모아서 짓다'란 의미의 시로, 여러 사람의 시에서 집구集句한 작품이다. 본래 '집구'란 여러 사람의 시에서 한 구절씩 따와 새로운 시를 짓되 운韻도 맞아야 하므로 창작 이상의 혼이 담겨있기 마련이다. 이 시에는 세상을 등지고 살아가는 매월당 자신의 모습을 엿볼 수 있다.

踏破千山與萬山　　천산과 만산을 오르고 나서
洞門牢鎖白雲關　　골짝 문을 굳게 닫고 흰 구름으로 잠갔다.

| 萬松嶺上一間屋 | 많은 소나무로 고개 위에 한 칸 집 지으니 |
| 僧與白雲相對閑 | 백운과 중이 서로 바라보며 한가하기만 하네 |

그의 〈무제無題〉란 시는 이미 유불선儒佛仙을 통달한 도인의 글이다.

石泉凍合竹扉關	바위틈 샘도 얼고 대사립문도 걸었는데
剩得心閑事事閑	마음의 한가함 얻으니 일마다 한가롭다
簷影入窓初出定	처마 그림자 창에 들자 비로소 선정에서 나와
時聞霽雪落松閒	때때로 눈 녹아 소나무 사이로 떨어지는 소리 듣는다

세조에게 축출된 단종에 대한 신의를 끝까지 지키며 벼슬길에 나가지 않고 세상을 떠돌며 자연에 은거한 생육신의 한 사람이기도 한 그는 단종 복위를 꾀하다 죽임을 당한 사육신들의 주검을 거두어 지금의 노량진에 묻은 충신이다. 이런 이야기가 이긍익李肯翊 (1736~1806)의 『연려실기술燃藜室記述』에 기록되어 있다. 서슬 퍼런 세조의 위세에 그 일을 아무도 나서지 않을 때, 그는 주검 하나하나 바랑에 담아 고이 묻었다고 전한다. 그 시대의 올곧은 지성인인 매월당을 율곡栗谷 이이李珥(1536~1584)는 '백세의 스승'이라 칭송했다.

매월당의 대표적인 차시 〈작설雀舌〉은 이런 내용이다.

| 南國春風軟欲起 | 남쪽의 봄바람 살살 불어오니 |
| 茶林葉底舍尖觜 | 차나무 숲 잎사귀엔 뾰족한 부리 머금었네 |

揀出嫩芽極通靈	여린 싹 가려내니 정녕 신령과 통하고
味品曾收鴻漸經	맛과 품성은 육우 다경茶經에 실렸고
紫笋抽出旗槍間	창 같고 깃발 닮은 자순 잎을 가려 뽑아
鳳餠龍團徒範形	봉병과 용단의 그 모양을 본떠 만들어
碧玉甌中活火烹	벽옥 찻사발에 차를 넣고 타오르는 불에 달이면
蟹眼初生松風鳴	게눈 같은 거품 방울 일고 솔바람 소리도 울리네
山堂夜靜客圍坐	산당의 고요한 밤에 손님들 둘러앉아
一啜雲腴雙眼明	운유차 한 잔 마시니 두 눈이 밝아지네
党家淺斟彼粗人	당가에서 잔을 비우는 저 사람 촌사람인가
那識雪茶如許清	어찌 알리요, 눈 녹은 물로 달인 차의 맑음을

스스로 차나무를 가꾸고 차 생활을 즐기는 다도의 경지가 어떠한가를 보여주는 글이다. 운유차雲腴茶란 좋은 차의 별칭이며 당가党家란 재산이 있는 졸부 집을 말한다.

매월당이 남긴 시 가운데 차를 소재나 주제로 한 작품은 『매월당집梅月堂集』에 67편 73수가 전한다고 하니 우리나라에서 가장 많은 차시를 남겼다.

『매월당집』은 김시습이 별세한 지 18년 뒤에 중종中宗의 명에 의하여 유고의 수집이 시작되었다. 시집 15권 4책, 부록 2권 1책, 도합 23권 6책이다. 이것은 매월당의 자필본이었다고 한다. 그 뒤에 박상朴祥과 윤춘년尹春年이 김시습의 유고를 계속하여 수집하였다. 그러다가 마침내는 윤춘년에 의하여 『매월당집』이 간행되었다. 『매월당집』은 현존하는 최고본이 갑인자본甲寅字本이다. 『매월당집』의

문文은 그의 유가사상을 개진한 논論·의義·설說 등이 대표적이다. 그는 논論을 통해 경국제민經國濟民을 구체적으로 논하기도 했는데, 『매월당집』의 논論에는 「고금제왕국가흥망론古今帝王國家興亡論」, 「고금군자은현론古今君子隱顯論」, 「고금충신의사총론古今忠臣義士總論」, 「위치필법삼대론爲治必法三代論」 등이 있다. 의義에는 「인군의人君義」, 「인신의人臣義」, 「애민의愛民義」, 「예악의禮樂」, 「덕행의德行義」 등이 있다. 설說에는 「인재설人才說」, 「생재설生財說」, 「명분설名分說」 등이 있다. 『매월당집』의 잡저는 도가道家에 관한 논평문이 주요 내용으로 되어 있다.

매월당은 시뿐만 아니라 자신의 정치사상을 담은 논문도 많이 썼음을 알 수 있다. 이들 논에서도 매월당의 뛰어난 사상을 엿볼 수 있는데, 「애민의愛民義」에 나오는 한 대목을 읽어보자.

『서경』에서, 백성은 오직 나라의 근본이니 근본이 견고해야 나라가 편안해진다고 했다.

비록 임금의 자리에 있더라도 백성들의 어려움을 생각해야 민심이 그를 따른다. 그리하여야만 만세토록 군주로 자리할 것이다.

민심이 떠나서 흩어지면 하루가 못 가 필부가 된다. 군주와 백성간은 간격의 차이라 조심하고 삼가야 한다.

고로 창고는 백성의 몸이요 옷과 신발은 백성의 살과 같고 술과 음식은 백성의 땀이다.

궁궐의 마차는 백성의 힘이요 세금은 백성의 피와 같다. 백성이 십분의 일을 세금으로 위에다 바치는 까닭은 임금으로 하여금 백성을 잘 다스리란 것이다.

임금으로 다스리려면 지혜롭게 하여야 하며 이것이 다스림이다. 그러므로 음식을 먹어도 백성들이 먹는 것을 생각하고, 임금이 옷을 입어도 백성들이 입는 것을 생각하여야 하며, 궁궐에 살아도 만백성이 편안하게 사는 것을 생각하여야 한다.

書曰, 民惟邦本, 本固邦寧. 大抵民之推戴而以生者. 雖賴於君, 而君之莅御以使者, 實惟民庶. 民心歸附, 則可以萬世而爲君主. 民心離散, 則不待一夕而爲匹夫. 君主匹夫之間, 不啻毫氂之相隔, 可不愼哉. 是故倉廩府庫, 民之體也. 衣裳冠屨, 民之皮也. 酒食飮膳, 民之膏也. 宮室車馬, 民之力也. 貢賦器用, 民之血也. 民出什一, 以奉乎上者, 欲使元后, 用其聰明, 以治乎我也. 故人主進膳, 則思民之得食如我乎, 御衣, 則思民之得衣如我乎, 乃至居宮室而思萬姓之安堵.

매월당은 조선 팔도를 방랑하다가 경주를 돌아보고 경주의 남산 곧 금오산에서 폐허가 된 절터를 택했다. 신라시대 용장사茸長寺가 있었기에 용장곡茸長谷이라 불렀는데 큰 바위가 많은 금오산의 남쪽 골짜기에 그 절터가 남아있다. 용장골에는 지금까지 밝혀진 절터가 18개소나 되는데 이름이 알려진 절터는 용장사 한 곳 뿐이라 입구에서 차례로 번호를 붙였다. 축대가 남아 있거나 작은 면적이지만 절터 모양과 그 안에서 발견된 석조여래좌상, 약사여래좌상 등의 불상들을 살펴보면서 많은 절터가 있었음을 짐작할 수 있다.

경주남산 곧 고위산高位山에서 시작하여 흘러오는 계곡의 이름이 은적골隱寂谷인데 은적골 입구에 절터가 하나 있다. 본류와 지류가

모이면서 소沼를 이루고 있는데 그곳에 건축 터가 남아있어 이곳이 매월당이 초옥草屋을 짓고 살았던 곳이라『경주남산고적순례慶州南山古蹟巡禮』에서 추론하고 있다. 은적골이란 명칭이 매월당이 숨어 살았다고 붙여진 이름이라 한다. 그는 이곳 용장골 칠사지七寺址에서 은거하며 주옥같은 차시를 남겼을 것이다.

절이 폐허가 된 데다 골짜기도 깊어서 사람의 발자취가 거의 닿지 않았기 때문일까. 그는 이곳에 초암을 짓고 매화와 차나무 등을 심었다. '금오산실金鰲山室'을 짓고 '매월당'이라고 했고 그의 호가 된 것이다.

이 시절 매월당의 글을 보면 금오산을 중심으로 경주의 자연과 신라 문화유산에서 느낀 감정들이 잘 나타나 있다. 서남산 배동 입구에 그 흔적이 있는 '선방곡禪房谷'의 절을 읊은 듯한 〈선방사禪房寺〉라는 시에는 "비바람 불고 고양이와 쥐들만이 왔다갔다 하는 주인 없는 쓸쓸한 절"을 묘사하고 있다. 〈오릉五陵〉에서는 궁궐의 남쪽 남산 북쪽에 있는 오릉이 신라를 세운 임금의 무덤임을 이야기하고 세월이 흘러 이제 찾는 사람도 없고 빗돌도 하나 없이 토끼와 여우가 노니는 곳이 되었음을 아쉬워한다.

금오산 곧 경주남산에서『금오신화金鰲新話』를 지은 후 읊은 시 두 수를 읽어보자.

〈서금오신화후書金鰲新話後 1〉

矮屋青氈暖有餘   나지막한 집 푸른 담요엔 따스한 기운 넉넉하고

滿窓梅影月明初   매화 그림자 창에 비치고 초승달이 차츰 밝아온다

挑燈永夜焚香坐　긴긴 밤을 등불 돋우고 향 사르고 앉아
閑著人間不見書　한가히 세상에서 보지 못한 글을 짓고 있노라

<서금오신화후書金鰲新話後 2>
玉堂揮翰己無心　옥당에서 글 짓는 일은 이미 마음에 없고
端坐松窓夜正深　소나무 어리는 창가에 단정히 앉으니 깊은 밤이다
香鑵銅瓶烏几靜　향 피우는 그릇과 찻물 끓이는 동병은 책상 위에 고
　요하고
風流奇話細搜尋　멋있고 기이한 이야기 자세히 찾아보네

　　매월당은 방랑 생활을 하면서 절간에서 기식하기도 하고, 관가에
밥을 청하기도 하며 힘들게 살면서 술에 취해 매화에 걸린 차가운
달빛을 바라보기도 하고 대나무를 흔드는 바람 소리를 들으며 시
를 읊었다. 그는 일하지 않고 먹는 사람을 싫어했다. 병약한 몸으로
손수 밭을 일구고 씨를 뿌리기도 한 그는 누구보다 애민愛民 정신이
강했다. 수탈에 못 이겨 유랑하는 백성의 참상을 노래한 글을 보자.
　　"원님이 어질고 자애로워도 허덕이는 살림일 터인데 이리 같은 벼
슬아치 만났으니 백성은 정말 가엾구나. 며느리 짐 이고 시아버지 손
자 끌어 길에 가득하니 어찌 주리고 얼어 죽는 것이 흉년 때문이랴."
　　매월당은 그의 생애 중 가장 오래 머물렀던 이곳 용장계에서 모
옥을 짓고 그 주위에 매화, 대나무, 잣나무, 차나무 등을 심어 풍류
를 즐겼다. 그가 읊은 시들을 음미하면서 차에 대한 글들을 살펴보
면 차문화에 심취한 그의 매력을 느낄 수 있다.

그중에 〈차나무를 기르며[養茶]〉란 시를 읽어보자. 혹시나 해서 갈 때마다 용장계 주위를 둘러보았는데 매월당이 심었다는 차나무는 보이지 않았다.

年年茶樹長新枝	해마다 차나무 새 가지에 싹이 돋아
陰養編籬謹護持	그늘에 키우느라 울을 엮어 보호하네
陸羽經中論色味	육우는 다경에서 색과 맛을 논했는데
官家榷處取槍旗	관가에선 어린 잎사귀만 취하네
春風未展芽先抽	봄바람도 불기 전에 움이 나오더니
穀雨初回葉半披	곡우 절 돌아오니 찻잎이 반쯤 피어나네
好向小園閑暖地	따듯하고 한적한 작은 동산을 좋아하니
不妨因雨着瓊蕤	내리는 빗방울 새싹에 구슬처럼 드리워도 좋으리

매월당 차시茶詩의 내용에서 한 가지 특이한 점을 읽을 수 있다. 차밭에 그늘을 만들기 위해 울을 엮어 보호했다는 구절인데, 차나무를 반음반양半陰半陽으로 키우면 부드러운 찻잎이 되어 색상이 좋은 향기롭고 맛있는 차를 만들 수 있다는 것을 알았다는 사실이다. 그의 그윽한 차생활을 산수화처럼 그려낸 시들을 읽어보자.

煮茶 一	차를 달이며 1

松風輕拂煮茶煙	물 끓는 소리 잠잠하니 차 달이는 연기에 솔바람이 살짝 불어

泉泉斜横落澗邊	하늘하늘 기울어져 골짜기로 떨어지네
月上東窓猶未睡	동창에 달 떠올라도 아직 잠 못 이루고
茅瓶歸去汲寒泉	물병 들고 돌아가서 차디찬 샘물 긷네

煮茶二   차를 달이며 2

自怪生來厭俗塵	풍진 세상 싫어하는 천성 스스로 괴이하게 여겨
入門題鳳已經春	문에 봉鳳 자 쓴 일 이미 청춘이 지나갔네
煮茶黃葉君知否	차 달이는 누런 잎 그대는 아는가
却恐題詩洩隱淪	시 짓고 숨어사는 일 누설될까 두렵구나

매월당의 '새벽 정취'를 노래한 시도 살펴보자.

曉意   새벽 정취

昨夜山中雨	어젯밤 산속에 비가 내려
今聞石上泉	오늘 아침 바위샘 물소리 들린다.
窓明天欲曙	창 밝아 날이 새려는데
鳥話客猶眠	새소리 요란하나 나그네는 아직 자고 있네.
室小虛生白	방은 작으나 공간이 훤해지니
雲收月在天	구름 걷힌 하늘에 달이 아직 남았고
廚人具炊黍	요리하는 이 기장밥 다 지어놓고
報我懶茶煎	나에게 차 우리는 일 게으르다 하네.

이어서 그의 '해질녘' 단상을 들어보자.

薄暮　　　　　해질녘

爐灰如雪火腥紅　　화로의 재는 눈 같고 불은 고기 살 같이 붉고
石鼎烹殘茗一鍾　　돌솥에는 남은 차를 끓이고 있네
喫了上房高臥處　　차 마신 후 다락방 높은 곳에 누웠는데
數聲淸磬和風松　　여러 차례 맑은 경쇠 소리 솔바람에 화답하는구나

번뇌로 밤을 새워 고민하다가, 차 한 잔을 통한 평상심이 담담하게 표현된 〈고풍古風〉이라는 시도 있다.

坐久不能寐　　　　오래도록 앉아 있어도 잠 못 이루고
手剪一寸燭　　　　한 치 남은 촛불 심지 베어내었네
霜風聒我耳　　　　서릿바람 내 귀에 들려오더니
微霰落床額　　　　싸락눈 침상 머리에 떨어졌고
心地淨如水　　　　마음이 물과 같이 깨끗하니
儵然無礙隔　　　　자유자재하여 막히고 걸림이 없다
正是忘物我　　　　이것이 사물과 나를 잊은 것이니
茗椀宜自酌　　　　홀로 찻사발에 차를 따라 마시네

심신의 혼돈으로 잠 못 들다가 하늘이 밝아오는 새벽녘에 고요히 앉아 물 끓여 차를 마셔본 사람은 매월당의 심경心境을 알리라.

'홀로 찻사발에 차를 따라 마시네[茗椀宜自酌]'란 표현은 깨달음을 얻었다는 것이 아닌 깨달음의 방편으로써의 차 한잔이었으리라.

매월당은 금수강산을 떠돌다, 부여 만수산萬壽山 기슭 무량사無量寺에서 마지막을 보냈다. 59세에 열반에 들면서, 다비茶毘 하지 말고 절 옆에 3년 동안 묻어두었다가 정식으로 다비해줄 것을 당부했다. 승려들이 시신을 절 옆에 가매장했다가 3년 뒤 무덤을 열었더니 시신이 살아 있는 사람과 똑같았다고 한다.

그는 묘비에 '꿈만 꾸다 죽은 늙은이'라고 적어 달라는 말을 남겼다.

〈아생我生〉이란 매월당의 시를 읊어보자.

我生旣爲人	나 이미 사람으로 태어났는데
胡不盡人道	어찌 사람 도리를 다하지 못하였나.
少歲事名利	젊어서는 명리를 일삼았고
壯年行顚倒	장년이 되어서는 세상에 좌절하였네.
靜思縱大恧	곰곰이 생각하면 너무 부끄럽구나.
不能悟於早	어려서 깨닫지 못한 탓이네
後悔難可追	후회해도 돌이키기 어려워
寤擗甚如擣	깨닫고 보니 방아 찧듯 가슴을 치는구나.
況未盡忠孝	하물며 충효도 다하지 못했으니
此外何求討	또한 무엇을 구하고 찾겠는가.
生爲一罪人	살아서는 한 죄인이요
死作窮鬼了	죽어서는 궁색한 귀신이 되리

매월당梅月堂 김시습金時習 초상

更復騰虛名	다시 헛된 명예심 또 일어나니
反顧增憂悶	뒤돌아보면 근심과 번민만 더해지네.
百歲標余壙	백년 후에 내 무덤에 표시할 때는
當書夢死老	마땅히 꿈꾸다 죽은 늙은이라 써주게나
庶幾得我心	행여나 내 마음 아는 이 있다면
千載知懷抱	천년 뒤에 내 품었던 생각 알아주었으면

매월당은 스스로 방외인方外人의 길을 자처하며 술도 좋아하였다. 그에겐 술에 취하고 차로 깨는 일이 다반사였을 터.

"또 선비의 몸은 세상이 모순되면 스스로 물러나 즐거워하는 것이 대개 본디 분수인데, 어찌 남의 비웃음과 비방을 받아가며 인간 세상에 머물러 있을 수가 있겠느냐 [且土之身世矛盾, 退居自樂, 蓋其素分耳, 安得受人嗤謗而强留人世乎]."라며 도가 땅에 떨어진 세상을 한탄하였다.

매월당이 꿈꾸었던 세상은 무엇이었을까? 그리고 우리가 바라는 세상은 무엇일까? 조선시대를 살고 간 매월당에게 차 한잔은 어떤 의미였을까.

22

조선시대 차인들의
풍류정신

　매월당의 차를 통한 인문정신은 훗날 한재寒齋 이목李穆(1471~1498)
으로 이어 전해져 명맥을 유지했다고 본다. 매월당보다 36년 후에
태어나 모진 풍파의 시대를 살다가 짧은 생을 마감한 한재 이목의
차 사상은 또 어떠한가.

　그가 24세 때(1495) 지은 『다부茶賦』는 우리나라 최초의 다서茶書라
할 수 있는 귀중한 책인데 그 내용 또한 차 인문학의 압권이라 할
수 있다. 한재는 "차를 버려둠은 어진 선비를 몰라라 하는 것과 같
다"라고 하며 '내 마음의 차[吾心之茶]'를 노래한 조선의 올곧은 차인
이었다. 한재의 차 노래를 들어보자. 먼저 『다부茶賦』 서문[茶賦幷序]
이다.

무릇 사람이 어떤 물건에 대해 사랑하고, 혹은 맛을 보아 평생 동안 즐겨서 싫어함이 없는 것은 그 성품 때문이다. 이태백이 달을 좋아하고, 유백륜이 술을 좋아함은 비록 그 좋아하는 바가 다를지라도 즐긴다는 점은 같다.

내가 차에 대해서 잘 알지 못하다가 육우의 『다경』을 읽은 뒤에 접점 차의 성품을 깨달아서 마음 깊이 진귀하게 여겼다.

옛적에 중산中散(嵇康)은 거문고를 즐겨서 노래[琴賦]를 지었고, 도연명陶淵明은 국화를 사랑하고 노래하여 그를 드러냈다. 하물며 차의 공이 가장 높은데도 아직 칭송하는 사람이 없으니, 이는 어진 사람을 내버려 둠과 같다. 이 또한 그릇된 일이 아니겠는가?

이에 그 이름을 살피고 그 생산됨을 증험하며, 그 품질의 좋고 나쁨과 특성을 가려서 차 노래[茶賦]를 짓노라.

어떤 사람이 말하기를 "차는 세금에 포함시키면서부터 도리어 사람에게 병폐가 되었거늘, 그대는 어찌하여 좋다고 말하는가?" 한다. 이에 대답하기를 "맞는 말이다. 허나 그것이 어찌 하늘이 만물을 낸 본뜻이겠는가? 사람이 문제지, 차의 잘못이 아니로세"라 하였다.

凡人之於物 或玩焉 或味焉 樂之終身 而無厭者 其性矣乎. 若李白之於月 劉伯倫之於酒 其所好雖殊 而樂之至則一也. 余於茶越乎 其莫之知 自讀陸氏經 梢得基性心甚珍之. 昔中散樂琴而賦 彭澤愛菊而歌 其於微尙加顯矣 況茶之功最高 而未有頌之者 若廢賢焉 不亦謬乎. 於是考基名 驗其産 上下其品 爲之賦. 或曰賦茶自入稅 反爲人炳 子欲云云乎 對曰然 然是豈天生物之本意乎人也 非茶也.

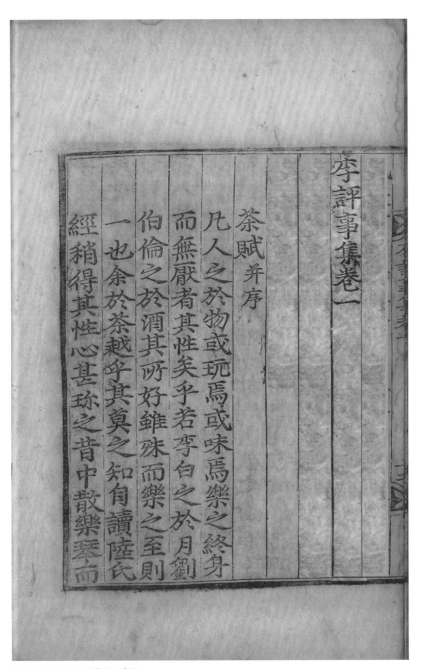

李評事集卷一

茶賦 并序

凡人之於物或玩焉或味焉樂之終身
而無厭者其性矣乎若李白之於月劉
伯倫之於酒其所好雖殊而樂之至則
一也余於茶越乎其莫之知自讀陸氏
經稍得其性心甚珍之昔中散樂琴而

「이평사집李評事集」의 「다부」 원문

한재는 『다부』에서 자신이 처했던 시대와 질곡의 삶을 살았던 자신에게 차가 얼마나 위안이 되었는지를 또 노래하고 있다.

我生世兮風波惡	내가 세상에 태어남에 풍파가 모질구나.
如志乎養生 捨汝而何求	양생에 뜻을 둠에 너를 버리고 무엇을 구하리오.
我携爾飲 爾從我游	나는 너를 지니고 다니면서 마시고, 너는 나를 따라 노니,
花朝月暮 樂且無斁	꽃피는 아침 달뜨는 저녁에, 즐겨서 싫어함이 없도다.

한재는 불의不義와는 한 치도 타협하지 않을 뿐 아니라 불의를 저지른 자는 어느 누구와든 맞섰다. 그의 기질은 상대가 비록 권세 있는 세도가일지라도 조금도 타협하지 않았다. 그 당시 조선 사회의 정치 현실에 대해 과감히 맞서다가 억울한 죽음을 맞이했지만, 태연히 〈절명가絶命歌〉를 부르며 한 생을 마감했다. 그는 차 한 잔에 삶을 관조하며 자연의 삶을 추구했다. 온갖 명리를 떠난 무욕의 경지를 탐구한 결정체가 차의 노래 곧 『다부』일 듯싶다.

한재는 '오심지차'를 노래하며 조선 선비의 차 정신을 이렇게 말하고 있다.

神動氣而入妙	차를 통해 현묘한 기운이 경지에 이르면
樂不圖而自至	그 즐거움을 꾀하지 않아도 저절로 이르게 되니
是亦吾心之茶	이것이 '내 마음의 차'이니

又何必求乎彼也   어찌 다시 밖에서 구하겠는가.

'차를 통한 수양이 깨달음으로 가는 길'이라는 것을 '오심지차吾
心之茶'에 담고 있다.

'심외무물心外無物'이란 말은 마음 밖에 물질이 없다는 뜻으로 정
신의 중요성을 강조한 말이다. 달마達磨의 『혈맥론血脈論』에 '심외무
불心外無佛'이라 하니, 이 또한 마음 바깥에 부처가 없다는, 인간의
주체는 마음이란 것을 말하고 있다.

'심외무법心外無法'은 원효 스님의 오도송悟道頌에 나오는데, 삼계三
界와 만법萬法이 오직 마음이라는 사상이다.

心生則 種種法生   마음이 일어나면 갖가지 법이 생겨나고

心滅則 龕墳不二   마음이 사라지면 감실과 무덤이 둘이 아니다

三界唯心 萬法唯識   온갖 세상 오직 마음에 있고 모든 현상이 마음 작용
                  에 있구나

心外無法 胡用別求   마음 밖엔 진리가 없는데 무엇을 따로 구하랴

'심외무법心外無法'에서 차용한 '심외무차心外無茶'를 한국을 포함한
동양의 차정신으로 내세우고 싶다. 마음 밖에서 다도茶道를 찾지 말
자는 '심외무차心外無茶'의 정신은 차의 정신으로 손색이 없다. "어
찌 마음 밖에서 구하겠는가?" 마음을 떠난 다도는 어디에도 없다.

'심외무차心外無茶'는 원오극권圓悟克勤(1063~1135) 선사의 다선일미
茶禪一味와 같은 맥락脈絡을 갖고 있으며, 이 다선일미는 다선일여

茶禪一如라는 말과도 통하는데, 이 말의 연원淵源은 조주종심趙州從諗 (778~897) 선사의 '끽다거喫茶去' 화두話頭에 닿아 있으며, 이 '끽다거'는 동문서답東問西答이 아니라 반문反問 격格의 화두로 널리 쓰이고 있다. 도를 구하러 온 학인들이나 의문을 가진 자에게 노련한 조주선사는 할아버지 같은 따뜻한 마음으로 차 한 잔을 권한 것이다. 그 차 한 잔은 달을 가리키는 손가락처럼 수단에 불과하다. 누군가가 자신이 마신 차 맛을 물었을 때 어찌 그 차 맛을 완벽하게 말해줄 수 있겠는가. 스스로 차를 마시게 한 후 그 맛을 느끼게 해줄 수밖에 없다. 진리나 도 또한 마찬가지이리라. 스승이 내어준 향기로운 차 한 잔 마시고 자신이 참구參究하는 문제의 답을 자기 스스로 찾아야 한다. 또 조주선사는 이러한 류의 공안公案을 구도자들에게 자주 사용했는데 이것이 발전하여 원오극권의 제자 대혜종고大慧宗杲 (1089~1163) 선사에 의해 '간화선看話禪'이 크게 유행하게 된다.

원효 스님보다 약 270년 후에 태어난 천태덕소天台德韶(891~972) 선사의 선시禪詩를 읽어보자. '심외무법'이란 말이 나온다.

通玄峯頂 不是人間　　통현봉정은 인간 세상이 아니로다

心外無法 滿目青山　　마음 밖에 진리는 없으니 청산만 눈에 가득하도다

조선의 대표적인 차인 매월당과 한재는 신라 충담사의 풍류정신과 인문정신을 이어받아 우리 차문화의 맥을 이어왔다고 볼 수 있다. 그리고 이것이 조선 후기에 다산茶山 정약용丁若鏞(1762~1836)으로 이어져 강진 유배지에서 그 중흥기中興期를 맞이했다가 다산의 제

자 초의草衣 장의순張意恂(1786~1866)과 그의 절친한 벗 추사秋史 김정
희金正喜(1786~1856) 등에 의해 꽃을 피웠다.

임진왜란 등 질곡의 시대를 만나서 시들었던 우리 차문화가 조
선 후기에 다산과 초의와 추사 등에 의해 다시 피어났다. 어디 다
산, 초의, 추사뿐이랴. 유불선의 인물들에 의해 차문화는 없어지지
않고 이어져 왔음을 역사의 흔적 곧 그들의 시나 서간문書簡文 등에
서 엿볼 수 있다.

다산 정약용은 우리나라 차문화의 중흥조로 불러야 한다. 다산
은 18세기를 전후하여 조선 사회의 모습을 몸소 느끼며 개혁의 의
지를 강렬히 나타냈고, 개혁의 당위성을 명백히 해주었던 인물이
다. 특히 강진 유배 시절에 절절히 보고 느낀, 당시 조선 사회의 빈
곤과 착취에 시달리던 백성에 대한 애정이 그의 글에 확연히 드러
나고 있다. 그리고 다산은 이를 해결하기 위해 고뇌하던 양심적인

다산茶山 정약용丁若鏞 초상

지식인으로 살았다. 실학을 집대성하여 '다산학茶山學'이란 독창적 학문을 완성한 그에게 한 잔의 차는 건강 음료 이상이었으며 정신을 청명淸明하게 하는 위안이었을 것이다.

다산은 〈다합시첩茶盒詩帖〉, 〈다조茶竈〉, 〈신차新茶〉 등의 차시를 남겼다. 또 특이하게도 그가 유배에서 풀려나 강진을 떠나게 되자 18명의 제자들은 스승의 은혜를 잊지 않기 위하여 다신계茶信契를 조직하였다. 이 조직의 운영규칙을 정한 「다신계절목茶信契節目」이 전해지고 있고, 이는 차를 매개로 한 사제 간의 신의를 지키고자 노력한 사례라 하겠다. 「다신계절목」 앞부분 일부를 살펴보자.

> 귀하다는 사람은 신의가 있기 때문이다. 만약 무리를 지어 모여 서로 즐기다가 흩어진 뒤에 서로 잊어버린다면 이는 금수의 짓이다.
> 所貴乎人者 以有信也, 若群聚相樂 旣散而相忘, 是禽獸之道也.

초의 장의순은 해남 대흥사大興寺 일지암一枝庵에 오랫동안 주석한 스님으로, 조선 후기를 대표하는 선사禪師로서 법맥法脈과 차맥茶脈을 이어 갔던 인물이다.

시서화차詩書畵茶에 뛰어나 사절四絶이라 불렸다. 『동다송東茶頌』과 『다신전茶神傳』을 비롯해 수많은 차시茶詩를 지어 차문화의 이론적 확립을 모색했다. 또 초의는 두릉시사杜陵詩社의 일원으로 활동했다. 초의의 〈석천으로 차를 달이며[石泉煎茶]〉란 시를 읽어보자.

天光如水水如烟　　하늘빛은 물과 같고 물은 푸른 이내 같네

초의艸衣 장의순張意恂 초상

此地來遊已半年	이곳에서 머문 지가 벌써 반년이 되었네
良夜幾同明月臥	명월을 벗 삼아 누워 지내던 밤이 얼마이던가
淸江今對白鷗眠	푸른 강 바라보며 백구와 잠이 든다
嫌猜元不留心內	혐오하고 시기함이 원래 마음에 없으니
毁譽何曾到耳邊	좋다 싫다고 하는 말이 어찌 귀에 들리겠는가
袖裏尙餘驚雷笑	소매 속에 아직도 경뢰소차가 남아 있으니
倚雲更試杜陵泉	구름에 기대어 두릉천으로 또 차를 달이네

초의선사의 『동다송』은 31송으로 되어 있고, 송마다 옛사람들의

차에 관한 문헌 등을 인용하여 주를 붙였는데, 주로 중국차에 관한 신이神異한 전설을 중심으로 차의 효능, 차 마시는 법 등에 대해서 설명하고 있다. 그리고 "차를 딸 때 그 묘妙를 다하고, 차를 만들 때 정성을 다하고, 좋은 물을 얻어서, 중정中正을 잃지 않게 차를 달여야, 체體와 신神이 더불어 조화를 이루고, 건健과 영靈이 서로 화합하여 다도茶道가 이루어진다"고 했다. 체體란 물을 지칭하고 신神이란 차를 가리키므로 차는 물의 정신이 된다는 것이고, 건健과 영靈은 차의 건실함과 물의 신령스러움을 의미한다.

『동다송』의 제10송을 읽어보자.

東國所産元相同	우리 땅에서 나오는 차는 원래 그 근원이 서로 같아
色香氣味論一功	그 빛깔과 향과 맛의 기운이 좋다고 말하네
陸安之味蒙山藥	육안차는 맛이 으뜸이고 몽산차는 약효를 지녔다네
古人高判兼兩宗	옛사람이 평하기를 우리 차는 둘을 겸했다 하네

추사秋史는 유학자였으면서도 유불儒佛에 얽매이지 않은 진정한 인문학자이자 조선 유교의 위상位相을 드높인 인물이다. 그의 정신 세계는 조선 유학자 중에서 단연 돋보인다. 동갑내기 초의와 오랜 친구로 지내며 차를 통한 우정을 이어갔다. 두 사람의 만남은 '금란지교金蘭之交'였다.

우리 차문화사에 '명선茗禪'이란 추사의 작품이 전해진다. 이것은 조선 선비사회의 차 인문학을 보여주는 상징이다. 추사가 초의 의순에게 답례로 써준 작품인데, 가로 57.8cm, 세로 115.2cm 크기의

추사秋史 김정희金正喜 초상

노란색 바탕에 문양이 있는 고급스러운 종이에 쓴 글씨이다.

　중앙에 큰 글씨로 '명선茗禪'이라 쓰고, 그 오른쪽에는 작은 글씨로 '초의기래자제명艸衣寄來自製茗 불감몽정노아不滅蒙頂露芽 서차위보書此爲報'라 세로로 쓰고, 왼쪽에는 '용백석신군비의用白石神君碑意 병거사예病居士隷'라고 거듭 세로로 썼다. 곧 중앙의 큰 글씨는 초의스님이 '차를 마시며 선정에 든다'라는 의미의 글이고, 좌우의 방서傍書는 '명선茗禪'을 쓰게 된 동기와 의미를 구체적인 근거를 들어 설명하는 문구이다.

　'명선茗禪'에서 언급하고 있는 '백석신군비白石神君碑'는 광화光和 6년인 서기 183년에 진정부眞定府(河北省) 원지현元氏縣 소재 백석산白石山 산신의 영험을 찬탄하여 그 전말을 써서 예서隷書로 새긴 비석

茗禪

인데, 비신碑身은 높이 240cm에 넓이 81cm, 두께 17cm이며, 현재는 좌대座臺를 잃어버려 본래의 규모를 알 수 없다.

예서체隸書體로 크게 '명선茗禪'을 쓰고, 그 좌우에 부분적으로 약간의 행서가 가미된 해서체楷書體로 작게 설명을 말을 붙였는데, 그의 의미를 풀어보면 대략 다음과 같다. " "로 쓰여 있는 글자를 약간의 의역을 가미하여 해석해 보면 다음과 같다.

초의가 스스로 만든 차를 보내왔는데, 몽정차蒙頂茶나 노아차露芽茶와 비교해도 그 맛과 효능이 덜하지 않다. 그 보답으로 백석신군비의 필의 筆意로 병거사가 예서로 쓴다.

艸衣寄來自製茗 不減蒙頂露芽 書此爲報用 白石神君碑意 病居士隷.

굳센 필치의 '백석신군비' 글씨가 갖는 특징을 살리면서 그 특유의 글씨체를 살려 장중莊重함과 졸박拙樸함을 더하여 만든 작품으로 생각된다. 누군가는 이 '명선茗禪'을 위작이라고 하는데 인정하고 싶지 않다.

실로 신라 충담사의 차 정신을 이어받아 고려시대에 발달된 차 문화가 조선 초기에 매월당 김시습, 한재 이목과 같은 차인이 있었고, 또한 조선 후기에 다산 정약용, 추사 김정희, 초의 장의순 등의 차를 사랑하는 인물들이 생활 속에서 차의 철학을 완성시켰다는 사실은 우리 차문화사에 금자탑이었다.

그리고 간략하지만 조선의 차문화를 이야기하면서 빼놓을 수 없는 한 사람을 떠올려본다. 바로 조선의 이단아異端兒 교산蛟山 허균許

筠(1569~1618)이다. 허균의 논설인 「호민론豪民論」을 통해 그의 민본사상을 알 수 있는데, 같은 사상이 소설 『홍길동전洪吉童傳』을 통해 표현되기도 하였다.

무엇보다 허균의 〈누실명陋室銘〉은 그의 차생활을 보여주는 것이자, 당시 지성인이 꿈꾸던 담담한 모습을 그리고 있다는 점에서 주목된다.

房闊十笏南開二戶	남쪽 두 개의 좁은 창문으로
午日來烘旣明且照	한낮에 햇볕 내려쬐니 밝고도 따뜻하다
家雖立壁書則四部	집은 비록 바람 막을 정도지만 책은 고루 갖추었네
餘一犢鼻唯文君伍	베잠방이 걸친 이 몸은 탁문군卓文君의 짝이라오
酌茶半甌燒香一炷	차 마시고 향 한 자루 사르며
偃仰棲遲乾坤今古	한가로이 천지고금을 생각하노라
人謂陋室陋不可處	남들은 누추해서 어찌 사느냐지만
我則視之淸都玉府	나에겐 신선의 세상인 것을
心安身便孰謂之陋	몸과 마음이 편하거늘 그 누가 누추하다 말하랴
吾所陋者身名竝朽	내가 누추하게 여김은 몸과 이름이 함께 썩는 것
憲也編蓬潛亦環堵	원헌原憲은 쑥대로 엮은 집에 살았고 도연명陶淵明은 울타리만 둘렀지
君子居之何陋之有	군자가 머물러 산다면 어찌 누추하리오

홀로 작은 창가에 앉아 차 한 잔 마시면서 향 한 자루 사르며 이 〈누실명〉을 읽노라면 세상 근심 어디서도 찾을 수 없으리라.

23

통일신라의
시대정신

　정치이념으로서 불교의 영향력은 축소되었지만 오히려 통일신라 때는 일반 대중들의 아미타신앙, 미륵신앙 등 불교사상에 대한 욕구가 널리 펴져 신라 사회의 보편적인 시대사상이 되었다. 불교 대중화를 주도한 승려들은 궁궐이나 사찰이 아닌 일반 백성들이 모여 사는 시장통과 마을을 두루 다니면서 불교의 참모습을 몸소 보여주었으며 백성들은 함께 웃고 우는 그들의 진솔한 언행에서 자신들의 신앙으로 쉽게 받아들일 수 있었다.

　삼국통일 이후 불교사상에 대한 변화도 나타났다.

　이차돈의 순교 등 다분히 정치이념으로서의 역할은 차츰 축소되면서 신앙 중심의 측면이 강화되었다. 다시 말해 삼국시대의 불교가 왕실과 귀족을 중심으로 자리 잡으면서 불교사상을 왕실의 권위를 높이기 위해서나 토착 귀족들과의 관계를 이용한 측면이 많았지만, 통일신라 이후에는 불교의 가치에 대한 철학적 성찰과 신앙을 통한 대중들의 안락한 삶의 문제들이 중요한 역할로 자리 잡게 되었다.

통일신라의 시대정신이었던 불교사상을 대략 살펴보면, 이 시대의 불교사상은 전기와 후기로 나눌 수 있는데 전기는 교학敎學이 성행했고 후기는 선학禪學이 우세했음을 짐작할 수 있다.

통일신라 초창기에 활동한 학승學僧으로는 원효元曉, 원측圓測, 의상義湘, 경흥憬興, 대현大賢, 표훈表訓 스님들이 있었다. 이 기라성 같은 통일신라 승려들 중에 『대승기신론소大乘起信論疏』, 『대승기신론별기大乘起信論別記』, 『금강삼매경론金剛三昧經論』 등을 저술한 원효 스님은 앞에서도 언급했지만 한국사상사에 걸출한 인물이다. 그는 다양한 종파의 대립을 초월하면서도 상대의 가치와 개성을 인정하였으므로 그의 근본 사상은 화쟁和諍 정신에 있다. 원효 스님은 화쟁사상과 함께 일심사상一心思想, 무애사상無碍思想을 내세운 우리 민족의 대사상가라 할 수 있는 인물이다.

그리고 충담사처럼 경덕왕 때 살았고 경주남산과 인연이 깊었던 대현大賢·太賢 스님을 상기해보자. 자세한 전기나 연구서가 많지 않지만 『삼국유사』에 그의 활동이 수록되어 있는데, 통일신라 불교의 융성기인 8세기 중반에 경주남산 용장사茸長寺에 머물렀던 인물로 기록되어 있다. 그는 충담사처럼 미륵신앙에도 돈독했다.

대현 스님이 활동했던 이 용장사에는 석조미륵장륙상이 있었는데, 대현 스님이 늘 불상 주위를 돌면 석불도 또한 대현을 따라서 얼굴을 돌렸다고 한다.

용장계 터라 생각되는 계곡의 평평한 곳에 이 삼륜대좌불二輪臺座佛이 지금 남아 있다. 불두는 잘려나가고 몸체만 남아 있는데 곱게 다듬어진 원형으로 된 탑신의 대좌가 독특하다. 결가부좌한 불상은 보존상태가 좋고 균형 잡힌 신체가 사실적이다. 불상의 옷은 통견의通肩衣로 왼쪽 어깨에 가사를 묶는 매듭과 옷자락 등 뒤쪽의 연화문이 화려하면서 깔끔하게 처리된 불상이다. 보물 제187호로 지정된 경주남산의 유적이다.

경덕왕景德王 천보天寶 12년(753) 계사년癸巳年 여름에 크게 가뭄이 들어 그를 왕명으로 내전에 들어오게 하여 『금광경金光經』을 강연하여 단비를 빌게 하였다. 그의 저술들은 원효 스님의 저술처럼 일찍이 일본에 전해져 금과옥조金科玉條와 같이 읽혔으며 주석서와 함께 잘 보존되어 있다.

그의 교학 연구의 범위는 유식학唯識學에만 머무르지 않고 불교학의 여러 분야에 이르러 다양한 불교사상에 통달하였지만 이름을 내세움을 좋아하지 않았던 모양이다. 그 행적이 고요하고 덕행을 밖으로 드러내지 않고 덕행을 숨긴 까닭에 그의 행적은 그다지 알려져 있지 않은 대신에 민간에 전설처럼 떠도는 행적으로 유명하다.

『삼국유사』에 잠깐 기록된 행적과 그의 『고적기古迹記』라는 저서와 그 주석서들 가운데 대현 스님에 관한 기록만 남아 있을 뿐이다. 그는 일체의 논論과 종宗을 편력하여 불교학의 전 분야를 두루 공부하였고 원효 스님, 경흥 스님과 더불어 신라 3대 불교 저술가의 한

용장계 삼륜대좌불(보물 제187호)

사람으로 평가되고 있다.

통일신라에 이르러 크게 융성하게 된 불교계에는 7세기에 접어들면서 당唐에서 불교학을 배우고 온 승려들과 심지어는 인도에까지 가서 부처의 가르침을 공부하고 돌아오는 승려도 있었다. 그러면서 불교 교리를 학문적으로 연구하면서 다양한 불교 종파가 생겨났다. 초기에는 왕실과 귀족 중심으로 발전하다가 대중불교 운동가들에 의해 일반 백성들에게까지 확산되었다.

이때의 신라 불교는 큰 역할을 한 원효 스님과 의상 스님의 다방면적인 활동으로 한층 수준이 높아졌다. 원효 스님은 화쟁 사상을 주장하여 종파 간의 사상적 대립을 조화시키려 했고 방대한 불교 사상을 종합하여 논論과 소疏 등으로 대중이 이해할 수 있도록 기준을 마련했다.

의상義湘(625~702) 스님은 당唐으로 들어가 유학하고 670년(문무왕 10)에 귀국하여 낙산사洛山寺 관음굴觀音窟에서 백일을 기도하고 676년에 왕의 뜻을 받아 봉황산에 부석사浮石寺를 창건하는 등 화엄교학華嚴敎學을 강술하여 신라 화엄종華嚴宗을 열었다. 온갖 존재의 조화를 강조하여 신라 사회를 통합하는 데 기여했고 제자 양성과 불교 확산에 힘을 쏟았다.

그리고 통일신라 후기 곧 8세기 후반부터 자리 잡기 시작한 선종禪宗에 대한 신라 승려들의 관심과 추구는 9세기에 들어서자 전성기에 접어들었다.

그동안 활발하던 교종敎宗은 그 빛이 흐려지고 중국에서 보리달마菩提達摩에 의해 싹이 튼 선불교禪佛敎가 2조 혜가慧可, 3조 승찬僧璨,

4조 도신道信, 5조 홍인弘忍의 대를 이은 6조 혜능慧能으로 그 꽃봉오리를 맺었고 그후 기라성 같은 선종의 선사들에 의해 그 꽃밭을 일구게 되었던 것이다.

중국 불교에 영향을 받은 신라의 승려들은 앞다투어 법을 구하러 유학을 하게 된다. 심지어 명성이 높은 당의 선사들의 선문禪門에 들지 않으면 행세를 못할 판국에 이르렀다.

하지만 당시 신라 사회는 귀족불교와 맞물려 있는 교종사상教宗思想으로 인해 선불교의 정착이 쉽지 않았다. 그러다보니 자연스레 지방으로 내려가서 호족들의 지원을 받아 사찰을 세우고 선문을 열었는데, 그것이 구산선문九山禪門의 시작이다.

통일을 전후하여 신라에서는 불교가 대중화되었다. 불교의 대중화는 당시 귀족불교에서 소외된 대중불교 운동가들인 혜숙惠宿, 혜공惠空, 대안大安, 원효元曉 등에 의해서 그 바람이 불었다.

진평왕 때 활동한 석혜숙釋惠宿은 마을에 숨어 살면서 일반인들과 함께 수행하며 불교의 가르침을 펼쳤다. 그는 본래 화랑이었지만 어느 날 홀연히 자취를 감춘 뒤 머리를 깎고 승문僧門에 들었다.

석혜숙釋惠宿이 국선國仙 구참공瞿旵公을 깨우치는 일화를 읽어보자.『삼국유사』권4 '이혜동진二惠同塵'조에 실린 설화이다.

진평왕 때 활동한 석혜숙釋惠宿은 마을에 숨어 살면서 일반인들과 함께 수행하며 불교의 가르침을 펼쳤다. 그는 본래 화랑이었지만 어느 날 홀연히 자취를 감추고 머리를 깎고 승문僧門에 들었다. 승려 혜숙이 화랑 호세랑好世郎의 무리에서 자취를 감추자 호세랑은 황권黃卷(화랑도의 명부)

에서 이름을 지워버렸다.

혜숙이 적선촌(안강현 적곡촌)에 숨어 지낸 지가 20여 년이나 되었다. 그때 국선 구참공이 일찍이 적선촌 야외에 가서 사냥을 하는데 혜숙이 길가로 나가 말의 고삐를 잡고 청했다.

"못난 중도 따라가면 되겠는지요?"공이 허락하자, 그때 이리저리 내달리며 옷을 벗어젖히고 앞으로 나아가니 공이 기뻐하였다. 피로를 풀기 위해 자리에 앉아 고기를 삶고 구워서 서로 먹기를 권했다. 혜숙도 같이 먹으면서 조금도 꺼려하는 기색이 없었다. 이윽고 혜숙이 앞으로 나와 말했다.

"여기 맛있는 고기가 있는데 좀 올려도 되겠습니까?" 공이 좋다고 말하자, 혜숙이 사람을 제치고 그 허벅지 살을 베어 쟁반에 담아 올렸다. 옷에 피가 물들여졌다. 공이 깜짝 놀라 말하기를, "어찌 이런 짓을 하는가?" 하니, 혜숙이 말하기를 "처음엔 공이 어진 분이라 자신에 미루어 만물에까지 생각이 미치리라 여겼기에 이곳에 따라왔습니다. 그런데 공의 좋아하심을 보니, 오직 살육을 탐하여 자신을 봉양할 뿐이니 어찌 어진 군자라 하겠습니까? 함께할 벗이 아닙니다" 하였다. 그리고 옷을 떨치고 떠나버렸다. 공이 크게 부끄러워하며 혜숙이 먹던 쟁반을 보니 신선한 고기가 그대로였다.

공이 매우 이상히 여겨 조정에 돌아와 사실을 아뢰었다. 진평왕이 그 이야기를 듣고 사신을 보내 맞이하게 하였다. 사신이 가보니 혜숙이 여인의 침상에 누워 있었다. 그가 더럽다고 생각해 되돌아오다가 7~8리쯤 가다가 길에서 혜숙을 만났다. 그가 어디서 오느냐고 묻자, 혜숙이 대답하기를 "성 안 신도 집에서 7일재를 마치고 오는 길이오" 하였다.

그 사실을 임금께 아뢰자, 신도 집으로 사람을 보내 확인해 보니 사실이
었다. 오래지 않아 혜숙이 홀연히 죽었다. 마을 사람들이 이현(형현) 동
쪽에 장사지냈다. 현의 서쪽에서 오던 마을 사람이 있었는데 도중에 혜
숙을 만나서 "어디를 갔다 옵니까?" 하고 물었다. 혜숙이 말했다. "이곳
에 너무 오래 살았으니 다른 지방으로 유람하려고 하오." 그리고 서로
인사하고 헤어졌고, 반 리쯤 가다가 보니 혜숙은 구름을 타고 떠나가고
있었다. 그 사람이 현의 동쪽에 이르러, 장사를 지내고 남아 있던 마을
사람들을 보고 혜숙을 만난 사연을 이야기하고 무덤을 파보았더니 짚
신 한 짝뿐이었다. 지금 안강현 북쪽에 혜숙이 살았던 혜숙사라는 절과
부도도 있다.

釋惠宿, 沈光於好世郎徒, 郎旣讓名『黃卷』. 師亦隱居赤善村(今安康縣有赤
谷村)二十餘年. 時國仙瞿旵公嘗往其郊, 縱獵一日, 宿出於道左, 攬轡而
請曰: 庸僧亦願隨從, 可乎? 公許之. 於是, 縱橫馳突, 裸袒相先, 公旣悅.
及休勞坐, 數炮烹相餉, 宿亦與啖嚼, 略無忤色. 旣而進於前曰: 今有美鮮
於此, 盍薦之何? 公曰: 善. 宿屛人割其股, 寘盤以薦, 衣血淋漓. 公愕然
曰: 何至此耶? 宿曰: 始吾謂公仁人也, 能恕己通物也, 故從之爾. 今察公
所好, 唯殺戮之耽篤, 害彼自養而已, 豈仁人君子之所爲? 非吾徒也. 遂
拂衣而行. 公大慚, 視其所食, 盤中鮮羞不減. 公甚異之, 歸奏於朝, 眞平
王聞之, 遣使徵迎, 宿示臥婦床而寢. 中使陋焉, 返行七八里, 逢師於途.
問其所從來, 曰: 城中檀越家, 赴七日齋, 席罷而來矣. 中使以其語達於
上, 又遣人檢檀越家, 其事亦實. 未幾, 宿忽死, 村人擧葬於耳峴(一作硎峴)
東. 其村人有自峴西來者, 逢宿於途中, 問其何往, 曰: 久居此地, 欲遊他
方爾. 相揖而別, 行半許里, 躡雲而逝. 其人至峴東, 見葬者未散, 具說其

由, 開塚視之, 唯芒鞋一隻而已. 今安康縣之北, 有寺名惠宿, 乃其所居
云, 亦有浮圖焉.

혜공慧空 스님은 작은 절에 살면서 삼태기를 둘러쓰고 길거리에
서 춤추고 노래하며 백성들과 함께 어울렸다.

혜공은 천진공天眞公의 집에서 품팔이하던 노파의 아들로, 어릴 때의 이
름은 우조憂助였다. 공이 일찍이 종기를 앓아서 거의 죽게 되니 문병問病
하는 사람이 거리를 메웠다. 이때 우조의 나이 7세였는데 그 어머니에
게 물었다. "집에 무슨 일이 있기에 이렇게 손님이 많습니까?" 그 어머
니가 말했다. "집안의 어른께서 나쁜 병이 있어서 장차 죽을지 모르는
데 너는 어찌 알지 못하느냐." 우조가 말했다. "제가 그 병을 고치겠습니
다." 그의 어머니가 그 말을 이상히 여겨 공에게 알리니 공은 그를 불러
오게 했다. 우조는 침상 밑에 앉아서 말 한 마디도 하지 않았는데 얼마
안 되어 공의 종기가 터지게 되었다. 공은 우연한 일이라 하여 별로 이
상히 여기지 않았다.

그가 자라서 공을 위하여 매를 길렀으니 이것이 공의 마음에 아주 들었
다. 처음에 벼슬을 얻어 지방으로 부임하는 공의 동생이 있었는데 공이
골라준 좋은 매를 얻어 가지고 임지로 갔다. 어느 날 밤 공이 불현듯 그
매 생각이 나서 다음 날 새벽이 되면 우조를 보내어 그 매를 가져오게
하리라 마음먹었다. 우조는 미리 이것을 알고 금시에 그 매를 가져다가
새벽녘에 공에게 바쳤다. 공이 크게 놀라 그제야 전날에 종기를 고치던
일이 모두 측량하기 어려운 일임을 깨닫고는 말했다. "내가 지극한 성인

聖人이 우리 집에 와 있는 것을 알지 못하고 거친 말과 예의에 벗어난 짓으로 욕을 보였으니 그 죄를 어찌 씻을 수 있겠습니까. 이제부터는 부디 도사導師가 되어 나를 인도해 주십시오." 공은 말을 마치자 내려가서 절을 했다.

우조는 신령스럽고 이상한 것을 이미 나타냈기 때문에 드디어 승려가 되어 이름을 바꾸어 혜공惠空이라 했다. 그는 항상 조그만 절에 살면서 매양 미친 듯이 크게 술에 취해서 삼태기를 지고 거리를 돌아다니면서 노래하고 춤추니 사람들이 부궤화상負蕢和尙이라고 불렀다. 그리고 그가 있는 절을 부개사夫蓋寺라고 했는데 우리말로 삼태기이다. 매양 절의 우물 속에 들어가면 몇 달씩 나오지 않으므로 혜공의 이름을 따서 우물 이름을 지었다. 또 우물 속에서 나올 때면 푸른 옷을 입은 신동神童이 먼저 솟아 나왔기 때문에 절의 중들은 이것으로 조짐을 삼았으며, 우물에서 나와도 옷은 젖지 않았다.

만년에는 항사사恒沙寺에 살았다. 항사사는 지금의 영일현 오어사吾魚寺다. 세상에서는 항하사恒河沙처럼 많은 사람이 출세出世했기 때문에 항사동恒沙洞이라 한다고 했다. 이때 원효元曉 스님이 여러 가지 불경佛經의 소疏를 찬술撰述하고 있었는데, 언제나 혜공 스님에 가서 묻고 혹은 서로 희롱도 했다. 하루는 혜공과 원효가 시내를 따라가면서 물고기와 새우를 잡아먹다가 돌 위에서 대변을 보았다. 혜공이 그를 가리키면서 희롱의 말을 했다. "그대가 눈 똥은 내가 잡은 물고기일 게요." 이런 연유로 이 절을 오어사吾魚寺라 불렀다. 어떤 사람은 이것을 원효대사의 말이라 하지만 이는 잘못이다. 세상에서는 그 시내를 잘못 불러 모의천芼矣川이라고 한다.

구공瞿公이 어느 날 산에 놀러 갔다가 혜공이 산길에 죽어 쓰러져서, 그 시체가 부어터지고 살이 썩어 구더기가 난 것을 보고 오랫동안 슬피 탄식하다가 말고삐를 돌려 성으로 들어오니 혜공은 술에 취해서 시장통에서 노래하고 춤추고 있는 것을 보았다. 또 어느 날은 풀로 새끼를 꼬아 가지고 영묘사靈廟寺에 들어가서 금당金堂과 좌우에 있는 경루經樓와 남문南門의 낭무를 묶어 놓고 강사에게 말했다. "이 새끼를 3일 후에 풀도록 하라." 강사가 이상히 여겨 그 말에 따르니, 과연 3일 만에 선덕여왕善德王이 행차하여 절에 오는데, 지귀志鬼의 심화心火가 나와서 그 탑을 불태웠지만 오직 새끼로 맨 곳만은 화재를 면할 수 있었다. 또 신인神印의 조사祖師 명랑明朗 법사가 새로 금강사金剛寺를 세우고 낙성회를 열었는데, 고승高僧들이 다 모였으나 오직 혜공만은 오지 않았다. 이에 명랑이 향을 피우고 정성껏 기도했더니 조금 후에 공이 왔다. 이때 큰 비가 내리고 있었는데도 공의 옷은 젖지 않았고 발에 진흙도 묻지 않았다. 혜공이 명랑에게 말했다. "그대가 은근히 초청하기에 왔습니다." 이와 같이 그에게는 신령스러운 자취가 매우 많았다.

그가 죽을 때는 공중空中에 떠서 세상을 마쳤는데 사리舍利는 그 수를 셀 수 없을 만큼 많았다.

그는 일찍이 『조론肇論』을 보고 이르기를, "이것은 내가 옛날에 지은 글이다"했으니 이것으로써 혜공이 승조僧肇의 후신後身임을 알겠다.

찬讚해 말한다.

풀밭에서 사냥하고 침상 위에 누웠으며,

술집에서 미친 노래, 우물 속에서 잠을 잤네.

척리雙履와 부공浮空은 어디로 갔는가,

한 쌍의 보배로운 불속의 연꽃이로세.

釋惠空, 天眞公之家傭嫗之子, 小名憂助.(盖方言也.) 公嘗患瘡濱於死, 而
候慰塡街. 憂助年七歲, 謂其母曰: 家有何事, 賓客之多也? 母曰: 家公發
惡疾, 將死矣. 爾何不知? 助曰: 吾能右之. 母異其言, 告於公, 公使喚來,
至坐床下, 無一語, 須臾瘡潰. 公謂偶爾, 不甚異之. 旣壯, 爲公養鷹, 甚愜
公意. 初, 公之弟, 有得官赴外者, 請公之選鷹歸治所. 一夕公忽憶其鷹,
明晨擬遣助取之, 助已先知之, 俄頃取鷹, 昧爽獻之. 公大驚悟, 方知昔日
救瘡之事, 皆叵測也. 謂曰: 僕不知至聖之托吾家, 狂言非禮汚辱之, 厥罪
何雪. 而後乃今願爲導師導我也. 遂下拜. 靈異旣著, 遂出家爲僧, 易名惠
空, 常住一小寺. 每猖狂大醉, 負簣歌舞於街巷, 號負簣和尙, 所居寺因名
夫蓋寺, 乃簣之鄕言也. 每入寺之井中, 數月不出, 因以師名名其井. 每出
有碧衣神童先湧, 故寺僧以此爲候. 旣出, 衣裳不濕. 晩年移止恒沙寺.(今
迎日縣吾魚寺, 諺云恒沙人出, 世故名恒沙洞.) 時, 元曉撰諸經疏, 每就師質疑, 或
相調戲. 一日二公沿溪掇魚蝦而啖之, 放便於石上, 公指之戲曰: 汝屎吾
魚, 故因名吾魚寺. 或人以此爲曉師之語, 濫也. 鄕俗訛呼其溪曰芼矣川.
瞿旵公嘗遊山, 見公死僵於山路中, 其屍月逢脹, 爛生虫蛆, 悲嘆久之, 及
廻轡入城, 見公大醉歌舞於市中. 又一日將草索綯, 入靈廟寺, 圍結於金
堂, 與左右經樓及南門廊廡, 告剛司: 此索須三日後取之. 剛司異焉而從
之. 果三日善德王駕幸入寺, 志鬼心火出燒其塔, 唯結索處獲免. 又神印
祖師明朗, 新創金剛寺, 設落成會, 龍象畢集, 唯師不赴. 朗卽焚香虔禱,
小選公至, 時方大雨, 衣袴不濕, 足不沾泥. 謂明朗曰: 辱召懃懃, 故玆來
矣. 靈迹頗多. 及終, 浮空告寂, 舍利莫知其數. 嘗見『肇論』曰: 是吾昔所撰

也. 乃知僧肇之後有也. 讚曰: 草原縱獵床頭臥, 酒肆狂歌井底眠. 隻履浮
空何處去, 一雙珍重火中蓮.

이 내용에 나오는 '지귀설화志鬼說話'는 선덕여왕을 사모하다가
죽어서 화귀火鬼가 된 지귀志鬼의 이야기인데, 영묘사靈廟寺 화재 사
건을 다루고 있다.

신이담神異譚에 속하며 처음에는 『수이전殊異傳』에 수록되었으나,
그 책이 소실됨에 따라 권문해權文海의 『대동운부군옥大東韻府群玉』 권
20에만 전하고 있다. 이 '지귀설화志鬼說話'의 줄거리는 다음과 같다.

신라시대에 지귀라는 사람이 있었는데 선덕여왕의 아름다움을
사모하여 짝사랑에 몸이 점점 여위어 갔다. 하루는 여왕이 절에 불
공을 드리러 갔다가 그 이야기를 듣고 지귀를 불렀다. 지귀는 절간
탑 밑에서 여왕을 오매불망 기다리다가 잠깐 잠이 들었다. 여왕이
돌아가는 길에 그에게 다가가서 자신의 팔찌를 빼어 놓고 왕궁으
로 돌아갔다. 그 후에 깨어난 지귀는 여왕의 팔찌를 발견하고 자신
이 잠든 사이에 여왕이 다녀갔음을 알고 사모의 정이 더욱 불타올
라 마침내 지귀의 마음 속 불이 나와서 제 몸을 태우고 불의 귀신
이 되었다. 선덕여왕과 관계된 지귀심화志鬼心火인 것이다

그리고 『조론肇論』을 보고 이르기를 "이것은 내가 옛날에 지은 글
이다" 했다는 이야기에 나오는 『조론』의 저자 승조僧肇(384~414)는
중국 후진後秦(384~417) 시대를 살았던 승려이다.

'신라의 미소'로 잘 알려진 '얼굴무늬 수막새'가 출토된 곳도 이

곳 영묘사이다. 수막새는 추녀나 담장 끝에 기와를 마무리하기 위해 사용하는 둥근 형태의 와당이다. 틀로 찍지 않고 손으로 빚은 이 수막새는 왼쪽 하단 일부가 사라졌으나 이마와 두 눈 그리고 오뚝한 코와 은은한 미소와 함께 두 뺨의 턱선은 자연스러운 조화를 보여준다. 오늘날 신라문화의 상징으로 여러 곳에서 표현되고 있다.

신라의 영특한 임금인 선덕여왕은 우리나라 최초의 여왕이다. 선덕여왕은 진평왕眞平王(재위 579~632)의 맏딸인데 아버지인 진평왕이 아들을 두지 못하고 죽자 화백회의에서 그녀를 왕으로 추대했다.

〈서동요薯童謠〉란 향가의 주인공인 백제의 제30대 왕 무왕武王(재위 600~641)이 된 서동薯童의 짝이 된 선화공주善花公主가 그녀의 동생이다. 그들의 로맨스는 천년이 넘은 지금도 회자膾炙되고 있다.

선덕여왕은 지기삼사知幾三事라는 유명한 설화를 남기고 있다. 『삼국유사』 권1 「기이紀異」편篇에 수록된 설화다.

〈선덕왕이 미리 알았던 세 가지 일〉

제27 덕만德曼. 시호는 선덕여대왕善德女大王이니 성은 김씨이고 아버지는 진평왕이다. 정관 6년 임진에 즉위하여 16년간 나라를 다스렸다. 무릇 기미를 미리 안 세 가지 일이 있다.

첫째는 당태종唐太宗이 붉은빛, 자줏빛, 흰빛으로 그린 모란 그림과 그 꽃씨 석 되를 보냈다. 왕이 꽃 그림을 보고 말하기를 "이 꽃은 향기가 없을 것이다" 하고 뜰에 심게 했다. 그 꽃이 피고 떨어질 때까지 기다렸는데 과연 그 말과 같았다.

둘째는 영묘사靈廟寺 옥문지玉門池에서 겨울철인데도 뭇 개구리가 모여

3~4일을 울었다. 나라 사람들이 괴이하게 여겨 왕에게 물으니 왕이 급히 각간角干 알천閼川, 필탄弼呑 등에게 명하여 정예 군대 2천을 뽑아 빠르게 서쪽 교외로 가 여근곡女根谷을 찾아보면 필히 적의 군대가 있을 것이니 그들을 습격하여 죽이라 했다. 두 각간이 명을 받은 후 각각 천 명씩을 이끌고 서교에서 찾으니 부산富山 아래에 과연 여근곡이 있었고, 백제 군사 오백여 명이 거기에 숨어 있었으므로 모두 죽였다. 백제 장군 오소亐김가 남산南山 고개 바위 위에 숨어 있는 것을 또 포위하여 활을 쏘아 죽였다. 그리고 뒤따라 오던 군사 1,300명을 전멸시켜 한 사람도 남기지 않았다.

셋째는 왕이 건강할 때 여러 신하들에게 말하기를 "짐이 어느 해 어느 달 어느 날에 죽을 것이니 나를 도리천忉利天 안에 장사지내라" 했다.

좌우 신하들이 그곳을 알지 못하여 아뢰어 말하기를 "그곳이 어느 곳입니까?" 하니 왕이 말하기를 "낭산狼山 남쪽이다" 했다. 그 달 그 날에 이르러 왕이 과연 죽었다. 여러 신하들이 낭산 남쪽에 장례했다. 10여 년이 지난 후 문호대왕(문무대왕)이 왕의 무덤 아래에 사천왕사四天王寺를 창건했다. 불경에 "사천왕천四天王天 위에 도리천이 있다" 했으니 이에 대왕의 신령스러운 성스러움을 알 수 있다.

당시에 여러 신하들이 왕에게 여쭈기를 "어떻게 꽃과 개구리 두 가지 일을 알아 그리했습니까?" 라고 물으니 왕이 답하기를 "꽃을 그렸는데 나비가 없으니 그 향기가 없을 것을 알았다. 이는 곧 당 황제가 과인이 배필이 없음을 희롱한 것이다. 개구리의 성난 형상은 군사의 상이다. 옥문은 여근이고, 여자는 음陰이 되고, 그 색은 흰 빛깔이며 백색은 서쪽이다. 그래서 군사가 서쪽에 있을 것을 알았고, 남근男根이 여근女根에 들어가면 반드시 죽는다. 이 때문에 쉽게 잡을 것을 알았다" 했다. 이에 여러 신하들이 그 성스러운 지혜에 탄복했다.

삼색의 꽃을 보낸 것은 아마도 신라에 세 명의 여왕이 있을 것을 알아서 그리하였는가? 선덕善德, 진덕眞德, 진성眞聖을 이르는 것이 이것이니 당 황제도 선견지명이 있었다.

선덕왕이 영묘사를 창건한 일은 양지사전良志師傳에 자세히 실려 있다. 다른 기록엔 이 왕대에 돌을 다듬어 첨성대瞻星臺를 쌓았다고 한다.

善德王知幾三

第二十七德曼(一作万), 諡善德女大王, 姓金氏, 父眞平王. 以貞觀六年壬辰卽位, 御國十六年, 凡知幾有三事. 初, 唐太宗送畵牧丹三色紅紫白, 以其實三升, 王見畵花曰: 此花定無香. 仍命種於庭, 待其開落, 果如其言. 二, 於靈廟寺玉門池, 冬月衆蛙集鳴三四日, 國人怪之, 問於王, 王急命角干閼川弼呑等, 鍊精兵二千人, 速去西郊, 問女根谷, 必有賊兵, 掩取殺之. 二角干旣受命, 各率千人問西郊, 富山下果有女根谷, 百濟兵五百人來藏於彼, 並取殺之. 百濟將軍亐召者, 藏於南山嶺石上, 又圍而射之殪. 又有後兵一千三百人來, 亦擊而殺之, 一無孑遺. 三, 王無恙時, 謂群臣曰: 朕死於某年某月日, 葬我於忉利天中. 群臣罔知其處, 奏云何所, 王曰: 狼山南也. 至其月日王果崩, 群臣葬於狼山之陽. 後十餘年文虎大王創四天王寺於王墳之下, 『佛經』云, 四天王天之上有忉利天, 乃知大王之靈聖也. 當時, 群臣啓於王曰: 何知花蛙二事之然乎? 王曰: 畵花而無蝶, 知其無香. 斯乃唐帝欺寡人之無耦也. 蛙有怒形, 兵士之像, 玉門者女根也. 女爲陰也, 其色白, 白西方也, 故知兵在西方. 男根入於女根則必死矣, 以是知其易捉. 於是, 群臣皆服其聖智. 送花三色者, 盖知新羅有三女

王而然耶? 謂善德·眞德·眞聖是也, 唐帝以有懸解之明. 善德之創靈廟
寺, 具載『良志師傳』詳之. 別記云, 是王代, 鍊石築瞻星臺.

이 설화는 선덕여왕이 『주역周易』등에 조예가 깊고 지혜가 깊으
며 사리에 밝았다는 일화로 알려져 있다.

『삼국사기』「신라본기」의 '선덕왕'조에 기록된 이야기에는, 왕위
에 오르기 전 진평왕 재위 때인 덕만德曼공주 시절의 일화로 기록되
어 있다.

전왕(진평왕) 대에 당에서 가져온 모란꽃 그림과 꽃씨를 덕만공주
에게 보였더니, 덕만이 말하기를 "꽃은 비록 아름답기는 해도 필히
향기가 없을 것입니다" 하였다. 임금이 웃으며 "네가 그것을 어찌
아느냐?" 하니 덕만이 대답했다. "꽃을 그렸으나 나비와 벌을 그리
지 않았기에 그것을 알았습니다. 무릇 여자가 뛰어나게 아름다우면
남자들이 따르는 법이고 꽃에 향기가 있으면 벌과 나비가 따르기
마련입니다. 이 꽃은 무척 곱기는 하나 그림에 벌과 나비가 없으니
분명히 향기가 없는 꽃일 것입니다."

꽃씨를 심어보니 과연 말한 바와 같았다. 덕만공주의 앞을 내다
보는 식견이 이와 같았다.

그렇다면 모란꽃에 정말 향기가 없을까?

그렇지 않다. 모란꽃에 향기가 있다. 당연히 다른 꽃들처럼 벌과
나비가 모여든다. 그런데 당 태종은 왜 벌 나비가 없는 모란도牡丹圖
를 보냈을까. 모란꽃은 부귀를 상징한다. 모란꽃과 나비를 함께 그
리지 않는 풍습은, 부귀를 상징하는 모란에 80세를 뜻하는 나비를

그려 넣으면 한정되어버리기에 원래부터 나비를 그리지 않는다고 한다.

그리고 당시 신라라는 무대의 주인공이 원효 스님이라면 주연을 주연답게 한 내공 깊은 조연들이 등장했다. 그중 한 명이 원효 스님의 스승격인 대안大安(571~644) 스님이었다.

『송고승전宋高僧傳』 권4의 「원효전元曉傳」에 이 대안 스님이 나오는데, 원효 스님을 참다운 대승의 길로 인도한 대표적인 인물이라 할 수 있다. 괴이한 옷차림을 하고 항상 저잣거리에서 구리 밥그릇을 두드리며 동발무銅鉢舞를 추고 '두루두루 편안하라'라는 '대안大安 대안'을 부르고 다녔다. 사람들은 만나면 '편안하시게[大安]' 이렇게 외치고 다녔으므로 대안 스님이라고 불렀다 한다.

서라벌에 이상한 소문이 떠돌고 있었다. 법력이 높다는 대안 스님에 관한 것인데, 대안대사가 파계破戒를 했는데 다름이 아니라 남몰래 여자를 얻어 살림을 하더니 급기야 아이까지 낳았다는 소문이었다. 어찌된 일인지 아이의 어미는 달아나고 없어 어쩔 수 없이 대안대사가 손수 젖을 동냥해서 애를 키우고 있다는 것이었다. 이런 소문을 들은 원효 스님이 절대로 그럴 리 없다며 믿으려 하지 않았다. 하지만 소문이 끊이질 않는지라 혹시나 하는 생각에 원효 스님은 사실 여부를 확인코자 어느 날 대안대사를 미행하게 되었다. 그런데 소문과 틀림없이 대안대사는 젖먹이가 있는 집만 골라가며 젖을 동냥했다. 원효 스님은 미행을 계속했다. 대안대사는 젖이 발우에 가득 차자 경주남산 쪽을 향했다. 산자락에 들어서서도 한참을 걸었다. 드디어 대안대사는 커다란 고목 밑에 멈추어 섰고 멀리서 바라보니 나무 밑에 커다란 구멍이 하나 있고 대안대사는 그 앞에 발우를 내려놓았다. 멀리 떨어져 나무 뒤에 몸을 숨기고 이를 바라보던 원효 스님은 믿었던 대사의 행위에 실망이 컸다. 바로 그때 자신을 부르는 대안대사의 음성이 원효 스님의 귀에 들려왔다. 원효 스님은 엉겁결에 대답을 하고 바라보니 대안대사는 "이리 오시게" 하고 손짓하며 불렀다.

원효 스님은 어쩔 수 없이 다가갔는데 그곳에는 예상치 못한 광경이 벌어져 있었다. 눈도 제대로 뜨지 못한 오소리 새끼들 대여섯 마리가 옹기종기 모여 있었다. 원효 스님에게 대안대사가 말했다. "대사, 이 오소리 새끼들이 복이 있는가 보오. 신라국의 큰 도인인 원효 스님께서 친히 오셨으니 어미는 잃었을망정 이놈들이 과거로부터 수많은 생에 착한 연을 지었음이 틀림없네. 실은 얼마 전에 이곳을 지나다가 어미는 죽어있고 새끼들만 있었다오. 그대로 두면 모두 죽을 것 같아 이렇게 젖을 얻어다 먹이고 있소이다."

온갖 생명의 가치가 존중되는 아름다운 세상을 이 땅의 사바세계에 구현하려는 생각을 그 당시의 진정한 인물들은 실천하고 있었다는 이야기이다.

원효 스님과 대안대사의 또 다른 일화도 전해온다.

당시 신라의 국왕은 대안 스님에게 뒤섞여버린 『금강삼매경金剛三昧經』 경전의 내용을 정리해 달라며 궁궐로 초청하였지만 그는 궁궐로 들어가지 않고 사자使者로 하여금 뒤섞인 경전을 저잣거리로 가져오게 했다. 대안 스님은 이 경전을 바닥에 놓고 순서를 맞추어

총 8품으로 편집한 후, 이 경전의 강론은 원효 스님만이 할 수 있다며 그를 추천했다. 이에 원효 스님은 이 경전의 첫 주석서인『금강삼매경론金剛三昧經論』5권을 지었다.

어느 날, 원효 스님이 분황사芬皇寺로 가다가 대안 스님을 만나게 되었는데 자신을 따라오라고 하여 서라벌 북쪽으로 흐르는 북천北川 내를 건너서 도착한 곳은 가난한 사람들이 모여 사는 빈민촌인 동촌 마을이었다. 대안 스님은 평상시 자주 가는 듯한 어느 술집으로 들어서면서 "주모, 여기 귀한 손님 모시고 왔으니 술 한 상 차리시게"라고 하였다.

계율을 청정히 지키던 원효 스님은 내심 불편하여 자리를 박차고 일어나는데, 돌아가는 원효 스님의 등 뒤로 대안 스님이 이렇게 외쳤다.

"이보시게, 원효, 마땅히 구제받아야 할 중생을 두고 어딜 가시는가?"

아마 원효 스님은 집필활동을 왕성하게 하던 분황사에 돌아와서도, 등 뒤에서 비수처럼 던진 대안 스님의 외침이 지워지지 않고 귀에서 계속 맴돌았을 터.

원효 스님은 진정으로 깨우쳐주고 보살펴줘야 할 뭇 생명은 왕족과 귀족이 아니라 이 땅에서 빈천하게 사는 중생들이라는 생각을 했을 것이다. 다시 초심의 깨달음을 얻은 원효 스님은 소외되고 고통받는 민중들 속으로 들어갔지만, 그들과 어울리지 못하는 이유가 자신이 가진 명예와 명성이란 것을 알고는 그 장애를 모두 벗어버리기 위해 요석공주와의 파계와 함께 스스로 소성거사小性居士라

신라의 미소, 얼굴무늬 수막새(영묘사靈廟寺 터 출토)

칭하며 일체의 걸림이 없는 대자유인으로 거듭난다.

통일신라의 문화 융성에는 불교 철학을 빼놓을 수 없다. 통일신라에서는 미타신앙彌陀信仰, 관음신앙觀音信仰, 미륵신앙彌勒信仰, 지장신앙地藏信仰 등도 크게 번창하였으며, 불교의 평등과 자비사상慈悲思想은 일반 백성의 지위를 향상시켜 주었다. 특히 당시 불국토佛國土라 불리는 경주남산은 왕과 귀족들 그리고 기층민들까지 누구나 찾을 수 있던 부처의 나리였다. 그 사상은 온 백성의 정신적 일체감 조성에 기여하였다.

24

충담사의 풍류정신과
한국의 차문화

신라인들이 천년을 살았던 서라벌은 온갖 우리 고유의 정신문화
가 샘솟던 곳이었다. 어떤 이들은 말한다. 고구려가 통일했다면, 백
제가 통일했다면 어땠을까 하고 말이다. 하지만 삼국을 통일한 통
일신라의 정신은 고구려나 백제의 그것과는 달랐다. 백성과 신하와
군주가 융합되지 못하고 서로 척을 지었을 때 나라는 무너지게 마
련인데, 당시 국력은 약했지만 신라는 민관군民官君이 함께 힘을 모
아 정신력이 고구려나 백제보다 우세했던 것이다. 신라는 의외로
훌륭한 국가였다. 그 기운은 어디에서 나왔을까?

신라인들의 정신적 고향인 경주남산은 자애로운 어머니 같고 위
엄이 있는 아버지 같은 영산이다.

삼화령 미륵불과 충담사의 풍류정신을 생각하며 금오산을 거닐어 본다. 만법이 하나로 돌아가듯 일체가 하나인 것을. 문득 이 산 어디에든, 충담사가 차 공양하던 삼화령 아닌 곳이 있으랴.

한국 사상의 원류를 풍류도에서 찾는다면, 한국 차문화의 원형은 신라 차문화에서 찾아야 하리라. 신라 차문화는 한국 차문화의 원류라 말해도 과언이 아닐 것이다.

신라 차문화는 화랑도의 풍류정신과 유불선儒佛仙의 정신으로 차를 사랑하며 차를 노래한 신라 차인 충담사의 인문정신에서 비롯되었음을 인지하는 순간이다.

충담사와 경덕왕의 만남 당시 주고받은 대화에서 그 시대의 주요 담론이 무엇이었는지를 생각해본다. 충담사라는 신라 차인의 모습에서 우리는 진정한 한국의 풍류인을 만날 수 있다.

橫看成嶺側成峰	비스듬히 보면 산자락, 옆에서 보면 산봉우리
遠近高低各不同	멀고 가깝고, 높고 낮음이 같지 않다네
不識廬山眞面目	여산의 참모습을 알 수 없는 건
只緣身在此山中	내가 이 산속에 있기 때문이라네.

중국 송나라 동파거사東坡居士 소식蘇軾(1036~1101)의 〈서림사벽에 제함[題西林壁]〉이란 시인데, 이 시에서 소동파는 관점의 차이에 따라 달라지는 대상에 대한 철학적 명제를 제시했다. 산속에 있으면 산 전체를 볼 수 없고 숲을 벗어나야 비로소 숲을 온전히 볼 수 있

다. 분별심과 고정관념을 벗어나야만 자유롭게 진면목을 볼 수 있다는 것이다. 어쩌면 우리는 『삼국유사』에 기록된 '경주남산 삼화령'에 너무 집착하여 정작 충담사의 생각과 삼화령 미륵불의 진면목을 읽지 못하고 있는 것인지도 모른다. 현상이나 관념에 빠져 중요한 핵심을 놓치고 있을 수 있다. 역사나 신화의 이야기를 다각도로 읽어야 한다.

어느 해 늦가을, 홀로 낙엽 지는 경주남산 답사를 마치고 서라벌의 역사와 문화를 담고 흐르는 남천南川(蚊川) 물가를 배회하다가 우연히 담장 너머로 마주친 오래된 기와집 주련에 쓰인 '채국동리하采菊東籬下 유연견남산悠然見南山' 글귀가 떠오른다. 누군지는 모르지만 그 집 주인의 운치 있는 멋스런 표현이리라. 도연명陶淵明(365~427)이 벼슬을 버리고 전원생활을 즐기며 읊었던 시 〈음주飮酒〉 20수 중 가장 유명한 제5수에 나오는'동쪽 울타리 아래서 국화를 따다가 느긋하게 남산을 바라보네'라는 구절이다. 이 시에 언급된 '남산'이 바로 중국 강서성江西省의 여산廬山이다. 여산진면목廬山眞面目이다. 도연명의 이 글은 전원에서 한가로이 살아가는 그런 낭만적 삶에 대한 찬가가 결코 아니었을 것이다. 자신이 처한 혼탁한 그 시절에 영혼의 자유를 지켜내겠다는 강렬한 의지의 표현이었으리라. 차 한잔 마시며 도잠陶潛을 모방하여 읊어보던 시가 떠오른다.

"동쪽 울타리 아래서 차를 마시다가 한가로이 남산을 바라보네 [喫茶東籬下 悠然見南山]."

재매정財買井 앞에서 경주남산을 바로보며 신라 다도인茶道人 충담사를 떠올려 본다. 재매정은 김유신金庾信(595~673) 장군의 집 우물

터가 있는 곳이다. 앞서 신라를 소개하면서 언급했듯이 그 옛날 통일신라 전성기의 화려한 저택인 서른다섯 채 금입택金入宅 중의 하나인 김유신 집안의 우물터가 아직 남아있는데 이곳에서 바라보는 금오산 곧 경주남산의 운치가 멋스럽다.

오늘날에도 경주는 머무는 곳 어디에서든 신라인 이야기가 고구마 줄기처럼 줄줄이 연이어 나오는 역사의 땅이요 신화의 터전이다.

일 년 중 기운이 가장 좋은 날을 택해 홀로 경주남산 삼화령을 찾아가 미륵불께 차 공양을 올리던 승려이며 경덕왕이 영예로운 왕사로 초빙해도 간곡히 사양하던 출세간出世間의 인물이 충담사이다.

충담사의 노래에는 잊혀져가는 화랑정신과 백성을 간절히 생각하라는 안민安民의 정신이 담겨있다. 충담사의 짧은 언행과 행적은 풍류차인의 전형일 뿐만 아니라 모범을 보여주는 신라인의 모습이다.

반월성 귀정문에서의 경덕왕과 가진 차회茶會에서 왕의 부탁으로 즉석에서 〈안민가安民歌〉를 지어 부르던 인물이며 그의〈찬기파랑가讚耆婆郞歌〉는 일국의 왕에게도 알려진 유명한 사뇌가였다. 옷차림은 비록 남루했지만 그 어느 곳에서도 당당했던 대덕大德의 풍모를 지닌 충담사. 무엇보다도 짊어진 앵통 안의 차도구로 왕과의 찻자리를 펼쳤던 차인이었고 경덕왕이 맛본 차의 맛은 그 어떤 궁궐의 차에서도 느낄 수 없는 '욱렬郁烈'의 맛을 연출했던 신라인이었다.

'욱렬'이란 향기가 짙다는 뜻인데, 일연스님은 『삼국유사』에서 이 말을 자주 언급하고 있다.

『삼국유사』 권3 「탑상塔像」 제4 '남백월이성 노힐부득달달박박南白月二聖 努肹夫得怛怛朴朴'조 기록에, "이윽고 통속의 물에서 향기가 욱렬하며 금액으로 변했다[旣而槽中之水 香氣郁烈 變成金液]"라고 노힐부득努肹夫得의 성불하는 장면을 언급하고 있다.

또 『삼국유사』「탑상」'전후소장사리前後所將舍利'에서도 "기이한 향기를 강하게 풍겨 여러 날 동안 없어지지 않는 일이 이따금 있었으니[而異香郁烈 彌日不歇者 比比有之]"라고 적었다.

노힐부득의 보살행 중에 신이한 현상과 부처님 사리에서 나오는 향기를 '욱렬'로 표현했음을 알 수 있다.

기록에 보면, 선덕여왕 13년인 서기 644년에 생의 스님이 석미륵을 땅속에서 찾아 삼화령에 안치하고 생의사를 세웠다고 한다. '삼화령'이란 지명이 원래 그 위치나 모습을 보고 불렀던 것인지, 아니면 어떤 사연에 의해 이름이 지어졌는지는 모른다.

화랑 '기파랑'을 찬미하던 충담사가 삼월 삼짇날과 중양절에 화랑과 관계있는 미륵부처께 차를 공양함은 순국한 화랑과 낭도를 위한 위령 의식이었을 터. 경덕왕은 충담사를 월성 귀정문루에서 극적으로 만나 충담사가 만들어주는 욱렬의 차를 맛봤다.

일연 스님이 충담사가 만들어준 차의 맛을 '욱렬'이라 표현한 것은 대단한 찬사였다고 본다. 왜냐하면 그는 『삼국유사』의 '전후소장사리'조에서 진신사리의 향기를 욱렬이라 표현했고, 또 '남백월이성 노힐부득달달박박'조에서도 노힐부득의 성불하는 모습을 그렇게 표현했듯이 충담사의 '충담차忠談茶' 향기를 높이 평가했던 것이다. 궁궐에서 맛보지 못했던 깊은 차향을 맛보고 또 미륵불전에 차를 올렸던 충담의 차 솜씨를 직접 느낀 경덕왕의 감동은 어땠을까?

그때 미륵불전에 올렸고 경덕왕에게도 내놓았던 충담차는 어떤 차였을까. 충담 자신이 직접 키우고 법제했던 차였을까. 야외에서 차를 다릴 수 있는 차도구는 그 당시 유행했던 휴대용 차도구였을까 아니면 자신이 고안하여 만든 창작물이었을까.

경덕왕은 그 짧은 충담사와의 만남에서 인재를 찾고자 하던 자신의 마음에 흡족한 인물을 만나서 기쁜 심정이었을 것이다. 그래서 경덕왕은 충담사에게 바로 물었을 것이다.

"기파랑을 찬양한 사뇌가가 그 뜻이 매우 높다고 들었는데 과연 그러하오?"

충담사는 왕의 물음에 그렇다고 당당히 말했다. 〈찬기파랑가讚耆婆郎歌〉는 기파랑을 찬양하는 사뇌가이다. 백성을 위하여 자신에게 향가를 지어달라고 하자, 충담사는 『논어論語』「안연顔淵」편에 나오는 깊은 뜻을 함께 실어 〈안민가安民歌〉에 담았다. 왕을 위한 노래가 아니라 백성을 위한 향가를 왕에게 지어 불렀던 것이다.

충담사는 〈찬기파랑가讚耆婆郎歌〉를 통해서 신라의 풍류정신을 찾자는 생각을 널리 알렸고 〈안민가安民歌〉를 지어 백성을 생각하라는 뜻이 담긴 정치철학을 내세웠던 것이다.

충담사는 서기 765년 삼월 삼짇날 전에도 삼화령 미륵세존께 차 공양을 했을 것이고 경덕왕을 만난 그 후에도 삼화령 미륵세존께 차 공양을 했을 것이다. 홀로 차를 올리며 기도하던 충담사의 헌다 의식은 어떤 모습이었을까?

봄날은 하늘이나 부처님께 그리고 누군가에게 차를 올릴 좋은 때다. 봄날 뿐 아니라 사시사철 어느 날에도 좋지 않는 날이 있을까.

천지신명天地神明과 조상 그리고 불보살과 하늘에 헌다獻茶함은 사람이 사람답게 살 수 있는 최선의 도리인 것이다. 뿐만 아니라 스승이나 부모 등 윗사람에게 진다進茶하는 일도 바람직한 예의범절이요 미풍양속이다.

25

차 한잔에서 배우는
마음 다스림의 지혜

한 잔의 향기로운 차를 올리고 절을 하거나 기도하는 섬김의 자세는 무엇인가. 결국 나 자신을 향한 끝없는 참회요 함께 살아가는 모두를 위한 베풂의 공덕이리라.

차도구를 메고 소나무 사이사이로 군락을 이뤄 핀 봄꽃들을 즐기며 금오산 삼화령 미륵불전에 차를 달여 무언가를 기원하며 헌다하였을 충담사의 그 시절 모습이 그려진다.

그리고 그 옛날 충담사와 경덕왕의 월성 귀정문 차회는 우리 찻자리의 표본이 되었다.

인류가 발견한 최상의 마실거리인 차茶는 대자연이 우리에게 준 최고의 선물이다. 차 한잔은 단순한 기호음료를 초월하는 정신의 음료이다. 그것은 한잔의 차 속에 담겨있는 신묘한 효능이 작용하여 우리 심신을 조화롭게 해주기 때문이다.

충담사의 '차 한 사발一甌茶'에는 어떤 정신이 담겼을까.

누군가에게 차를 올리는 그 순간은 '자리이타自利利他'를 위한 화합의 시간이며, 하늘과 땅과 사람이 하나 되는 황홀한 기도의 향연이다.

차를 하는 것은 여유로운 자의 사치생활이 아니다. 더더구나 천상에서 노니는 바람결 같은 막연한 풍류도 아니다. 차는 생활이다.

차를 즐기는 일차적인 목적은, 자신의 건강을 위한 양생養生과 정서함양 그리고 원활한 대인관계를 위한 수단 등에 있다고 본다. 그러나 더 나아가 정신세계의 향유와 정화를 위한 생각이라면 다도의 세계에 들어가야 한다. 이는 마치 보이는 빙산의 일각에 만족하지 않고 물속에 감춰진 또 다른 무한한 세상을 만나는 사유와 같은 것이다.

생활차生活茶로써의 차생활과 수양修養을 목적으로 하는 차의 다도생활은 엄연히 다르지만 분명 꽃나무의 뿌리와 줄기와 꽃이 따로 존재하지 않듯이 함께한다.

우리가 다시 한번 분명하게 인식해야 할 것은 다도茶道의 궁극 목적은, 차생활을 통해 다선일여의 현묘함을 알아챈 후에 풍류의 삶을 즐기기 위해선 선 수행처럼 차 수행을 실천해야 한다는 것이다. 깨달음은 과정이다. 깨달음은 이미 내 안에 존재했음을 알아채고, 차생활에서 얻어지는 진정한 행복을 누리는 것이다. 결국 차를 통해 자신을 찾는 길이 심외무차心外無茶의 경지이다. 우리가 주목해야 할 바람직한 차생활은, 『논어』「옹야雍也」편에 나오는 "바탕이 꾸밈을 누르면 거칠어지고, 꾸밈이 본질을 누르면 겉치레에 흐르니, 본질과 형식이 어울린 이후에야 군자라 할 수 있다[質勝文則野, 文勝質則史, 文質彬彬然後君子]"는 말에서 찾아야 하리라.

다례茶禮 등의 형식과 다도茶道 등의 정신이 조화롭게 융합된 차문화라야 생명력이 있다. 차의 길은 길고 넓고 깊어서 그 길을 가보지 않고는 헤아릴 수 없다.

외형의 모습, 다시 말해 행다례行茶禮로 한중일 삼국의 차문화를 논한다면, 한국 차의 특성은 담박澹泊함에 있다. 중국차는 기예技藝로, 그리고 일본차는 기교技巧로 표현된다. 예나 지금이나 같은 차문화권인 중국과 일본을 예사롭게 봐서는 안 된다. 동양문화의 진수를 차문화에 담아 다도의 미학을 보여주는 일본의 차문화는 배울 게 많다. 어쩌면 우리가 잃어버렸던 신라와 고려와 조선의 다도미학을 전수하여 나름대로 일본 다도를 완성했을지도 모른다.

그리고 동양문화의 뿌리가 되어 차문화의 기틀을 세운 중국 차문화는 넘어야 할 산과 같다.

예부터 선인들은 차를 수신修身의 방편으로 삼았다. 수양을 위해 홀로 마셨고, 소통과 화합을 위하여 함께 마셨다. 자연과 인간의 도리를 깨우치게 하고 어느 쪽에도 치우침 없는 조화로움을 일깨워주는 까닭에 차는 정신의 음료라 하는 것이다. 차를 사랑했던 역사의 인물들이 추구했던 정신문화의 향유에 차 한잔은 중요한 매개체였던 것이다.

흔히들 차생활을 즐겨 하면 수양이 될 거라는 생각을 하는데 무룻 덕행을 갖춘 사람이 마실 만한 음료가 차라는 생각을 떨쳐버릴 수 없다.

화랑도는 예의와 풍교風教를 근본으로 하면서 천지신명天地神明과 함께하기 위하여 야외에서 헌공獻供과 음차飲茶를 했다.

화랑은 풍류사상을 겸비한 선비라 할 수 있다. 그들은 상마도의相磨道義와 상열가악相悅歌樂 그리고 유오산수遊娛山水로 인격도야의 수행문화를 생활화하고 나아가 산천유오山川遊娛 무원부지無遠不至를 통해 인생을 배우고 익히며 유오遊娛, 그 놀이 자체가 수행이라 생각했을 것이다.

화랑도 교육은 풍류, 풍월이란 말이 상징하듯이 풍류도 교육이다. 그래서 화랑도의 정신은 풍류정신으로 귀결된다. 화랑도는 멋과 흥이라는 행동 특성을 보여준다. 그래서 화랑도의 자연스러운 교육관이나 정신은 고대 한국인 정신교육의 원형이라 할 수 있다.

풍류는 신라인들의 정신세계였다. 풍류정신을 여러 선학先學들이 나름대로 그 개념을 살펴보고 고찰하고 있지만 한마디로 표현하기는 어렵다.

풍류는 바람결같이 걸림이 없고 나아가 하늘과 땅 사이에 사람답게 살아가는 인간의 고매한 정신세계, 곧 '멋과 맛과 흥'의 현묘한 정신세계가 아닐까 싶다.

우리가 살고 있는 현대사회의 현실은 어떠한가? 물질만능의 위태로운 풍요 속에서 소외와 상실의 시대에 살고 있음을 부인할 수 없다. 그리고 전통적인 윤리도덕의 붕괴로 인한 인간성의 위기에 놓여있는 현실이 오늘날의 모습이 아닐까 싶다.

우리 민족 최초의 국가를 고조선古朝鮮으로 본다면, 우리나라 최초의 통일국가는 통일신라라 할 수 있을 것이다. 통일 신라의 기틀을 만든 신라인들의 기상은 화랑도 정신에서 찾을 수 있고 그 근간은 우리 고유의 풍류사상과 풍류정신에 기인하리라.

신라가 낳은 원효 스님이 대중을 교화하기 위해 무애무無碍舞와 무애가無碍歌로 무애사상을 펼쳤듯이, 화랑 또한 다름이 없었을 것이다. 원효 스님이 "무릇 중생의 마음은 원융하여 걸림이 없는 것이니, 태연하기가 허공과 같고 잠잠하기가 오히려 바다와 같으므로 평등하여 차별상差別相이 없다"라 했듯이, 그 시대의 화랑들은 세속에 집착하지 않는 법을 배우고 궁극적으로 인간의 굴레에서 벗어난 즐거운 인생을 추구했으리라. 그러면서 보람된 삶을 위하여 자신의 가치관을 벗어나거나 소홀히 하지는 않았을 것이다.

오래 전 충담사가 꿈꿨던 신라의 화랑도 정신이, 오늘날을 살아가는 우리 후손들에게 넌지시 시사하는 것은 무엇인가.

충담사는 미륵불전彌勒佛前에 차를 올리던 승려의 신분이면서도 이념에 걸림이 없었다. 그의 〈안민가安民歌〉엔 유교 철학이 들어있고, 미륵불께 헌다하던 삼월 삼짇날과 중구절重九節은 도교사상에 바탕을 둔 것이다. 충담사는 유불선儒佛仙을 아울렀던 풍류성을 지닌 인물이었다.

군주君主 경덕왕이 충담사를 직접 만나서 그를 흠모欽慕하여 왕사王師를 맡아달라고 간절히 부탁했지만, 미련 없이 역사의 저편으로 사라져간 충담사의 뒷모습은 어땠을까. '군답게, 신답게, 민답게 철학'을 왕에게 일러주었던 충담사는, 백성을 가르치고 교화하려는 차별의 신민臣民 철학이 아닌 백성과 함께 하려는 친민親民 사상을 내세웠던 인물이다.

인간은 어떻게 살아야 세월이 흘러도 역사의 인물로 남는가. 어떤 뜻으로 살아야 안으로 훌륭한 인격을 갖추고 밖으로 자신이 처한 세상을 구원하는 열혈 선비로 남는가.

신라인 충담사는 적어도 한국문화사에 불후不朽의 인물이 되었다.

오늘날 현대인을 구원할 길은 어디에 있을까.

인류 문명사를 떠받쳐온 거대한 기둥은 이념과 종교일 것이다. 하지만 오늘날 전환의 시대를 맞이하여 인류 역사에 큰 영향을 끼쳐온 이념과 종교는 그 힘을 잃어가고 있는 현실이다. 탈이념, 탈종교의 시대는 곧 닥쳐올 것이고 이런 세상을 구원할 또 다른 모습의 이념은 무엇인가? 신라시대처럼 고대 사회가 아닌, 다가올 세상은 탈종교와 탈이념에 맞는 사상과 이념이어야 할 것이다. 인류의 역사에 빛을 주는 등불 같은 이념은 언제나 존재했다. 그렇다면 기독교나 불교나 또는 유교나 도교처럼 종교가 아닌 것은 어떤 것일까?

상하上下의 세계가 아닌 수평水平의 세계, 나눔의 세계로 가는 인류 구원의 정신을 찾는다면 바로 홍익인간弘益人間 정신이 아닐까 한다. 나를 내세우지 않고 널리 함께 이로운 세상을 만들어 사람답게 살아가자는 정신을 구현할 이념이다. 널리 인간을 이롭게 하여 이치로 다스리는 세상이 당시 신라인들이 꿈꾸었던 풍류정신과 맞물려 있다고 본다.

어쩌면 인간을 이롭게 하는 다도의 정신세계는 인류 평화에도 기여하리라는 희망을 가져본다.

그 정신세계에 충담사는 살았고 충담사의 사상과 문학은 차 정신에서 영향을 받았으리라 확신한다.

석가모니 부처가 "비구들아, 예나 지금이나 내가 가르치는 것은 단지 괴로움과 그 괴로움의 소멸일 뿐이다"라고 했듯이, 고집멸도苦集滅道 그리고 니르바나nirvāna는 순전히 자신이 깨달아 찾아가는 고독한 여정이다. 이럴 때 반려가 되어주고 영혼을 촉촉이 적셔주며 자아 성찰의 길로 안내하는 것 중의 하나가 차생활이다. 그래서 차를 마시며 선정禪定에 들고 명상瞑想에 드는 것이다.

인류가 발견한 최상의 음료인 차를 즐기며 삶의 근본 가치를 생각하는 차인이 그리운 세상이다. 일찍이 통일신라시대의 전인적인 다도인茶道人 충담사를 생각한다. 차인이 갖춰야 할 덕목을 간직하고 당당히 그 시대를 살았던 충담사처럼 시대를 관통하며 인문정신을 지켜온 인물들은 언제나 존재했다. 깨어있는 통찰력으로 시대적 문제를 해결하려는 인물들은 어느 시대에나 늘 존재하기 마련이다.

백운 이규보의 절창絶唱 〈다시 화답함[復和]〉의 한 구절인 '타오른 불에 끓인 향기로운 차茶는 도道의 맛[活火香茶眞道味]'은 차생활이 도의 경지와 통함을 말하고 있다. 이규보의 사상에서 우리나라의 차 사상을 읽어야 하리라.

한재 이목은 그의 『다부茶賦』에서, 다산 정약용은 그의 차생활에서, 그리고 초의는 『동다송東茶頌』과 『다신전茶神傳』에서 일찍이 우리 차문화의 근원을 동양 전통사상에 바탕을 두고 있음을 밝히고 있다.

우리가 추구했던 삶의 이념은 풍류정신과 통하는 '멋, 맛, 흥'이 내재된 즐거운 인생을 추구하는 것이리라. 또한 심안心眼을 열어주

는 소소영영昭昭靈靈한 차를 가까이하는 일이다.

　잃어버리고 빼앗긴 자아와 자긍심을 찾는 길은 어디에 있을까.

　삶이 힘들고 버거울 때 차 한잔을 앞에 놓고 "그래, 인생은 살만
한 거야. 나와 우리를 위로해주는 따뜻한 차가 있으니, 이 또한 행
복하지 않은가"라고 마음먹을 때 뜻밖의 세상을 만날 수도 있을 것
이다. 차 한잔의 자리는 위안을 주는 공간이요 부처와 신을 만나는
성스러운 장소이며 우리가 진정으로 만날 수 있는 다담청교茶談淸交
의 자리다.

　예나 지금이나 정신의 가치에 충忠을 바친 인물들은 오랜 세월이
흐른 오늘날에도 한 줄기 빛으로 다가온다. 품격과 지조를 지킨 선
비정신의 인물만이 시공을 뛰어넘어 역사 속에 살아있다.

　우리 차문화사茶文化史도 우리 문화와 역사 속에 정신문화의 한
줄기로 오롯이 이어져 오고 있다.

충담사忠談師
신라인의 풍류사상과 한국 차문화 정신

초판 1쇄 발행 2022년 12월 09일

지 은 이   김대철 ⓒ 2022

펴 낸 이   김환기
펴 낸 곳   도서출판 이른아침
주   소   경기 고양시 덕양구 삼원로 63 고양아크비즈 927호
전   화   031-908-7995
팩   스   070-4758-0887
등   록   2003년 9월 30일 제313-2003-00324호
이 메 일   booksorie@naver.com

ISBN 978-89-6745-137-0 (03910)